KB250489

영화와 광고로 본 문화의 두 얼굴

팝콘을 먹는 동안 일어나는 일

영화와 광고로 본 문화의 두 얼굴 팝콘을 먹는 동안 일어나는 일

초판 1쇄 발행 2011년 5월 25일 | 초판 12쇄 발행 2020년 5월 20일
지은이 김선희 | 펴낸이 홍석
기획위원 채희석 | 책임편집 유남경 | 디자인 김명희 | 일러스트 송진욱
마케팅 홍성우·이가은·이송희 | 관리 김정선·정원경·최우리

펴낸곳 도서출판 풀빛 | 등록 1979년 3월 6일 제8-24호
주소 03762 서울특별시 서대문구 북아현로 11가길 12 (북아현동, 한일빌딩) 3층
전화 02-363-5995(영업), 02-362-8900(편집) | 팩스 02-393-3858
홈페이지 www.pulbit.co.kr | 전자우편 inmun@pulbit.co.kr

ⓒ 김선희, 2011

ISBN 978-89-7474-451-9 13330

이 도서의 국립중앙도서관 출판시도서목록(CIP)은
e-CIP 홈페이지(http://www.nl.go.kr/ecip)에서 이용하실 수 있습니다. (CIP제어번호: CIP2011001938)

팝콘을 먹는 동안 일어나는 일

영화와 광고로 본 **문화의 두 얼굴**

글 | 김선희

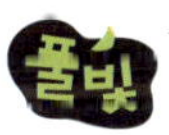

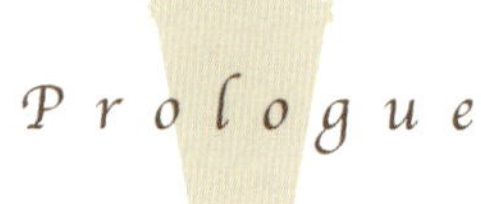

푸네스처럼 생각하기,
두더지처럼 헤매기

1.

보르헤스의 단편 소설 《기억의 천재 푸네스》의 주인공 푸네스는 '포도나무에 달려 있는 모든 잎사귀들과 가지들과 포도 알들의 수를 지각하고 1882년 4월 30일 새벽 남쪽 하늘에 떠 있던 구름들의 형태를 기억하는' 천재적 기억력의 소유자다. 낙마 사고 이후 전신 마비가 찾아왔지만 사고 후 그는 사물의 개별적인 모습, 순간적인 변화를 모두 기억하는, 잔인할 만큼 명징한 기억력을 얻게 된다.

그러나 이 때문에 그는 다른 능력을 잃어버린다. 그것은 지각을 통해 기억에 남은 정보들의 관계를 묶고 연결하는 능력, 다시 말해 추상화하는 능력이다. 예를 들어 '개'라는 동물에 대해 푸네스는 매 순간, 그리고 모든 각도에서 개의 모습을 기억할 수 있지만 그 모든 순간들을 합쳐 '개'라는 이름으로 추상화할 수 없었던 것이다. 수없이 세밀한 기억들은 그의 머릿속에 먼지처럼 내려앉았고, 매 순간의 단편들로 쌓여 나갔다. 푸네스의 기억은 풍요로웠지만 대부분 즉각적으로 인지되는 세부에 머무를 뿐 그 세부들이 서로 어떻게 연결되는지, 어떤 더 높은 차원의 의미로 묶이는지 알 수 없었다. 그래서 소설에서는 푸네스의 기억력이 마치 쓰레기 하치장과 같다고 표현한다.

푸네스의 머릿속은 흔히 인터넷에 비유된다. 정보의 바다, 그래서 범람하는 정보들의 쓰레기장으로서의 인터넷은 21세기 사람들의 지식과 앎에 대한 강박증과 두려움을 그대로 보여 준다. 그래서 사람들은 정보의 쓰레기 하치장에서 길을 잃지 않기 위해 정보를 조직하고 맥락화하고 일반화하는 능력이 필요하다고 말한다.

틀린 말이 아니다. 인터넷과 대중 매체는 너무도 많은 정보와 인상들, 이미지와 평가들을 받아들이도록 강제한다. 그러니 이 수많은 정보들을 묶고 정리하는 능력은 필수적인 것처럼 보인다. 과거에 비해 기억해야 할 정보는 많아졌지만 인터넷과 대중 매체는 정보를 분류하고 개념화해 줌으로써 우리로 하여금 쓰레기 하치장에서 헤매지 않도록 해 준다. 그러나 과연 이렇게 조직되고 구성된 정보들, 결정된 판단들이 우리를 바른 길로 인도해 줄 수 있을까?

더 많이 알도록 요구하는 현대 사회에서 정보는 효율적으로 처리되지만, 그 결과 복잡한 현상 이면에 숨겨진 의미들은 우리에게서 멀어진다. 눈앞에 유용한 정보들이 배열되면 현상에 영향을 미치는 배후의 힘과 가치의 문제는 쉽게 숨겨진다. 더 큰 문제는 남이 만든 개념과 단어로 세상을 보게 되면 결과적으로 그들이 결정한 가치와 태도로 세상을 받아들이게 된다는 점이다. 남이 만들어 놓은 개념과 단어들로 세상을 판단하면 독자적인 방법으로 다양한 것들을 그 자체로 생생하게 파악하는 능력은 현격하게 떨어지는 것이다.

또 추상화하고 일반화해서 개념을 만드는 능력은 효율을 계산하는 능력만 집중적으로 기르는 경향이 있다. 평균을 내고 차이를 잘라 내는 것은 다양한 것들을 더 빨리 그리고 더 많이 한곳에 몰아넣어서 최고의 효율을 내려 하기 때문이다. 효율성을 중심으로 생각하다 보면 중요한 것들을 놓치게 된다. 어떻게 해야 빨리 할 수 있는가는 알 수 있지만 왜 빨리 해야 하는가는 물을 수 없고, 어떤 실효적 이익이 있는가는 따질 수 있지만 누구를 소외시키는가는 생각하기 어렵게 된다.

개념과 일반화가 개별적인 것들의 차이를 없애고 배후의 가치문제를 숨겨 버린다는 점을 생각하면 푸네스의 경우도 다시 생각해 볼 여지가 있다. 사실 이 세상은 세부적이고 즉각적인 것들로 가득 차 있다. 우리는 뭉게뭉게 피어 있는 구름을 양떼구름이라고 부르지만 그 어떤 구름도 결코 같은 모양일 수 없으며, 우리가 양떼구름이라고 불렀던 그 어떤 구름들도 서로 같을 수 없다. 즉각적이고 세부적인 지각들은 사물을 있는 그대로의 모습으로 생생하게 받아들이도록 해 준다. 모든 개별적인 것들을 개념화하면 그 순간 사물과 사건은 본래의 모습과 활력을 잃는다.

세부를 직관하며 일반화하거나 개념화하지 않는 푸네스의 인식 방법은 우리에게 고정 관념에 사로잡히지 않은 상태에서 있는 그대로를 보라고 가르쳐 준다. 차이를 잘라 내고 평균으로 재단하는 폭력적인 방법이 아니라 세부와의 차이를 보전하면서 있는 그대로를 온전하게 지각하도록 알려 준다. 우리에게는 새로운 눈으로, 매번 다르게 보는 것이 필요하다. 세부를 놓치지 않고 차이를 버리지 않는 섬세한 눈이 필요하다.

그렇지만 역시 우리는 푸네스처럼 다양성과 세부를 생생하게 지각하는 능력만으로는 살기 어렵다. 명징하고 세부적인 기억만 갖고는 다른 사람들과 섞여 살 수 없고 대화하고 소통하며 변화를 이룰 수 없을 것이다. 우리에게 푸네스의 인식 방법이 의미 있다면, 그것은 이런 방법이 세부적인 다양성을 담아 주기 때문이 아니라 기존의 권위적인 틀과 반성 없는 고정 관념에서 벗어나게 해 주기 때문이다.

2.

이 책은 매일 반복적으로 뇌에 잔상을 남기는 강력한 권력을 가진 대중문화에 쉽게 휩쓸려 가지 않으려는 소박한 저항의 시도들을 담은 결과물이다. 우리 삶에 교과서이자 매뉴얼 역할을 하게 된 대중문화에 대한 개인적 저항의 경로를 기록한 것이라고 할 수 있다. 소박하거나 개인적이라고 말하는 이유는 이런 식의 시도가 강력한 전복이 될 수도, 집단적 문제 제기가 될 수도 없기 때문이다. 그래서 이 책에는 대중문화나 혹은 현대 사회에 저항하는 방법이나 원리 같은 것은 없다. 세계적 석학들의 연구 성과나 충고 같은 것도 거의 없다.

다만 두더지가 자기 방식대로 땅을 파는 것처럼 제멋대로 생각의 길을 내 보려는 것이다. 실제 두더지는 지독한 근시라고 한다. 이런 조건이라면 어리석을 정도로 땅을 파 나가는 것 외에는 방법이 없을 것이다. 이 책은 대중문화를 통해 드러난 우리 사회, 우리 자신의 자화상을 끌어내면서 이를 어떤 식으로 받아들이고 판단할지 두더지처럼 더듬어 가려는 것이다. 그러니 저항이라기보다는 땅속을 제멋대로 파 나가는 고집스런 우회이자 지연이라고 할 수 있다. 눈앞의 흙만을 우직하게 더듬고 파내는 과정에는 시행착오와 실패가 따를 수밖에 없다. 자기 감각만 믿고 가다가 틀릴 수도 있고 바로 옆의 금맥을 그냥 지나칠 수도 있으며 지하 동굴로 떨어질 위험도 있다.

그렇지만 모두 각자의 길을 파면 된다. 다 갈아엎을 듯한 기세로 땅을 헤집어 파 놓은 흙이 산을 이룰 사람도 있겠지만, 다른 사람들과 어울려 살아야 하는 소박한 생활인이자 스스로 생각하고 판단하는 정도의 자립성을 유지하려는 사람이라면 자기 방식으로 헤매면서 땅속을 파 나가는 것만으로도 충분할 것이다. 푸네스처럼 세부를 놓치지 않으면서, 두더지처럼 손에 흙을 묻히면서 걸어가 보고 생각해 보고 말해 보는 것이다. 이 책은 그런 땅속의 길 몇 개를 글로 정리한 것이다. 그러니 이 책은 비판의 원리나 방법이 필요한 사람보다는 이런 식으로 경로를 내고 비딱하게 보는 것도 가능하겠구나 하는 일종의 모의 주행이 필요한 사람에게 맞을 것이다.

이 책에는 고교생을 위한 논술 학습지 《고교 독서평설》에 연재했던 글을 바탕으로 완성한 글들이 몇 편 들어 있다. 연재를 하면서 활용했던 아이디어들을 묻어 놓기 아까웠기 때문에 독자층을 넓히면서 기본 틀과 아이디어를 살리고 주제를 확대하여 다른 문제들과 연결해 보려고 시도했다. 시도에 대한 평가는 독자들의 몫이지만 적어도 글을 쓰는 과정은 즐겁고 흥미로웠다. 철학적 담론이나 이론에 묶이지 않고 두더지처럼 제멋대로 생각을 펼쳐 볼 수 있었기 때문이다. 읽는 분들도 책 안의 경로를 통해서건 책 밖에서의 제멋대로 땅파기를 통해서건 나름의 즐거움을 발견하시기 바란다.

2011년 5월 김선희

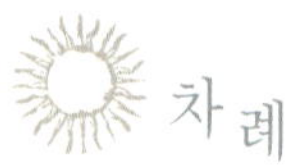

차례

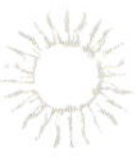

'다른' 생각은 세상을 움직이게 하는 동력이다. 다른 생각, 다른 꿈을 인정할 수 있는 탄력성을 갖춘 사회만이 개인을 희생시키지 않고도 발전해 나갈 수 있다.

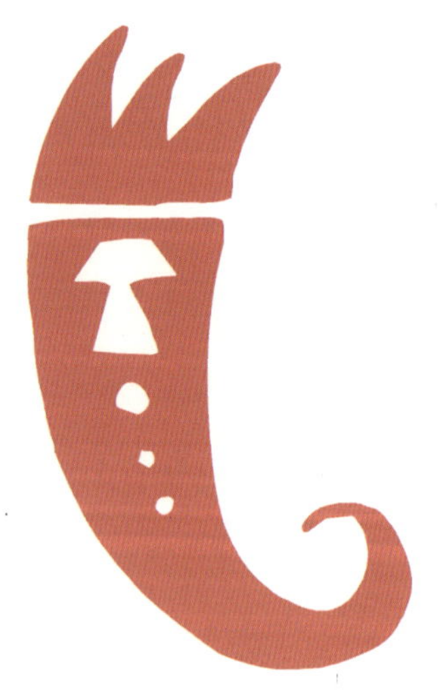

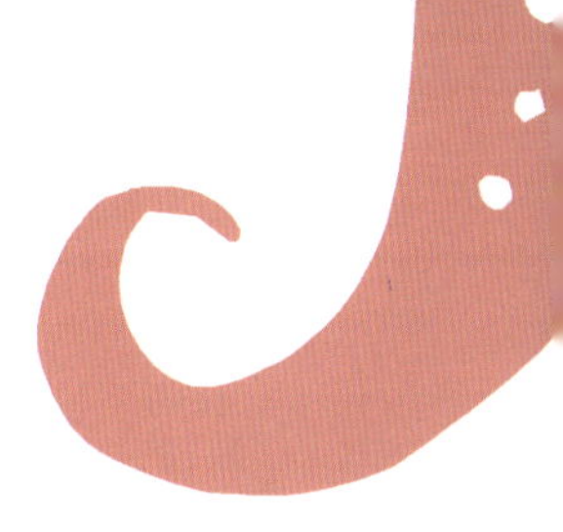

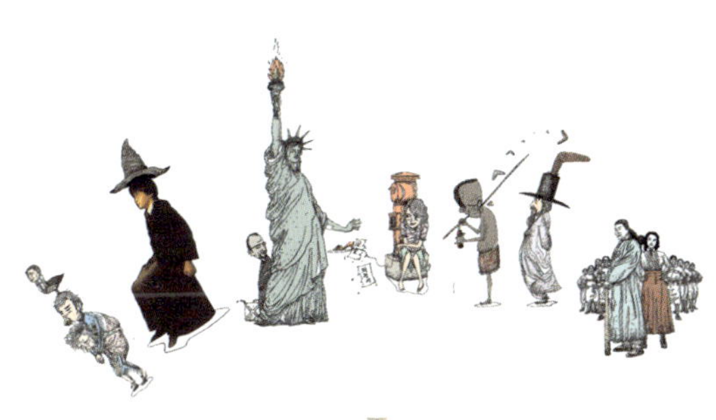

I

복제되는 현대 신화들

꿈꾸는 자를 제거하라

정보 사회, 감시와 통제로 쌓은 위험한 안전망

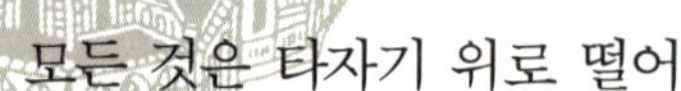

모든 것은 타자기 위로 떨어진 한 마리 파리에서 시작되었다. 전자동으로 움직이는 정보부의 타자기가 터틀(turtle)이라는 반정부주의자의 체포 명령을 종이 위에 찍고 있는 사이, 어디선가 날아온 파리가 자판에 끼어 순식간에 터틀의 T는 B가 되고 만다. 체포 영장에는 터틀 대신 버틀이 인쇄되기 시작한다. 오직 상부의 명령과

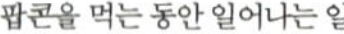

서류에 따라서만 움직이는 정보부 요원들은 반정부 조직을 이끄는 터틀 대신 무고한 시민 버틀 씨를 체포한다.

〈12몽키스〉, 〈파르나서스 박사의 상상 극장〉 등 독특한 감각으로 다양한 영화를 찍어 온 테리 길리엄 감독이 80년대에 만든 영화 〈브라질〉(Brazil, 1985, 국내에는 〈여인의 음모〉라는 제목으로 개봉되었다)은 '사소한 우연'이 어떻게 잘 짜인 시스템을 망가뜨리는지를 보여 줌으로써 모든 것이 정보에 의해, 명령에 의해, 시스템에 의해 처리되는 획일적이고 기계적인 사회를 풍자하는 영화다.

영화의 배경은 가까운 미래, 모든 것이 시스템화되고 정부 조직에 의해 관리, 감독, 통제되는 획일적 사회다. 정보국의 공무원들은 모두 같은 옷을 입고, 자로 잰 듯 줄을 맞춘 책상에서 똑같은 동작으로 일을 한다. 자동 타자기는 쉴 새 없이 돌아가고 상관은 반복적으로 부하 직원들을 감시한다. 정보부에서 하는 일은 사회에 비판적이거나 적극적으로 저항하는 사람들을 찾아내 처벌하는 것이다. 최고의 합리성과 효율성으로 짜인 국가적 시스템을 갖추었지만 반대로 시스템에 해가 되거나 변수가 될 만한 것들은 모두 사전에 세서하지 않으면 안 되는 극단적인 통제 사회임을 보여 준다.

막강한 권한을 가지고 사회를 통제하고 있는 정보부 지원들이 일까는 국민의 모든 통신 내용을 감시하고 조금이라도 이상한 움직임이 있으면 상부에 보고하는 일이다. 서류에 이름이 적히면 가차 없이 처단된다. 터틀 대신 버틀 씨가 죽은 것처럼 실수가 발생하기도 하지만 오류 역시 서류로 처리된다.

　영화의 주인공 샘 라우리는 이 시스템의 실수와 오류를 처리하기 위해 버틀 씨 유족에게 보상금을 전달하는 일을 맡은 말단 직원이다. 매일 매일 기계적인 일상을 살아가는 소시민 샘 라우리가 감옥과 같은 현실에서 벗어날 수 있는 것은 오직 꿈을 꿀 때뿐이다. 샘은 매일 밤 꿈속에서 날개를 달고 자유롭게 하늘을 날며 이상적인 여인을 만난다.

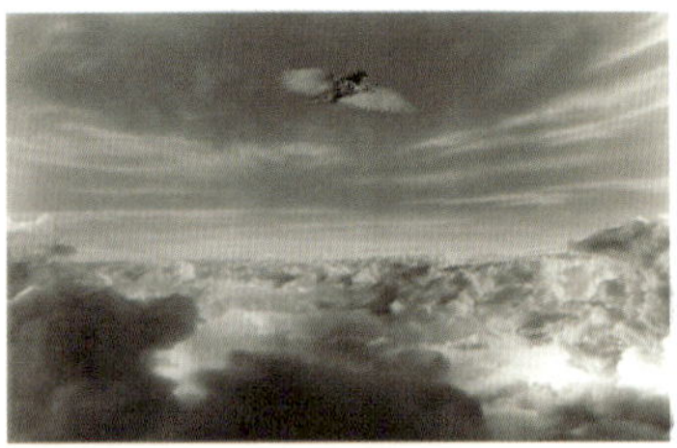

자유롭게 하늘을 나는 샘의 꿈은 모든 것이
시스템화된 정부에 의해 통제되는 획일적
사회와는 다른 세상을 상징한다.

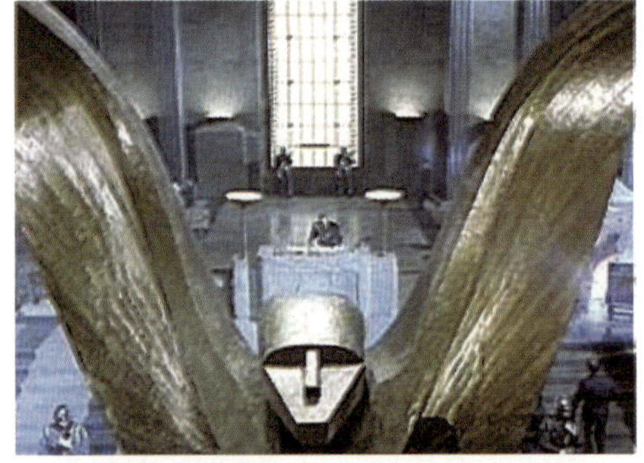

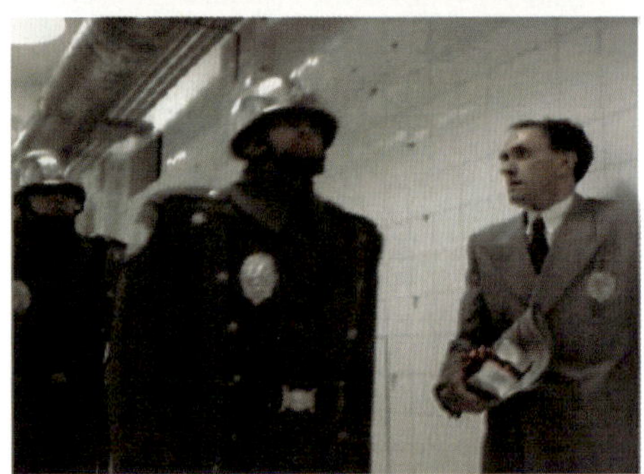

자유롭게 하늘을 나는 샘의 꿈은 똑같은 모양의 책상에서 똑같은 모양의 타이프를 치며, 파이프라인으로 서류가 전달되는 잿빛의 기계적 사회의 반대편을 상징한다. 구속과 억압, 통제가 아닌 자유와 꿈. 기계가 아닌 생명력으로 움직이며, 콘크리트와 전선에 구속된 것이 아니라 무한히 열려 있는 창공을 향하는 힘.

꿈속에서만 자유로운 소시민 샘은 어느 날 우연히 버틀 씨의 억울한 죽음을 고발하러 온 여성과 만나게 된다. 그리고 그 여성이 자신이 꿈속에서 만난 사람이라는 사실을 직감적으로 깨닫는다. 버틀 씨의 윗집에 사는 질이라는 이 여성은 평범한 트럭 운전사지만 버틀 씨의 무고한 죽음을 보고 공권력의 폭력을 고발하러 왔다가 테러리스트로 몰려 도리어 정보부에 쫓기는 신세가 된다. 한편 질을 찾아다니다가 그녀를 테러리스트로 오해한 샘은 문서를 위조해 그녀를 위험에서 구하려다가 도리어 정보부에 잡히게 된다. 이처럼 국가적 시스템에 이의를 제기하는 자는 모두 국가의 적으로 규정되고 제거의 대상이 된다.

평범한 샘이 테러리스트로 몰리게 된 것은 이 나라가 완벽한 통제의 시스템을 갖추고 있는 정보 사회였기 때문이다. 정보부는 시민들의 일상까지도 완벽하게 감시하고 통제해 왔기 때문에 샘의 행동 하나하나가 모두 정보부에 의해 수집되어 왔다. 이 결과를 바탕으로 정부부는 가본에 따라 그를 반정부주의자인 테러리스트로 몰아간 것이다. 샘이 끌려간 거대한 수직 구조의 고문실은 영화가 말하고자 하는 권력의 억압성을 상징한다. 다른 생각을 용납하지 않는 기계적 획일성은 정보망을 통한 감시와 통제라는 무기를 바탕으로 개인의 꿈과 사랑마저 고문할 수 있음을 보여 준다.

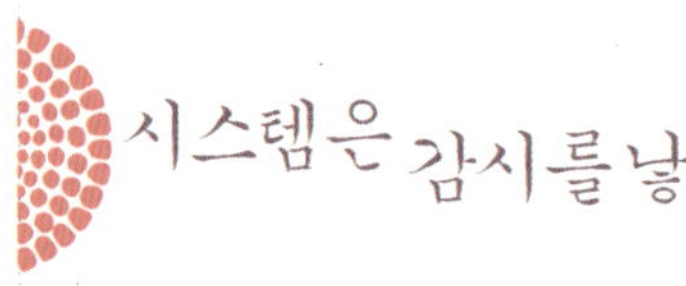# 시스템은 감시를 낳고

　우리는 보통 모든 시스템이 합리적으로 잘 갖추어진 사회일수록 더 편리하고 안전하다고 생각한다. 그러나 시스템의 기계적 합리성은 모든 과정을 획일화하고 기계화하기 쉽다. 사람이 빠져나가고 그 자리에 기계가 자리 잡으면 기계의 합리성과 효율성, 적은 오차에 대한 맹신이 사회 전체에 퍼지게 된다. 사람이 아니라 기계가 하면 더 편리하고 효율적이라고 착각하면서 불필요한 영역까지 모든 것을 자동화하고 기계화하게 된다. 요즘과 같은 과학 기술 시대에 기계와 기술에 대한 믿음은 가히 신앙의 차원에까지 이르러 있다. 그러나 기계에는 반성 능력이 없다. 오차와 오류를 만들 조건을 스스로 예측할 수도 없고, 문제가 생겼을 때 수정할 능력도 떨어진다. 기계는 오직 예측 가능한 알고리즘에 따라 움직이는, 말 그대로 '기계'이기 때문이다. 그래서 파리가 자판에 끼는 사소한 우연조차도 걸러 낼 능력이 없는 것이다.

　기계에 대한 맹신에 관료주의적이고 기계적인 시스템이 겹쳐지면 문제는 더욱 커지고 복잡해진다. 획일적으로 짜인 시스템 아래에서 오직 명령과 매뉴얼에 따라서만 움직이는 관료주의적 구성원들은 예기치 않은 오류를 교정할 능력이 없기 때문에 오직 상위의 명령만을 금과옥조로 받아들이게 된다. 시스템이 더 철저할수록 사회 전체가 오류나 변수에 대해 더욱 폭력적으로 변하기 쉽다. 변수와 다양성은 기계화된 시스템을 위협하는 적이기 때문이다. 그래서 더 많은 감시, 더 철저한 통제가 필요한 것이다.

시스템 유지를 위한 감시와 통제가 일상화될 수 있었던 것은 컴퓨터 등 정보 통신 기술이 비약적으로 발전했기 때문이다. 정보가 유력한 자원이 되며 정보를 처리하고 가공하는 과정에서 가치가 창출되는 '정보 사회(information society)'는 우리 삶의 조건 자체를 근본적으로 변화시켰다. 뿐만 아니라 산업의 구조와 노동의 성격을 바꾸었으며 소통 방식과 인간관계까지에도 영향을 주었다.

노동과 자본이 아니라 정보와 지식을 바탕으로 운영되는 정보 사회는 일면 사회의 조직을 민주적으로 바꾸고 개인의 창의성이 극대화될 수 있다는 희망을 안겨 주기도 했다. 인터넷 등을 통해 누구나 다양한 정보에 접근할 수 있기 때문에 자유로운 정치 참여가 가능하게 될 것이라고 전망하는 사람들도 많다. 그러나 현실에서는 이런 긍정적인 측면만 나타나지는 않는다. 누구나 민주적으로 정보에 접근할 수 있으며 창의적인 지식 노동을 통해 개성을 발휘할 수 있다는 낙관론이 이면에는 누구나 정보 범죄에 노출되어 있고 상위 시스템에 의해 감시되고 통제될 수 있다는 비관론이 자리한다.

모든 것이 컴퓨터 속의 암호화된 코드로 관리되기 때문에 그만큼 우리의 생활은 편리해졌지만 동시에 그것이 어떻게 조작되고 통제되는지 일반인들은 전혀 알 수 없게 되었다. 정보 기술이 발달할수록 정보 전문가와 일반 이용자 간의 거리가 벌어지기 때문에 일반 이용자는 맹목적으로 시스템의 안전성을 믿을 수밖에 없다. 인터넷을 이용한 범죄가 늘어나는 것도 이 때문이다.

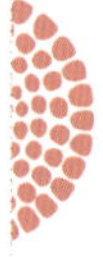

감시는 개인을 억압하며

번화한 상점가를 빠른 속도로 지나는 사람들 사이에 무언가에 쫓기는 듯한 남자가 다급히 걷고 있다. 누군가의 음모로 모든 것을 잃고 쫓기는 신세가 되어 버린 남자는 바삐 움직이는 사람들 속에 몸을 숨기고 싶어 한다. 그러나 그의 바람과는 달리 그의 신분은 계속해서 노출되고 곧 위험에 처한다. 거리 곳곳의 전광판이 그의 이름을 부르고 있기 때문이다.

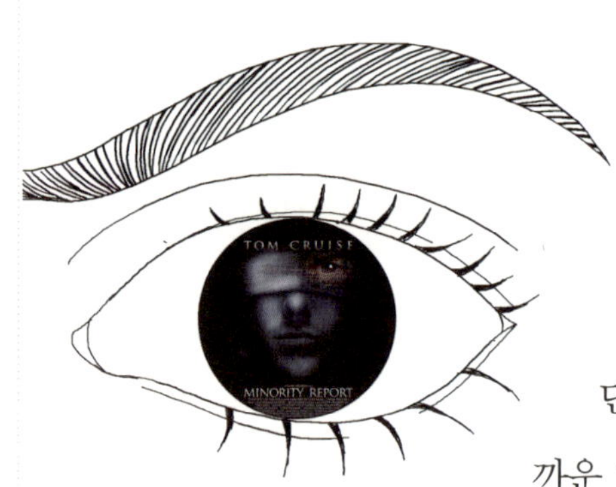

스티븐 스필버그가 2002년에 만든 영화 〈마이너리티 리포트〉(Minority Report)에 등장하는 세계는 이처럼 감시로 이루어진 완전한 통제의 왕국이다. 영화의 배경은 최첨단 시스템으로 살인까지 예측하는 가까운 미래로, 이 세계에서는 눈동자 안의

홍채로 사람을 식별하며 그에 따라 모든 시스템이 움직인다. 모든 거리, 공공장소에는 지문처럼 사람마다 다르다는 홍채를 식별하는 기계들이 장착되어 있다.

시스템은 홍채를 통해 지나가는 사람이 누구인지 식별하고 그런 뒤에 그 사람의 현재 상황에 가장 적합한 광고를 내보낸다. 자동적으로 한 사람 한 사람의 이름이 호명되며 그 사람에게 필요한 상품과 서비스가 광고되는 것이다. 일일이 돈을 꺼낼 필요도 없고 신분증을 내보일 필요도 없는 편리함의 이면에는 한 사람의 일거수일투족이 노출되고 기록되는 정교한 감시 시스템의 무시무시한 폭력성이 자리한다.

누구라도 사회 질서에 반하는 행동을 하는 순간, 공적 공간에 박힌 모든 눈은 조용한 감시자와 편리한 도구의 자리에서 벗어나 어디에도 숨을 수 없게 만드는 철저한 통제의 힘으로 돌변한다. 그래서 영화 속에서 누명을 쓰고 도망쳐야 했던 주인공 탐 크루즈가 가장 먼저 한 일 역시 안구 이식 수술이었던 것이다. 이처럼 감시가 신체 내부로 진입하는 순간, 우리에게는 어떤 자유도 허용되지 않을 수 있다.

매 순간 이루어지는 감시는 영화 속의 이야기만은 아니다. 우리의 생활도 언제나 감시당하고 있다. 컴퓨터를 통하지 않으면 의사소통이나 업무를 처리하지 못하게 되었기 때문에 우리는 일상생활에서도 언제나 감시와 통제를 받는다. 컴퓨터에 접속하는 순간 회사의 감시를 받는다. 이메일이 검열되는 경우도 있다. 스마트폰과 같은 최첨단 기계도 감시와 통제의 수단이 된다. 거리에서의 사소한 다툼도 누군가의 핸드폰 동

영상으로 인터넷에 올라 갈 수 있다. 첨단 기계는 감시와 통제를 더욱 정교하게 세분화시켜 준다.

우리 시대의 감시는 일상화될 뿐 아니라 정교하고 세밀해지고 있다. 각종 강력 범죄가 늘어나면서 덩달아 늘어난 CCTV가 그 예다. 관공서나 은행의 내부뿐 아니라 평범한 주택가 골목에도 온통 CCTV 천지다. 범죄로부터 시민을 지킨다는 명목으로 곳곳에 설치된 CCTV는 거주자 외의 모든 사람을 잠재적 범죄자로 취급하며 감시한다. 거리의 CCTV는 나도 모르는 나의 24시간을 재생해 줄 수 있을 것이다.

감시라고 인식하지 못하는 상황에서도 감시와 통제는 이루어지고 있다. 요즘 기업에서 업무용으로 스마트폰을 지급하는 사례가 늘어나고 있다. 업무를 스마트폰으로 처리할 경우 기업의 입장에서는 시간과 장소라는 한계를 뛰어넘어 빠르고 효율적인 업무 처리를 할 수 있다는 점에서 유용하지만 직원의 입장에서 스마트폰을 통한 업무 처리는 사생활과 업무 사이의 경계를 허물어 노동 강도를 더욱 높일 가능성이 있다. 이제 회사 밖에서도 업무를 처리할 수 있기 때문에 그만큼 사적 영역이 사라지는 결과가 발행한다. 이제 이미 퇴근했다는 말은 핑계가 되어 버릴지도 모른다. 첨단 기계는 더 편리하고 효율적인 업무 환경을 만들어 주었지만 동시에 더욱 강력한 통제와 감시를 가능하게 해 주기도 한다.

어떤 사회이건 사회를 안정적으로 유지하기 위해서는 시스템이 갖추어져야 한다. 대부분의 국가는 다양한 법과 제도를 통해 사회의 발전과 개인의 성장을 함께 이루고자 한다. 사회에 합리적인 것이 곧 개인에게도 합리적이라면 더 바랄 것이 없다. 그러나 이런 균형을 찾기란 쉽지 않다. 과거에 독재 정권이 집권했을 때 개인의 목소리는 '국가'라는 이름에 의해 묻히는 경우가 많았다. 국가의 목표에 조금이라도 방해가 된다고 여겨진다면 법과 제도를 뛰어넘고 인권을 밟고서라도 다른 생각을 제기하던 때도 있었다. 그러나 억압이 심하면 심할수록, 통제가 강력하면 강력할수록 사람들은 다른 생각의 자유를 꿈꾸기 마련이다. 우리 사회가 과거에 비해 민주화되었다면 그것은 다른 생각, 다른 사회에 대한 열망 때문일 것이다.

'다른' 목소리는 그래서 힘을 하나로 모으고 권력을 한 방향으로 끌고 가려는 쪽에서 본다면 대단히 위험할 것이다. 그래서 전제적인 권력자는 다른 목소리를 잠재우기 위해 첩보 기관과 감시 기구를 만들고 경호를 강화시킬 수밖에 없다. 우리는 이런 폭압과 어둠의 시대를 통과해 왔다. 지금도 여전히 정치적 의미의 감시와 통제 역시 완전히 사라진 것은 아니다. 정부에 의한 민간인 사찰이나 특정 시민 단체에 대한 도청 등은 여전히 이슈가 되는 문제다.

역사적 교훈으로도 알 수 있듯 어느 한쪽에 힘이 집중되면 반드시 다른 한쪽에는 억압과 통제가 발생할 수밖에 없다. 따라서 상위에 속한 사람이나 집단이 다른 사람들을 마음대로 통제하지 못하도록 비판과 견제가 가능해야 한다. 그래서 정보 사회에서는 비판과 견제의 기능이 무엇보다 중요하다. 비판과 견제가 가능하려면 인터넷과 같은 열린 장에서 개인이 자유롭게 자신의 의견을 펼 수 있어야 한다.

물론 다양한 개인의 의견 가운데는 사회적으로 물의를 일으키거나 다른 사람에게 피해가 될 만한 악의적인 내용도 있을 것이다. 그러므로 우리 사회의 숙제는 개인의 자유로운 생각의 문을 열면서도 여러 부작용들을 걸러 낼 장치를 마련하는 일이다. 여기서 중요한 것은 그 방법이 일방적인 감시와 통제여서는 안 된다는 것이다. 감시와 통제는 다른 생각 자체를 막아 버려 문제를 바꿀 가능성조차 잘라 내버리기 때문이다. 〈브라질〉의 샘과 질이 부당한 세계를 바꿀 시도조차 해 보지 못하고 희생되었던 것처럼.

'다른' 생각은 세상을 움직이게 하는 동력이다. 모든 사람들에게 같은 목표를 부여한 뒤 한곳을 향하게 하면 그만큼 빠르게 성장하고 성공할 수 있겠지만, 그 성장과 발전의 이면에는 다른 생각, 다른 꿈으로 숨 쉬던 사람들의 숨막힘이 존재한다. 다른 생각, 다른 꿈을 인정할 수 있는 탄력성을 갖춘 사회만이 개인을 희생시키지 않고도 사회를 발전시켜 나갈 수 있다. 그리고 많은 사람들이 우리가 맞이한 정보 사회에 그러한 탄력성을 담을 만한 충분한 잠재성이 있다고 믿는다. 정보 사회를 영화 속의 폭력적인 기계 사회로 만들지 않기 위해서는 부작용을 자정하면서 가능성을 끌어올릴 수 있는 지혜로운 눈과 손이 필요할 것이다.

문화가 감시를 허용하며 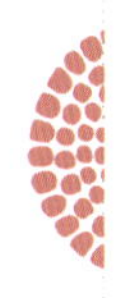

　정보 사회의 감시 문제의 다른 측면을 살펴보려면 걸출한 코미디 배우 짐 캐리가 주연을 맡은 영화 〈트루먼 쇼〉(The Truman Show, 1998)의 주인공 트루먼 버뱅크를 만날 필요가 있다. 트루먼 버뱅크는 모범적이고 명랑한 이웃이자 다정한 남편이고 능력 있는 보험 사정인이다. 매일 아침 이웃을 기분 좋게 만드는 인사로 시작하는 트루먼의 하루 일과는 자로 잰 듯 정확하고 평화롭다. 완벽해 보이는 그에게 문제가 있다면 그것은 어린 시절 아버지를 익사 사고로 잃은 뒤 물을 무서워하게 되었다는 점뿐이다. 그 덕에 그는 태어난 도시를 한 번도 떠난 일이 없다. 그럼에도 그는 자신의 일상 안에서 행복했고 아무것도 그의 인생에 장애가 되는 일은 없었다. 그러나 작은 균열이 그의 인생을 바꾼다.

　어느 날 트루먼은 죽은 줄로만 알았던 아버지를 길거리에서 만난다. 그렇지만 아버지는 곧 낯선 이들에 의해 끌려간다. 이 순간부터 일상에 대한 그의 믿음은 깨지기 시작한다. 믿고 있고 알고 있고 생생했다고 여기는 모든 것들이 사실은 누군가 잘 짜 놓은 각본처럼 움직인다는 것을 조금씩 간파하게 된다. 그가 모든 사실을 깨닫게 되는 데는 그리 오랜 시간이 걸리지 않았다. 언제나 같은 시간에 같은 패턴으로, 질서 있게 흐르던 그의 일상에 그 스스로 균열을 내기 시작하자 모든 것이 헝클어지기 시작했기 때문이다. 트루먼이 예측 가능한 동선을 벗어나 불규칙하게 움직이자 주변 사람들은 우왕좌왕한다.

사실 그의 모든 삶은 조작된 것이었다. 그 자신만 모를 뿐 트루먼의 일상을 채우던 수많은 공간과 사람은 모두 리얼리티 시트콤을 위한 세트이자 배우였던 것이다. 심지어 사랑하는 아내마저도 시트콤을 위해 투입된 배우에 불과했다. 아내가 언제나 트루먼 앞에서 새 제품의 특징과 장점에 대해 큰 소리로 떠들었던 것은 협찬 상품을 선전하기 위해서였던 것이다.

어려서부터 트루먼은 오직 그만을 위해 만들어진 세트와 배경들, 그를 위해 짜인 각본 속 사람들 사이에서 꼭두각시처럼 성장해 왔다. 모든 장면은 24시간 생중계되었고, 전 세계의 사람들이 트루먼이 아기일 때부터 일거수일투족에 박수를 치고 울고 웃으며 그의 성장을 지켜봐 왔다는 것을 그 자신만 몰랐던 것이다. 이 충격적인 사실을 깨달은 후 과연 트루먼은 어떤 선택을 할 것인가?

　이 영화는 한 개인에 대한 감시가 상업적인 차원에서 어떻게 이루어지고 또 정당화되는가를 보여 준다. 상업적인 관음 역시 감시하는 자와 감시받는 자의 권력 문제일 수 있다는 것이다. 사실상 '감시'는 우리에게 가깝지 않다. 국가 기관이나 권력 기관에 의한 감시를 피부로 느낄 만한 기회는 그다지 많지 않다. 국가 기관이 민간인을 사찰하고 감시했다는 얘기는 이미 여러 번 문제시된 우리 사회의 공공연한 비밀이지만 보통 사람들이 감시를 경험하는 경우는 흔치 않다. 그래서 우리에게 감시와 통제란 군사 독재 시절의 옛 이야기이거나 앞에서 예로 든 영화처럼 가상의 미래 사회 이야기로만 생각되기 쉽다. 누구나 쉽게 접근할 수 있는 인터넷의 일상화는 개인의 사회적 발언권과 참여의 기회를 넓힌 것처럼 보인다. 그래서 표면적으로는 과거에 비해 감시와 통제가 사라진 사회인 것처럼 보인다. 과연 그러한가?

　사실상 감시는 생각보다 가까이에 있다. 더 놀라운 것은 감시하는 쪽과 당하는 쪽의 관계다. 감시자의 편에 선 것은 권력 기관이 아니라 우리 자신이기 때문이다. 현재의 감시는 독재자의 권력이 아니라 대중문화의 권력으로 나타난다. 따라서 권력에 의한 통제보다 더 광범위하고 더욱 위험한 것은 대중문화에서의 감시다. 이때의 감시란 권력과 질서의 유지라는 고전적인 목적에 부응하지 않는다. 무엇 때문에 누구를 위해 어떤 감시가 이루어지는가? 영화 〈트루먼 쇼〉는 이런 문제에 대한 답을 찾는 하나의 길을 보여 준다. 감시가 단지 정치권력 차원이 아니라 대중문화의 상업적 관음 차원에서 발생한다는 것을 말이다.

대중문화에서의 감시라는 말이 낯설게 느껴진다면 다음의 예를 떠올리면 된다. 열애 기사를 내기 위해 연예인 집 앞에서 몇 달씩 잠복근무를 하는 연예부 기자, 온갖 연예인들의 사생활을 실어 나르는 TV 연예 프로그램과 인터넷 기사들, 증권가에서 시작되어 공공연히 돌고 있다는 연예인 X파일, DVD방이나 모텔에 설치되어 있는 몰래 카메라 등등. 이처럼 대중문화에서 이루어지는 감시는 일상에 깊이 뿌리내리고 있다. 이 감시의 목적은 정치적 사찰과 통제가 아니라 상업적으로 추구되는 쾌락과 욕망이 벌어다 주는 돈이다. 현대 대중문화 속에서 상업화된 관음이 우리 자신을 타인에 대한 감시자로 만든다.

트루먼은 이런 상업적 관음과 감시의 피해자다. 트루먼의 인생은 누가 책임져야 하는가? 그의 모든 믿음을 깬 책임은 누가 져야 하는가? 함부로 남의 인생을 감시하고 본인의 동의 없이 이를 전 세계로 송출해서 모든 생활을 노출시킨 벌을 누가 받아야 하는가? 물론 영화는 쇼를 기획하고 총괄하는 프로듀서에게 이 문제를 돌린다. 그러나 이는 공정하지 않다.

영화 속에서 트루먼과 일면식도 없는 시청자들은 트루먼의 행동 하나하나에 울고 웃는 진심 어린 응원자처럼 등장한다. 트루먼이 마지막에 떠나기로 결심했을 때도 함께 텔레비전을 시청하던 사람들은 트루먼의 선택을 지지하고 응원하며 환호했다. 그러나 그들 역시 트루먼에게는 가해자일 뿐이다. 그들 역시 감시자로서 트루먼 자신이 드러내고 싶지 않았던 사생활을 오로지 자신의 쾌락을 위해 들여다보았기 때문이다.

물론 영화긴 하지만 이런 식으로 한 사람의 인생 전체를 기만하고 오락의 도구로 활용할 수 있다는 사실 자체가 놀랍다. 개인이 부도덕한 게 아니다. 그들이 죄의식 없이 트루먼의 인생을 구경하는 것이 가능했던 이유는 이런 식의 감시가 문화적으로 허용된 것이기 때문이다. 자발적이고 능동적으로 시도한 음지의 감시가 아니라 누구에게나 허용된 문화적, 대중적 오락의 영역 안에서 이루어진 것이기 때문이다.

우리는 이들과 다른가? 그렇지 않다. 본인들이 알리기를 원치 않는 연예인의 사생활을 악착같이 감시하는 연예 프로그램을 보며, 시청자의 '알 권리'라고 주장하며 일회적으로 즐기고 소비하는 우리가 과연 이들을 비난할 수 있을까? 개인적으로 찍은 과거의 사진들을 찾아내 유포하며 그들의 과거와 인간관계까지도 관음의 대상으로 삼는 이 비뚤어진 욕구를 어떻게 설명할 수 있을까? 타인의 삶을 엿보고자 하는 이 시대의 잘못된 징후와 이를 더욱 부추기고 조장하는 대중 매체를 어떻게 보아야 할까? 누가 이 끝없는 감시와 관음을 허용할 자격이 있을까?

아무리 연예인이라 하더라도 본인이 드러내고 싶지 않은 사생활까지 알 권리는 대중에게 없다. 그럼에도 '알 권리' 운운하며 연예인에 대해 거의 병적 수준으로 집착하는 것은 상대의 모든 것을 알고 그래서 그를 소유하고 지배하고자 하는 왜곡된 욕망에서 비롯된 것이다. 물론 우리는 그들의 대중적 활동에 돈을 지불했고 그들은 우리의 판타지를 채워줄 의무가 있다고 생각하기 쉽다. 그러나 우리가 가치를 지불한 것은 드라마, 영화, 춤과 노래의 퍼포먼스에서 드러나는 이미지일 뿐 그 사람 자체는 아니다. 우리에게는 연예인의 인격이나 그의 인간적 관계까지 소비할 권리는 없다. 결국 현재 우리 대중문화가 보여 주는 지나친 관음은 감시로 바뀌어 연예인을 디지털 노예로 만들고 있는 것이다.

대중문화에서 발생하는 감시 역시 결과적으로는 감시하는 자와 감시받는 자 사이의 권력 문제라는 점에서 국가 기관에 의한 감시와 큰 차이가 없다. 감시하는 측에 설 때는 상대보다 내가 권력적으로 상위에 있다는 전제가 작동한다. 타인의 삶을 들여다보는 것 역시 대상을 지배하고자 하는 권력욕에 뿌리를 두고 있다. 그리고 대중문화가 개개인의 삶의 영역에 더 깊이, 더 넓은 범위에 파고들수록 이 권력욕 역시 몰래 자라난다.

다시 말할 것도 없지만 문화가 더 많은 감시를 허용하게 된 것은 관음으로서의 감시가 상업적 이윤과 직결되기 때문이다. 돈이 된다면 무엇이든 허용하는 자본주의는 괴물의 수십 개의 눈처럼 타인을 나의 시선으로 지배하려는 탐욕을 불러일으킨다. 이 탐욕이 내 안에서 자라나는 것을 막아야 하지 않을까?

진화하는 욕망, 신화가 된 소비

'특별한 당신' 만들기와 소비 지도指導

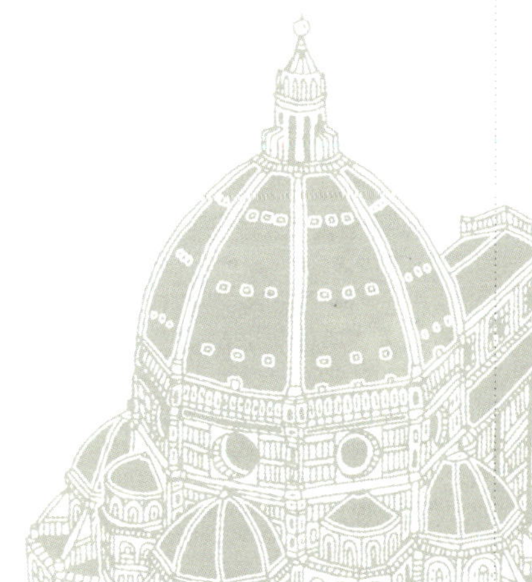

중년 남녀가 빌딩 로비에서 서로 엇갈리며 지나친다. 잠시 스치는 눈빛만으로 그들이 옛 연인이었음을 알 수 있다. 엇갈리는 시선 속에 남자는 고급 자동차를 타고 사라진다. 뒤에서 그 남자를 바라보는 여성의 독백이 화면 위로 흐른다.

"참 많이 변한 당신, 멋시게 사셨군요."

우연히 부딪친 옛 애인이 '성공'했음을, 그가 탄 고급 자동차를 통해 판단한다는 설정이다. 고가의 자동차가 성공한 인생을 증명한다는 우리 사회의 통념을 그대로 이미지화한 직설적인 광고다. 한국 사회에서 자동차는 성공, 특히 사회적 지위나 경제력을 갖춘 남성의 상징이라고 할 수 있다. 유독 우리 사회의 자동차 광고들은 부유하고 세련된 이미지의 남성 모델을 내세워 다음과 같은 광고 문안들로 사람들의 시선을 붙든다.

오늘, 남들과 다른 당신의 깊이를 보았습니다.
수백 년 삶의 자취마저도 당신의 품 안에선 고개를 숙입니다.
세상을 포용하는 당신.
어디서든 빛나는 당신의 능력과 카리스마, 성공, 그 다음은 남자의 매력.
평생 당신을 바라봤습니다. 이제 나를 바라볼 누군가를 생각합니다.
대한민국 1%.
리더의 품격.
대한민국 CEO.

모두 고급 자동차의 광고 문구들이다. 서로 다른 광고들이지만 광고가 추구하는 전략은 거의 비슷하다. 소비자를 '당신'이라고 부르면서 소비자로 하여금 광고 모델을 자신과 동일시하도록 유도하는 것이다. 이 때문에 성공을 연상시키는 '리더', 'CEO', '1%'와 같은 표현들이 사용되는가 하면, 아예 '성공'이라는 말을 노골적으로 사용하기도 한다. 이 모든 것이 고급차를 타는 사람을 사회 지도층이거나 경제적으로 성공한 사람, 즉 '특별한 존재'로 묘사하기 위한 전략이다. 이런 경향은 우리 사회에 유독 강한 편이다.

남성 모델의 연령대가 젊다는 것도 하나의 특징이다. 중년 남성을 광고 모델로 내세우는 외국 광고에 비해 우리 광고에서는 성공의 이미지를 30대의 젊은 남성으로 이미지화하는 경우가 많다. 이는 어려 보인다는 말이 최고의 칭찬인 만큼 한국 사회에서는 젊음 역시 사회적 동경과 욕구의 대상이기 때문에 경제적 능력=성공=젊음=자유까지 복잡하게 구조화된 결과다.

자동차 광고가 내세우는 또 다른 콘셉트는 '자유로움'이다. 자동차 광고에서 '자유'의 이미지는 경제적 능력과 성공 못지않게 자주 그리고 중요하게 등장한다. 멋진 스포츠카형 세단이 사막 위를 질주한다. 그러고는 곧 흙먼지를 날리며 등장해 유려한 곡선으로 회전을 한다. 그 위로 다음과 같은 내레이션이 흐른다.

"가슴이 뛴다.
그렇지 않다면 당신은 아직 어리거나 이미 심장이 멎었기나."

이 광고는 멋진 차에 대한 동경을 개인적 취향이나 선택의 문제가 아니라 '인간'이라는 종적 차원으로 확대해 버린다. 광고 문구대로라면 취향과 관계없이, 살아 있는 사람 중에 성인이라면 누구나 이 동경에 동참해야 한다. 그렇지 않은 사람은 미숙하거나 심장이 없는 사람 취급을 당해야 할 판이다. 길 없는 사막을 질주하는 자유와 삶의 방식을 선택할 자유, 그리고 원하는 차를 구매할 경제적 자유가 하나의 맥락으로 묶이면 구매력이 없다는 이유 하나만으로 미숙하거나 무기력한 '부자유'한 존재로 취급받게 될 수도 있다.

이처럼 국내 자동차 광고는 대부분 자동차뿐 아니라 자동차를 구매할 소비자의 이미지를 세련되게 포장하는 데 주력하는 경우가 많다. 외국 고급차 광고들이 자동차나 회사 브랜드 자체를 강조하면서 최첨단의 성능이나 기술적 진보, 혹은 권위 있는 수상 경력 등을 내세우는 데 반해, 우리나라의 자동차 광고는 모델이나 공간 등 다양한 광고 속 장치들을 이용해 '성공', '부유함', '자유로움'이라는 이미지를 자동차에 덧씌운다.

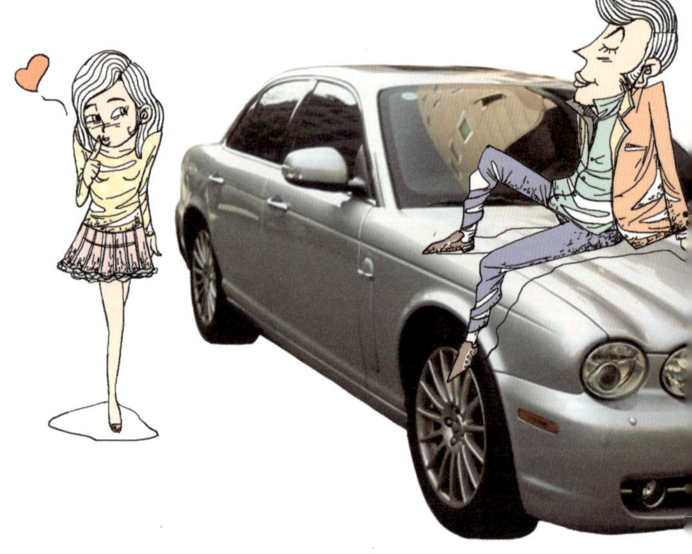

우리 사회의 고급 자동차의 소비자들은 광고가 덧씌운 성공과 자유로움이라는 이미지에 돈을 지불하고 그 이미지를 구매하는 것과 마찬가지다. 그러므로 고급 승용차나 스포츠카는 특별한 신분으로 상승하고자 하는 우리 사회의 욕망에 대한 은유에 불과하다.

프랑스 학자 장 보드리야르(Jean Baudrillard)의 말대로 상품이 아니라 상품의 기호를 소비하고 있는 셈이다. 여기서 지시되는 것은 거의 모든 이의 로망인 성공과 자유일 것이다.

구별 짓기를 위한 과시적 소비

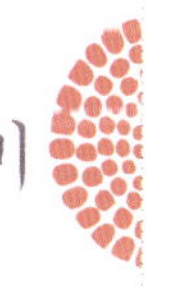

아주 기본적인 질문을 해 보자. 왜 너도 나도 명품에 목을 매는 것일까? 왜 카드를 긁고 빚을 져 가며 그토록 명품을 원하는 것일까? 사람들은 무엇 때문에 자신의 경제력을 넘어서는 고급차를 타고 상식을 초월하는 고가의 명품을 사려는 것일까? 사람마다 이유가 다를 수 있지만 이 욕망의 안쪽에 도사리고 있는 진짜 모습 중 하나는 남들과 다르게 보이고 싶은 '구별의 욕망'일 것이다.

평범함으로 굴러떨어지고 싶지 않다는 강렬한 저항, 다른 사람들에게 부유하거나 세련된 사람으로 보이고 싶은 모든 욕구들은 결국 남들과 다르게 보이고 싶은 욕구의 다른 모습이다. 평범하고 싶지 않다는 욕구라면 '개성'이라는 말로 설명할 수 있지 않을까? 그러나 명품 소비를 통해 다름을 추구하는 행위는 단순히 개성의 추구라는 식으로 설명하기는 어렵다. 개성을 추구하는 것 자체는 문제가 없다. 다만 다른 삶을 살고, 남들에게 다르게 보이고 싶은 욕구를 해소하는 방법이 오직 '소비'뿐이라는 것이 문제다.

사람들은 소비를 통해 특정한 제품의 이미지를 자기 것으로 만듦으로써 자신을 다른 사람 혹은 다른 집단과 구별되는 자신들만의 '차이'를 만들고자 한다. 사람들 사이의 다른 소비 형태는 단순히 취향의 차이가 아니라 경제적 차이이며, 또 경제적 차이를 넘어서는 새로운 신분의 차이로 나타난다. 이 '차이에의 욕망'이 '명품'을 원하는 욕구의 실체라고 할 수 있다. 원가의 수백 배를 주고 가죽 가방을 사고, 기능과는 아무런 상관없는 보석으로 값을 올린 수천만 원 대의 시계를 원하는 마음에는 남들과 다른 삶을 살고 싶은 욕구가 담겨 있다.

이런 욕망은 이른바 '과시적 소비'로 나타난다. 과시적 소비란 사람들이 말 그대로 사회적 지위를 과시하기 위해 고가품을 소비하는 경향을 말한다. 이런 방식의 소비는 다른

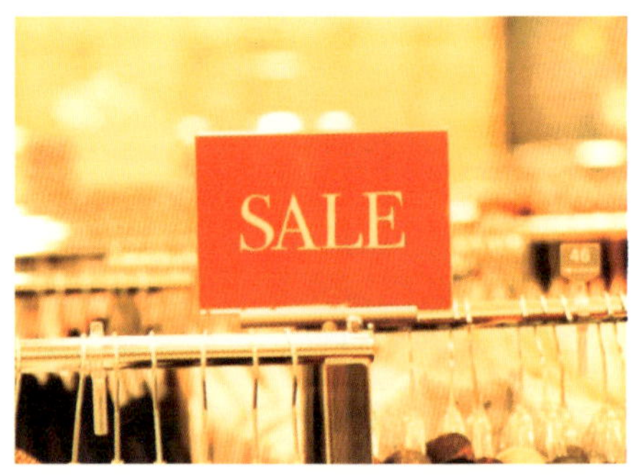

사람들은 소비를 통해 다른 사람과 구별되는 자신들만의 '차이'를 만들고자 한다.

사람과의 '차이'를 목표로 하기 때문에 상품이 비쌀수록 잘 팔리는 것도 당연하다. 미국의 경제학자이자 사회학자인 베블런(Thorstein Bunde Veblen)은 상류 계급이 사회적 지위를 과시하기 위해 눈에 띄는 과시적 소비를 하는 경향이 있다고 주장했다. 그는 《유한계급론(The Theory of the Leisure Class)》(1899)에서 가격이 오르는데도 수요가 줄지 않는 현상을 상류층의 과시적 소비에 따른 결과라고 보아 미국 사회의 과소비 풍토를 비판한 바 있다. 베블런 효과(Veblen effect)는 가격이 고가로 책정되어야 도리어 소비자의 허영심이 자극되어 소비가 늘어나는 현상을 설명할 수 있게 해 준다.

우리 사회에는 수많은 베블런 효과들의 사례가 존재한다. 다이아몬드가 좋은 예다. 다이아몬드는 왜 비싼가? 다이아몬드가 비싼 것은 다이아몬드가 희소하기 때문이라고 생각하기 쉽다. 그렇지만 아무리 희소한 자원이라도 사람들이 원치 않으면 높은 가격이 형성될 수 없다. 독버섯이 아무리 희소해도 사람들이 이를 원치 않는 한, 십 원 한 푼 받을 수가 없을 것이다. 희소성만으로는 고가를 설명하기 어렵다. 그렇다면 아름다움은 어떨까? 사실 잘 세공한 유리는 다이아몬드보다 더 아름다울 수 있다. 생산량이 한정되어 있다는 게 고가의 이유가 될 수 있을까? 사실 생산량의 문제라면 다이아몬드보다 더욱 희소한 광물은 얼마든지 있다.

다이아몬드가 비싸진 이유 중 하나는 다른 광물에는 없는 '결혼', '영원한 사랑'과 같은 특별한 의미가 부여되어 있기 때문일 것이다. 우리는 다이아몬드에 실제 그 물질과 아무 상관도 없는 추상적 의미를 붙인다. 그리고 우리는 이 추상적 의미를 오랫동안 학습해 왔다. 다이아몬드를 어떻게 평가해야 하는지 훈련 받은 것이나 마찬가지다. 이런 훈련을 통해 사람들은 다이아몬드를 구매하고 소유함으로써 다이아몬드의 어디에도 존재하지 않는, 또는 실제 다이아몬드와는 어떤 필연적 관계도 없는 '특별한 가치'들을 구매한다고 착각한다. 그리고 사람들은 이 특별한 가치를 '특수하게' 유지시키려는 공급자와 수요자의 각기 다른

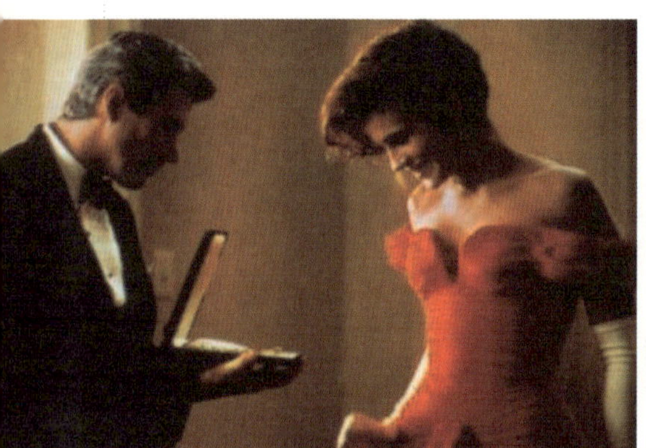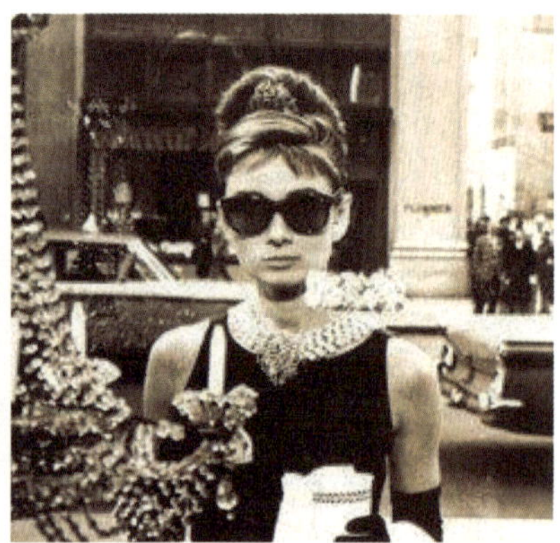

명품을 통해 차이를 만들려는 욕구는 한국 사회에 독특한 사회 현상인 '짝퉁 문화'를 낳았다.

욕구가 다이아몬드를 고가로 판매하고 구매하게 하는 것이다.

　이처럼 사람들은 고가의 명품을 구매하는 과시적 소비를 통해 새로운 사회적 신분을 얻고자 한다. 이는 현대 자본주의 사회에서, 특히 소비를 중시하는 사회에서 나타나는 특징적 현상이다. 그렇지만 이 과시적 소비가 만든 새로운 사회적 신분을 얻고자 더욱 많은 사람들이 고가의 명품을 동경하게 되었다는 점은 생각해 볼 여지가 있다.

　명품을 통해 차이를 만들려는 욕구는 한국 사회에 독특한 사회 현상을 낳았다. 이른바 '짝퉁 문화' 다. 경제적 능력이 없는 사람들도 '명품'이 만드는 차이를 소유하고자 하는 심리가 적극적으로 표출되는 것이 짝퉁 문화다. 수준 떨어지는 모사품이 아니라 진품과 구분할 수 없을 정도로 정교하게 베낀 이른바 A급 짝퉁은 은밀하게 유통되며 심지어 연예인들까지도 구매한다고 한다. 모사품이라도 소유하고자 하는 심리의 이면에는 남들에게 자신을 과시하고 그래서 그들과 차이를 확보하려는 욕구가 담겨 있다. 그렇다면 그들이 진짜로 바라는 것은 물건의 성능이나 디자인이 아니라 다른 사람과는 다른 특별한 사람으로 보이고 싶은 '차이' 그 자체일 것이다.

　사실 욕망이 개인을 뛰어넘어 그 자체로 생명력을 갖는 현상은 자본주의라는 사회 구조 자체에서 시작된 고유한 현상이다. 자본주의 사회는 일상생활에서 필요한 것보다 더 많은 것을 생산하고 기본적인 욕구보다 더 많은 것을 소비하도록 유도한다. 꼭 필요한 것만 생산하고 소비하는 방식으로는 자본주의 사회가 유지되기 어렵다. 사람들이 필요한 것 이상을 욕구하지 않으면 이윤이 생기지 않고, 이윤이 생기지 않으면 자본주의는 작동할 수 없기 때문이다. 그런 의미에서 자본주의라는 경제 체제를 이끌어 가는 것은 언제나 필요한 것 이상을 원하게 만드는, 더 나아가 물건 자체가 아니라 물건에 대한 필요를 생산하는 '욕망' 이라고 말할 수 있다.

　이런 욕망은 처음부터 개인이 해결할 수 있는 한계를 뛰어넘어 작동한다. 특정한 소비 활동을 정당하다고 인정해 주는 것은 개인이 아니라 사회고 문화다. 시간을 알려 주는 시계의 기본적인 기능 이외에 관심이 없거나 생계를 유지하는 것도 어렵다면 다이아몬드가 박힌 고가의 시계 는 불필요한 사치품에 해당될 것이다. 대부분의 사람들이 그렇게 생각 하는 사회에서라면 천문학적인 돈을 지불하고 명품 시계를 사는 행위는 정당화되기도 어렵고 의미를 얻을 수도 없다. 그러나 기능이나 목적과 관계없이 그 자체의 고급스러운 명품 이미지를 바람직하고 동경할 만한 것으로 여기는 문화라면 명품 시계를 사는 행위는 정당하고도 의미 있 는 것으로 평가받을 것이다. 다시 말해 과시적 소비는 문화적으로 허용 되는 차원에서만 발생하는, 사회적이고 구조적인 문제라고 할 수 있다.

문화가 '차이'의 의미를 알려 준다. 우리 문화에서 짝퉁 역시 하나의 차이지만, 이 차이의 의미는 '부에 대한 동경'이라고 번역된다. 천만 원 에 육박하는 시계로 만들어 낸 차이는 '부의 과시'로 번역된다. 바로 이 런 점에서 자본주의 경제 체제는 그 사회 전체의 문화적인 차원 특히 대 중문화와 깊은 관계를 맺게 된다. 특히 고도로 상업화된 대중 매체는 차 이 자체에 대한 욕망을 '문화'라는 이름으로 바꾸어 놓는 특성을 가지 고 있다. 연예인이 호화로운 옷과 장신구를 걸치고 나와 사람들의 시선 을 끌고, 대기업들이 인기 있는 드라마나 영화에 소품을 제공하는 것은 사람들이 연예인이나 드라마의 장면을 모방하려는 경향을 보이기 때문 이다.

이때 사람들은 이러한 모방 행위를 고도의 마케팅 전략에 따르는 단순한 소비가 아닌 문화적인 활동이라고 생각하기 쉽다. 사람들이 진짜 소비하고자 하는 것은 상품의 기능이 아니라 상품의 이미지이기 때문이다. 따라서 현대 사회의 경제는 이미지를 소비하고 차이를 만들어 내려는 욕망을 통해 덩치를 키워 간다고 해도 과언이 아니다.

욕망을 비추는 거울, 광고 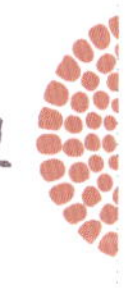

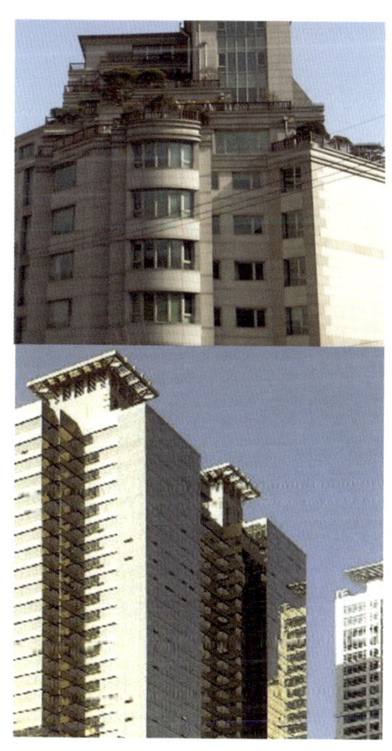

고급 아파트 광고는 그곳에 사는 것만이 성공한 삶이라는 듯 미화하고 정당화하기도 한다.

카메라가 어둠이 내린 거리를 달리는 자동차를 비춘다. 성공한 커리어우먼으로 보이는 여성이 운전을 하는 차에는 그녀의 친구와 친구의 딸이 함께 타고 있다. 젊은 엄마는 사회적으로 성공한 친구가 부럽다고 말한다. 이런 칭찬이 오고가는 사이 창밖으로 한 대기업이 지은 고급 아파트가 보이자 꼬마가 큰 소리로 말한다. "우리 집이다!" 내심 뿌듯해 하던 커리어우먼 친구의 얼굴이 갑자기 부러움으로 바뀐다. 동시에 사회적으로 성공한 친구를 동경하는 전업 주부의 얼굴 역시 일순 자랑스러움과 당당함으로 바뀐다. 텔레비전에서 방송되던 아파트 광고의 한 장면이다.

이런 광고는 고급 아파트에 사는 것이 친구의 사회적 성공보다 더 멋지다는 식으로 전업 주부의 삶을 미화하고 정당화한다. 물론 주부의 삶은 정당하고 아름답다. 그러나 그것은 그녀가 브랜드 아파트에 살기 때문은 아닐 것이다. 비뚤어진 신화에 길들여지거나 동조해서는 안 되는 이유가 여기에 있다. 경제적 능력을 바탕으로 누군가의 삶을 성공한 것으로 보이게 만드는 전략은 그렇지 않은 사람들의 삶을 결여된 것으로, 불완전한 것으로, 더 나아가 실패한 것으로 보이게 만들기 때문이다.

더 나아가 우리 사회에서 광고는 어떻게 살아야 멋진 인생인지, 사람들의 라이프스타일 자체를 지도하는 역할을 한다. 인기 높은 연예인이나 스포츠 스타라면 그들이 모델로 나온 상품이나 서비스만 모아도 하루 일과 또는 특정한 라이프스타일이 나올 것이다. 모든 광고들, 그중에서도 아파트, 자동차, 핸드폰, 음료수 광고가 하루를 어떻게, 인생을 어떻게 살아야 하는지 알려 준다. 첨단 시스템을 갖춘 고급 주상 복합 아파트에 살며 견인차도 피해 간다는 수입 자동차를 타고, 디지털 유목민으로 만들어 주는 태블릿 PC와 스마트폰에, V라인 얼굴, S자 몸매를 만들어 주는 음료수를 마실 것. 우리의 삶은 온갖 지령으로 넘쳐 난다. 그런데도 우리는 지령을 지령이라 생각하지 못하고 중립적이고 세련된 문화적 기호로만 받아들이기 쉽다.

하루에도 수십 번 듣게 되는 통신사 광고의 '생각대로' 살라는 메시지는 편견과 고정 관념을 깨고 자신이 원하는 것을 하라는 메시지가 아니다. 모든 사람의 자유롭고 개성적인 삶을 격려하는 듯하지만 내막은 특정한 요금제를 선택하면 자유롭게 통신 서비스를 이용할 수 있다는 상품 선전에 불과하다. 그런데도 우리는 이 광고가 상품 이상을 말해 주고 있다고 믿게 된다. 그래서 우리는 정말로 생각대로 살아도 될 것만 같은 착각을 하게 되는 것이다.

자본주의 사회에서 본격적인 소비의 교과서를 찾는다면 특정 연령대의 남성이나 여성을 타깃으로 하는 잡지는 좋은 예가 될 수 있다. 2,30대를 위한 여성지나 남성지는 그들의 소비 패턴을 촘촘한 계획표로 짜 주는 역할을 한다. 광고와 기사 간에 기의 구분이 없는 이런 잡지들은 옷, 신발, 헤어, 액세서리 등 패션 아이템부터 연애 생활에 대한 조언, 재테크와 처세술에 이르기까지 다루지 않는 분야가 없다. 인테리어 잡지나 여행 잡지, 헬스 전문 잡지들도 크게 다르지 않다. 구매력만 갖추고 있다면 잡지들은 훌륭한 매뉴얼이다. 돈을 쓰는 방법을, 시간을 채우는 방법을 가르쳐 주는 것이다. 누구라도 이 매뉴얼을 따르면 남들이 동경하는 삶을 살 수 있다.

광고와 잡지는 단지 삶의 기술이 아니라 삶의 방향을 가르쳐 준다. 이 삶의 교과서들이 주는 최우선의 가르침은 '돈을 써라. 그러면 행복할 것이다.'로 일관된다. 소비를 통해 삶의 만족을 얻는 것 자체가 문제인 것은 아니다. 그런 삶의 방식이 있으며, 그런 행복에의 경로가 있다는 점은 충분히 인정할 수 있다. 문제는 이것이 모든 사람에게 일관되게 적용되는 데에 있다. 언제나 그렇듯 기준이 하나라는 사실이 문제가 된다.

차이에 대한 욕망이 소비를 불러일으킨다는 점에서 자본주의 경제 체제는 사람들의 욕망을 통제하고 조정해서 진화해 나가는 '소비문화 사회'라고 말할 수 있다. 소비문화를 이끄는 문화적 첨병 중의 하나가 바로 광고다. 자본주의 사회에서 광고는 시대와 문화가 투영되는 거울 이다. 한 시대, 한 문화권의 광고에는 그 사회 구성원들의 욕구와 이상 이 반영되어 있기 때문이다. 이처럼 광고는 특정한 욕구를 사회적 차원 으로 확대해서 일종의 신화로 만드는 역할을 한다.

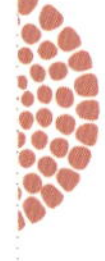 소비로 자유로워질 수 있을까?

당연한 얘기지만 명품의 가격은 제품 생산에 들어간 돈이 아니라 고 급스러운 이미지를 구축하는 데 들어간 자본에 의해 결정된다. 세계적 인 스타를 모델로 한 광고와 패션모델과 연예인을 내세운 프로모션, 전 세계적 캠페인에 들어가는 천문학적 액수의 돈이 상품 가격에 반영된 다. 사람들이 서민에게는 천문학적인 명품의 가격을 나름 합리적인 가 격이라고 생각하는 것은 제품의 기능이나 효과가 아니라 고급스러운 이 미지에 가격을 지불한다는 동의가 이루어져 있기 때문이다. 이들이 자 신의 구매 행위에 쉽게 동의하는 것은 근본적으로 고가의 상품을 구매 할수록 자신이 더 특별해진다는 믿음 때문이다. 이 믿음은 사실상 착각에서 비롯되는 것이다. 무엇을 착각하는가? 그것은 명품을 구매함으로써 개인은 자신이 합법적이고 자유로운 소비자, 즉 주체가 되었다는 착각이다.

특히 광고는 이미지를 통해 소비자에게 신호를 보내고 보는 이로 하여금 그 상품의 미래 주인공으로 호명하는 역할을 한다. 광고에 유독 '당신'이라는 표현이 많이 나오는 까닭이 여기에 있다. 광고가 소비자를 소비의 '주체'로 세우고 '특별한 당신'으로 탄생시키는 데 주력한 결과다. 특정 물건을 산다고 해서 자유로운 주체가 되는 것이 아님에도 불구하고 사람들은 고가의 명품을 구매함으로써 자신이 자유롭고 특별하다고 믿게 된다. 물론 '자유롭고 특별한 당신'이 될 수 있는 것은 오직 경제적 능력이 있을 때뿐이다. 내가 할 수 있는 일은 어쩌면 어떤 시기에 지갑을 열어야 하는지를 결정하는 일뿐일 수도 있다.

'특별한 당신 만들기'는 상당한 부작용을 가져올 수 있다. 개인이 택하는 삶의 다양성을 부정하고 오로지 경제적 능력만을 기준으로 사람들을 줄 세우고 획일화할 수 있기 때문이다. 개인의 개성이나 인격 또는 그 사람이 이룬 다양한 성취와 관계없이 오로지 경제적 능력으로 서열화하는 사회는 소수의 부자를 제외한 나머지 사람들의 삶을 불행하게 만들 수 있다. 심할 경우 경제적으로 성공하지 못한 사람들을 사회적으로 배제하는 결과를 가져올 수도 있다.

예를 들어 우리 사회에는 강남과 강북, 수입차와 국산 소형차, 명품과 짝퉁이라는 말로 대표되는 새로운 계층적 구분 기호가 형성되어 있다. 이 구별은 상황에 따라 적극적인 차별이 되기도 한다. 결혼 정보 회사에서 강북이나 지방에 사는 사람들이 낮은 등급을 받는다든가 고급 호텔에서 국산 소형차가 홀대받는 것 정도는 차별 축에도 들지 않는다. 강남을 '세련된'으로 번역하고 강북을 '촌스러운'으로 번역하면서 강남의 삶을 동경하는 이런 심리에는 경제력을 갖출수록 더 문화적으로 세련되고 자유롭다는 인식이 배경처럼 깔려 있다. 이는 우리 사회에서 경제적 차이와 문화적 차이가 하나로 연결되어 있음을 보여 주는 예다. 계층적 구분이 강한 사회일수록 경제력이 없는 사람들의 삶을 문화적으로도 부정하게 된다. 이럴 경우 그 사회의 문화적 다양성은 심각하게 제한될 수도 있다.

과시적 소비는 사회 구성원들을 상류층과 서민이라는 새로운 계층으로 나누고 모든 사람들이 상류층의 삶을 동경하도록 유도하기 때문에 경제적 성공에 이르지 못한 사람을 낙오자로 간주하게 만든다. 문화 자체가 가진 자와 그렇지 않은 자를 이분화함으로써 가지지 못한 사람들에게 박탈감을 안기고 사회적 갈등을 만들 수 있다. 그러므로 경제적 능력을 개인의 삶을 가르는 기준이나 문화적 수준의 척도로 평가하는 태도는 우리가 경계해야 할 심각한 문제 중에 하나다.

소비가 삶을 지도(指導)하고, 텔레비전 광고나 잡지들이 삶의 방향에 지도(地圖)를 그리는 상황에서 광고가 나의 삶을 지도하고 개입하는 것을 허용하지 않고, 소비문화의 첨병들이 그려 주는 삶의 지도를 거부하는 것은 대단히 어려운 일일 것이다. 삶의 모든 조건을 바꾸기는 쉽지 않다. 또 개인의 힘으로 문화와 그 밑을 흐르고 있는 상업적 조건과 실천들을 바꾸는 것은 더더욱 어려울 것이다. 그럼에도 불구하고 누군가가 나에게 소비의 지령을 내리고 삶에 은밀히 개입해 들어온다는 사실을 기억할 필요가 있다. 광고 문구들은 단순한 상품 선전이 아니라 내 삶을 지도하고 삶의 방향을 바꾸어 체질부터 소비 지향으로 바꾸려 한다. 혈액형 자체가 소비형으로 바뀌어 버리면 그때는 그 어떤 말도 들리지 않을 수 있다. 모든 삶의 기준과 정당성이 오로지 꿈꾸는 이상적인 소비 생활에서 나오고, 이를 위해 그 무엇도 하지 못할 일이 없게 될지도 모른다.

자본주의 사회는 사람들의 삶을 경쟁적으로 만들고 그래서 사회를 역동적이게 한다. 덕분에 자본주의 사회는 다채롭다. 어쩌면 그것이 자본주의가 가진 유일한 미덕일지도 모른다. 그러나 이 다채로움의 에너지가 지나친 경쟁과 줄서기, 스스로를 상처 내는 외부에의 동경과 자기부정에서 발생한다면 이 다채로움은 결과적으로 파괴의 에너지로 흘러들어갈 뿐이다. 즐길 수 있는 자는 살아남고 즐길 수 없거나 즐길 만한 조건이 되지 않는 사람이 도태될 수밖에 없다면 이런 다채로움은 미덕이아니라 악몽일 뿐일지도 모른다.

재벌이라는 이름의 엘리베이터

달콤하고 위험한 신분 상승의 판타지

대만, 일본, 한국에 이어 중국까지 동아시아 네 나라가 열광한 만화가 있다. 〈꽃보다 남자〉다. 만화 〈꽃보다 남자〉는 1992년부터 2004년까지 10년 이상 잡지에 연재되면서 일본은 물론 대만, 한국에서까지 폭발적인 인기를 끌었고 미국과 유럽에서도 출판되었다. 이 만화가 아시아를 넘어 미국과 유럽으로 뻗어 나가는 대박 콘텐츠로 성공하게 된 비결은 무엇일까?

〈꽃보다 남자〉가 지닌 드라마로서의 가치를 먼저 알아본 것은 대만이었다. 대만에서 2001년에 만든 대만판 〈꽃보다 남자〉, 〈유성화원(流星花園)〉은 당시 우리나라에도 수입되어 큰 인기를 끌었다. 아직도 대만의 F4를 기억하는 사람들이 꽤 있을 것이다. 〈꽃보다 남자〉는 2005년 일본에 이어 또다시 시간차를 두고 2009년에 한국에서 부활해 선풍적 인기를 끌더니 같은 해 중국에서도 드라마로 만들어졌다.

동아시아 네 나라가 이 만화를 드라마나 영화로 옮겨, 훨씬 강력하고 대중적인 문화 상품으로 만들었다면 이 속에 분명 무언가 동시대 아시아인들을 사로잡을 만한 것이 있을 것이다. 1992년에 연재를 시작한 원작 만화가 거의 20여 년에 가까운 시간차를 뛰어넘이 다양한 문화에서 반복 재생산될 수 있는 힘은 어디에 있을까. 새로울 것 없는 뻔한 이야기와 캐릭터, 바로 여기에 답이 있다. 진부한 이야기와 캐릭터에 시간과 공간을 뛰어넘는 일종의 보편성, 즉 동아시아 사람들의 공통된 욕망이 담겨 있기 때문이다.

스토리는 이렇다. 싹수없는 재벌 도련님과 철없어도 밝은 서민 여학생이 우연히 만난다. 대부분의 연애가 그렇듯 두 사람의 사랑은 오해와 편견에서 비롯된 긴장과 대결로 시작된다. 그렇지만 싸우고 얽히는 동안 새로운 사람이 두 사람 사이에 끼어들고 사랑의 방해자가 나타나면서 두 사람의 모호한 마음이 형태를 갖추어 간다. 그리고 어느 순간 드라마틱한 사랑의 확인. 모든 로맨틱 코미디의 기본 구조는 여기서도 반복된다. 이 진부한 스토리에 활력을 불어넣고 새로움을 심는 힘은 스토리 밖에서 온다.

가장 먼저 보는 이의 눈을 끄는 것은 화려한 상류층의 생활, 그리고 꽃미남 주인공의 비주얼이다. 서민이 상상하기 힘든 호화로운 재벌가의 생활 풍경은 사람들의 호기심을 자극하고 대리 만족을 준다. 우월한 키, 이기적인 얼굴의 꽃미남 주인공들의 외모와 패션도 드라마를 이끄는 중요한 견인차다. 만일 재벌이라도 평범한 키와 외모의 주인공이었다면 이 드라마는 성공하지 못했을지도 모른다.

그렇지만 사람들을 텔레비전 앞으로 이끄는 힘은 이런 것들만이 아니다. 사람들로 하여금 드라마와 주인공의 상황에 몰입하게 하는 것은 화려한 상류층의 생활 자체가 아니라 드라마의 다른 축인 서민적 생활과의 ‘거리’다. 상류층 주인공의 반대편에는 생계형 노동으로 생활을 꾸려 가는 서민 주인공이 있다. 두 주인공의 삶은 극적으로 대비된다. 이 채워질 수 없을 듯한 간극은 보는 사람에게 두 가지의 쾌감을 약속한다.

하나는 서민 주인공이 당하는 고난에 대한 연민과 공감이다. 나와 비슷한 처지의 주인공이 겪는 고난과 시련에 사람들은 공감하고 안타까워한다. 두 번째 쾌감은 이 극적 대비가 결국 극적 상승으로 바뀔 것이라는 기대다. 주인공이 재벌과 맺어짐으로써 한번에 모든 불운과 시련을 떨쳐 버릴 뿐 아니라 평생 동안 같은 고생을 반복하지 않아도 될 만큼의 부에 도달했다는 안도와 부러움이 드라마를 보게 하는 힘이 된다.

사랑이 새로운가? 그렇지 않다. 감정의 충돌과 결합은 당사자에겐

늘 신선하지만 다른 이들에게는 진부
하다. 이들의 사랑이 다른 사랑에
비해 사람들의 관심과 이목을 끄
는 이유는 특별히 비극적이거나
아름다워서는 아닐 것이다. 이들
의 사랑이 다른 이들의 사랑과 다른 것
은 수직에 가까운 신분 상승으로 이루
어지기 때문이다. 우리 시대, 사람들의
마음을 움직이는 것은 낭만적 사랑이
아니라 드라마 저편에 흐르는 호화로
운 사랑에 가깝다.

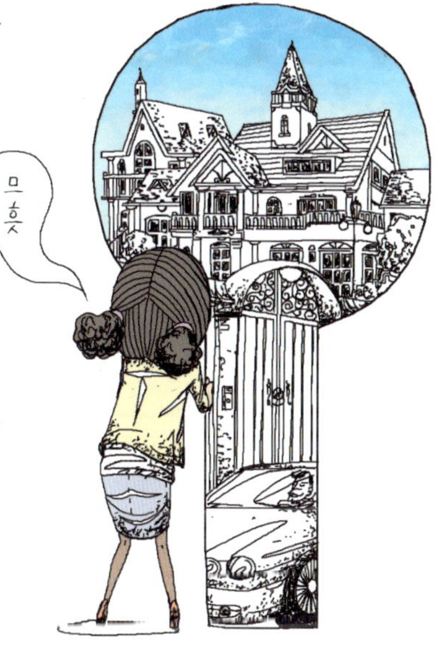

　　부자의 세계를 엿보고 경험하고 싶은 관음적 욕구와 신분 상승에의
판타지가 이 드라마와 영화가 내세우는 상품성이다.

신분 상승의 판타지와 사회 이동의 폐쇄성

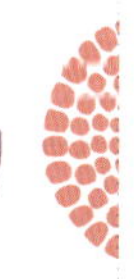

　　만나고 헤어지고, 오해하고 화해하고, 음모에 빠지고 도움을 얻고,
반대에 부딪히고 구원을 받고, 이 모든 지난한 싸움 끝에 〈꽃보다 남자〉
의 주인공 금잔디와 구준표는 사랑을 확인한다. 사랑의 확인은 영원히
헤어지지 않겠다는 공식적 약속, 결혼이 될 것이다. 서민의 상징 금잔디

가 재벌 중의 재벌 구준표와 결혼한다면 이는 개인이나 집단이 이전까지와는 다른 경제적 위치로 옮겨가는 '사회 이동(social mobility)'의 예로 볼 수 있다. 물론 사회 이동에는 재산이나 사회적 지위를 얻는 상향 이동뿐 아니라 반대로 재산이나 지위를 상실하는 하향 이동도 포함되지만 이런 수직 이동은 그 사회가 얼마나 개방되어 있는가를 알려 주는 중요한 척도다.

과거와 달리 현대 사회는 법적, 제도적으로 개인의 자유로운 수직 이동을 허용한다. 그 사회가 얼마나 자유롭고 민주적인가는 개인이 사회 이동에 있어서 얼마나 평등한 기회를 얻는가를 통해 확인할 수 있다. 사회 이동의 기회가 평등하고 개방적일수록 사회 구성원의 삶의 질과 만족도가 높을 것이다. 그렇다면 과연 우리 사회는 어떨까? 우리나라는 사회 이동이 개방된 유동적인 사회라고 말할 수 있을까? 〈꽃보다 남자〉는 이런 의문에 접근하는 하나의 방법이다.

현실이 고단하고 힘겨울수록 재벌이나 연예인 등 특별하고 화려한 사람들의 사랑 이야기가 더 크게 환영받는 경향이 있다. 사람들이 이런 일종의 판타지 속에 들어가 현재의 고단함을 잊고 심리적인 마취를 원하기 때문일 것이다. 꿈꾸고 있는 동안은 행복하다. 그러나 눈을 뜨면 여전히 모든 것은 그대로다. 만일 어떤 사회에 신분 상승의 판타지가 지나치게 유행한다면 그건 결코 개인의 취향 문제라고 보기 어렵다. 개인이 아니라 사회의 여러 계층들이 집단적으로 고단해 한다면 개인이 아무리 노력해도 어쩔 수 없는 구조적인 문제가 개인들의 앞에 가로막혀 있다고 할 수 있다.

드라마뿐만이 아니다. 우리 사회에는 현실을 극복하기 위해 사용하는 다양한 마취제들이 있다. 대박을 향하게 만드는 사행성 사업들이 그렇다. 카지노나 불법 도박장은 말할 것도 없고 로또, 경마, 인터넷 도박, 신도시 아파트 청약에 이르기까지 우리 사회에는 한탕을 꿈꾸는 사람들이 갈 곳이 많다. 온 나라에 '한탕주의'가 흐르고 있다. 특히 다른 복권에 비해 상한이 없는 로또는 시행 초기에 상당한 문제점이 노출되었다. 전 재산을 로또 구입에 사용한 뒤 당첨이 되지 않자 목숨을 끊은 사건은 부작용 가운데 일부에 지나지 않는다.

복권이나 경마 사업 등은 보통 정부가 공익 기금을 조성하기 위해 시행하는 것이다. 그러나 이런 공익사업은 서민들 주머니에서 푼돈을 끌어내 한 사람에게 왕창 몰아준다는 일종의 한탕주의에 기대어 있다. 사회 복지를 위해서라면 복권이 아니라 보다 체계적인 지원책을 국가적으로 마련해야 한다. 그러나 정부는 서민의 신분 상승 판타지를 상업적으로 이용해 국민이 어렵게 번 돈을 쉽게 긁어모아 그것으로 마음껏 선심을 쓰고 비리의 소지를 제공할 눈먼 돈을 지방 정부에 교부금으로 배정한다. '대박'에 대한 대중의 환상을 정부가 이념과 정책으로 정당화시키는 것은 아닌지 생각해 볼 문제다. 사회 이동에 대한 체념과 신분 상승의 판타지를 국가가 정책적으로 이용하고 정당화하는 구조에서라면 복지 문제는 국가의 당연한 과제가 아니라 우연에 따른 시혜의 문제로 바뀌고 빈곤층은 오로지 국가에 의존할 수밖에 없는 사회적 짐이 되기 쉽다.

물론 서민에게 복권이나 경마는 고단한 인생을 치유할 작은 위로고 희망일 수 있다. 그렇지만 복권 같은 한방이 아니면 인생이 바뀔 수 없다고 생각하는 사람이 많아지는 것이 문제다. 단 한 번의 행운으로 인생을 바꾸려는 사람들이 많다면 생각해 볼 일이다. 한탕주의는 건강한 노동의 가치를 무의미하게 만들고 인생 자체를 도박에 걸게 하는 일종의 마약과도 같기 때문이다.

재벌과의 사랑을 통한 급격한 신분 상승, 한방을 통한 인생 역전에 대한 판타지가 꽃피는 곳은 바로 이런 현실의 이면이다. 판타지는 경쟁의 고단함과 어차피 한계가 정해져 있다는 패배 의식을 위로하는 한편, 모든 것을 단번에 바꾸는 운명의 순간이 있다는 희망을 준다. 현대판 신

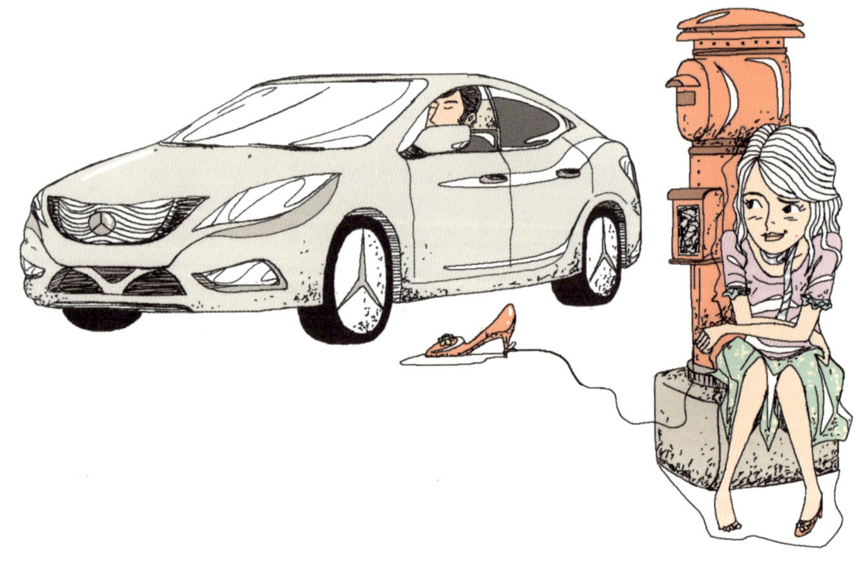

분 사회의 현실을 반영하면서도, 이를 뛰어넘는 개인의 이야기를 극적으로 그리면서 사람들의 시선을 돌리는 것이다.

그렇다면 우리는 이 문제를 다시 생각해 보아야 한다.

판타지가 사랑받는 것은 현실이 고단하기 때문이 아니다. 개인의 합리적이고 정상적인 노력을 무의미하게 만드는 사회적 벽이 있기 때문이다. 많은 사람들이 패배감과 좌절을 느끼는 어떤 구조적 문제가 있기 때문이다. 합리적인 노력을 통해 원하는 위치로 사회 이동을 할 수 없는 사회일수록, 그럼에도 불구하고 신분 상승의 욕구가 큰 사회일수록 '재벌로부터 선택받은 서민'의 판타지는 사랑받을 수밖에 없다.

사회 이동의 엘리베이터, 결혼 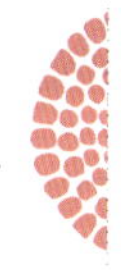

사실 신분 상승의 판타지는 자본주의 사회 이전부터 각 문화권에 존재해 왔을 정도로 역사가 깊다. 전형적인 신분 상승의 판타지인 《신데렐라》뿐 이니라 우리 고전 《춘향전》이나 《콩쥐팥쥐》, 《심청전》에도 신분 상승의 판타지가 담겨 있다. 개인이 노력해서 능동적이고 주체적인 방법으로 사회 이동에 성공할 수 없는 사회에서, 계급을 뛰어넘는 거의 유일한 방법은 결혼이었다. 오래전부터 결혼은 계급을 유지하거나, 또는 계급을 뛰어넘는 사회 이동의 수단으로 여겨졌다. 그렇지만 더 이상 계급에 묶여 있지 않은 현대 사회에도 많은 사람들이 결혼을 통해 신분 상

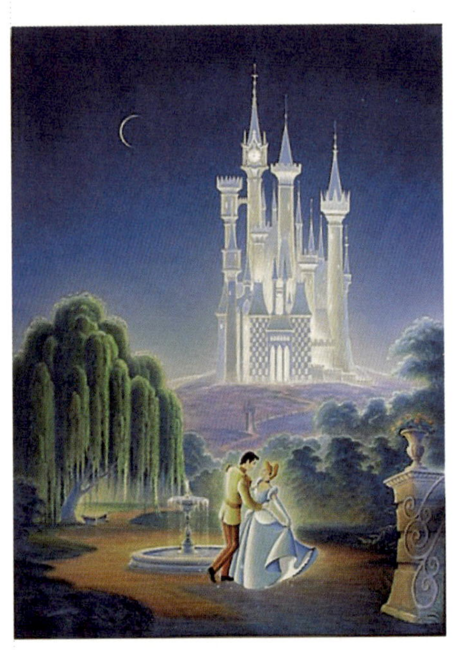
만화 영화 〈신데렐라〉의 한 장면.

승을 꿈꾼다. 신데렐라 스토리는 여전히 현대적으로 변용되고 있다.

문제는 여전히 '신데렐라'를 하루아침에 신분 상승을 이루는 데 성공한 부러운 여성의 표본으로 여기는 사회 분위기다. 신데렐라가 보여 주는 꿈같은 결말에 취하게 되면 힘이나 부를 가진 누군가에게 선택받지 않는 한 그 누구도 불안전한 존재로 살아갈 수밖에 없다는 체념에 빠지기 쉽다. 《신데렐라》는 17세기 프랑스 작가인 샤를 페로(Charles Perrault)가 민간의 설화를 바탕으로 당시 궁정 사회에서 요구되는 여성상을 형상화한 것이다. 남편에게 순종하는 다정한 여성은 당시의 이상적인 아내상이었다. 이후 신데렐라는 남성의 힘을 빌려 자신의 불안정한 상태를 극복하고 가부장적 질서에 순종하는 수동적인 여성을 상징하게 되었다. 미국의 저널리스트 콜레트 다울링(Collete Dowling)은 자립을 두려워하는 여성의 심리를 '억압된 태도와 불안이 뒤섞여 창의성과 의욕을 발휘하지 못하는 일종의 미개발 상태로 묶어 두는 심리 상태'라고 규정하며 이를 '신데렐라 콤플렉스(Cinderella complex)'라고 부른다.

신데렐라 스토리가 비판받는 것은 권력을 가진 남성에 의해 선택되는 여성을 아름답게 그림으로써 여성들의 주체성과 창의성을 부정하기 때문이다. 그러나 현대의 신데렐라 스토리는 여성만을 대상으로 하지 않는다. 많은 영화와 드라마에서 재벌 남성과 서민 여성의 결합만큼 재벌 여성이나 화려한 연예인과 무능하거나 가난한 서민 남성의 사랑 이야기도 많이 다룬다. 신분 상승이라는 손에 닿지 않는 꿈을 사랑과 결혼이라는 낭만적 상황에 투영하려는 데는 더 이상 남녀 구분이 없어진 것이다.

물론 우리 사회에서 유동적인 사회 이동이 막혀 있는 것은 아니다. 그러나 상향 이동의 경우 여전히 여러 계층에 제한적이다. 남성에 비해 여성, 비장애인에 비해 장애인, 고소득의 엘리트 가정에 비해 그렇지 않은 가정 아이들의 사회 이동은 여러 면에서 제한되어 있다. 특히 우리 사회처럼 학벌이 사회 이동에 결정적인 영향을 미치는 곳에서는 더더욱 그렇다. 돈이 있어야 배우고, 배워야 성공하기 때문이다. 기회의 불평등이 이미 계급적 구조에 뿌리를 두고 있다는 말이다. 이런 현실에서 대중문화는 현실의 차가움과 날카로움을 금잔디 같은 개인의 문제로 낭만화해서 덮으려 한다.

물론 신분 상승을 모티브로 하는 신데렐라 스토리는 우리만의 이야기가 아니다. 백마 탄 왕자로부터 삶의 구원을 얻는 이야기는 할리우드 영화에도 단골로 등장한다. 1990년대 줄리아 로버츠라는 배우를 스타덤에 올려놓은 〈귀여운 여인〉(Pretty Woman)처럼 거리의 여자가 성공한 사업가를 만나 사랑에 빠진다는 얘기는 할리우드의 단골 소재다. 전 세계 어디에도 신분 상승 스토리는 있을 것이다. 그런데 왜 하필 이것이 우리 사회에서 문제가 되는 것일까?

이는 사회 이동과 삶에 대한 만족도의 문제와 관련 있다. 그리고 이 문제는 우리나라에만 해당되는 것이 아니라 비슷한 성장 과정을 겪는 아시아인들에게 공통되는 문제다. 〈꽃보다 남자〉도 만화가 연재되기 시작한 1990년대보다 2000년대 이후 그 수요층이 더욱 확장되고 있고 한국과 중국까지 재생산에 동참하고 있다는 것은 주목할 만하다. 정도는 다르지만 이 네 나라에 재벌과의 만남을 통한 서민의 신분 상승에 열광하는 공통적인 코드가 존재한다고 볼 수 있다. 모두 엇비슷하게 신분 상승에 대한 판타지가 본격적으로 상품화될 만한 사회 구조가 존재한다는 의미로 해석될 수 있다.

특히 우리나라나 중국처럼 사회가 급속도로 성장하면서 표면화된 빈부 격차가 사회 문제를 낳는 사회라면 이런 식의 신분 상승 판타지가 더욱 잘 먹힌다. 과거에 비해서는 개인이 사회적 지위나 부에 이르는 길이 열려 있고 또 각종 매체를 통해 경제력과 세련된 기호를 간접 경험할 수 있는 기회가 늘어 이에 대한 개인의 욕구는 커지는 데 반해, 실제로는 여러 한계와 제약이 있는 사회에서 신분 상승 판타지는 대중문화의 꽃으로 핀다.

대만에서 만들어진 〈꽃보다 남자〉가 네 주인공, 이른바 F4의 잘생긴 외모에 맞추어져 있었다면 한국 드라마에서는 네 남자의 우월한 외모뿐

아니라 세련된 패션과 호화로운 집, 멋진 외제 자동차 등으로 확장 이동
되고 있다. 판타지를 위한 '보여 주기'의 대상이 호화로운 생활과 소품
등, 외모보다 훨씬 물질화된 '재력'으로 확대된 것이다.

금잔디의 마음을 사로잡기 위해서는 멋진 휴양지로 그녀를 데려가는
정도가 아니라 비행기로 하늘을 날며 멋진 풍광을 보여 주는 정도의 서
비스는 제공해야 한다. F4에게 억대를 호가하는 스포츠카는 기본이고
생일 파티쯤은 아예 호텔을 전세 내는 수준이다. 해외여행은 가벼운 나
들이에 불과하고 의상과 액세서리는 값을 매기는 게 구차할 정도다. 우
리 사회에서 한때 이슈가 된 〈꽃보다 남자〉 신드롬은 이런 호화로운 재
력 보여 주기에 일부 근원이 있다. 이떤 사람들은 어차피 드라마는 판타
지고, 부에 대한 사람들의 판타지를 통해 현실의 어려움을 잠시라도 잊
을 수 있다면 문제될 것이 없다고 생각하기도 한다. 그러나 문제는 그렇
게 간단하지 않다.

낭만화된 가난의 신화 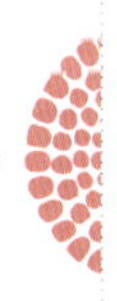

서민 금잔디의 하루 일과표를 보자. 새벽에는 신문을 배달하고 학교
에 간다. 오후에는 식당에서 아르바이트를 하고 십에 가서는 인형 눈을
붙인다. 구준표와의 사이를 방해하려는 신화 그룹 때문에 금잔디네 가
족은 생계 수단인 세탁소를 잃고 먹고살 길이 막막해졌기 때문이다. 잔

디네 집으로서는 어쩔 수 없는 선택이다. 심지어 금잔디는 학습지 모델로 돈을 벌어 보려다가 봉변을 당하기까지 한다. 학원 교습도 과외도 받지 않고 하루 종일 노동을 멈출 수 없는 잔디가, 과연 대학은 갈 수 있을까? 아니 자기 힘으로 자립이나 할 수 있을까?

실제라면 눈물 나는 이 고생이 드라마에서는 부담감 없이 받아들여지는 이유는 언제나 금잔디가 씩씩하고 명랑하기 때문이다. 금잔디의 고생은 가난을 낭만화하고 재벌과의 만남을 더욱 극적으로 부각시키기 위한 장치에 불과하다. 그래서 금잔디가 돈을 벌기 위해 아르바이트하는 장면은 나와도 돈 문제로 심각하게 고통스러워하는 장면은 드라마 어디에서도 나오지 않는 것이다.

한편 재벌 중의 재벌 구준표에게도 모자란 것이 있다. 모든 것이 갖추어진 환경 속에서 재벌의 아들로 키워지는 외로움이다. 구준표의 화려한 생활 이면이 얼마나 외로웠는지는 구준표가 따뜻한 정으로 넘치는 잔디네 집에서 하룻밤을 보내는 에피소드로 드러난다. 우연한 일로 잔디네 집에 간 구준표는 보통 사람들처럼 잔디네 가족과 함께 김장도 하고 목욕탕에도 가고 거리에서 어묵을 사 먹는 등 서민 생활을 경험한다. 물론 구준표는 잔디네 집에서도 여전히 재벌 집 도련님이다. 화려한 식탁 위 사치스런 음식은 없지만 잔디 엄마는 소박한 밥상에서도 극진한 시중으로 구준표를 도련님으로 대접한다.

이런 드라마에서 가난하지만 정이 넘치는, 사람답게 사는 가족과 돈은 많아도 냉정하고 이기적인 가족의 모습을 대비시키는 것은 일반적이고 진부한 전략이다. 한마디로 말해 서민의 경제적 무능과 재벌의 정서적 무능을 일대일의 등가로 맞춘 것이다.

굳이 피부에 와 닿지 않는 재벌의 정서적 무능을 강조하는 이유는 서민의 경제적 무능을 '보상을 위한 굴욕'으로 번역해야 하기 때문이다. 재벌과 서민의 낭만적 결합이라는 판타지는 원래 '굴욕과 보상'을 기본으로 한다. 서민이 경제적으로 무능하면 무능할수록, 다시 말해 경제적 문제로 굴욕적 상황에 처하면 처할수록 반대급부로 그들이 받는 보상의 쾌감이 커지는 것이다. 남녀 두 주인공 간의 경제적 격차를 최대한 벌여 서민에게 굴욕을 주어야 신분 상승을 통한 보상의 기대 또한 커질 수 있다. 그래서 서민의 경제적 무능이 과도한 정도로 희화된다.

그러나 여기에는 현실이 없다. 이들의 가난은 보상을 위해 마련된 장치에 불과하기 때문에 지나치게 낭만적으로 포장되어 있을 따름이다. 드라마 속에서 가난하지만 정이 넘치는 소박한 가족은 현실과 관계없이 극적인 드라마를 위해 낭만적으로 표현된 장치이자 신분 상승의 배경일 뿐이다.

재벌과 서민의 관계가 재벌에 의한 일방적인 시혜로 보이지 않는 것은 서로 원하는 것을 얻어 평등한 교환이 이루어졌다는 암묵적 합의 때문이다. 여기에는 서민 금잔디에게는 경제적 굴욕을, 재벌 구준표에게는 외로움과 미움이라는 정서적 굴욕을 부과하고 서로가 가신 것으로 상대의 굴욕을 보상한다는 등가의 논리가 작동하고 있다. 그러나 이런 교환은 결코 등가가 될 수 없다. 이런 교환은 '서민'의 입장에서의 자기 위안이며 심지어 기만일 수 있다.

　가족의 따뜻함과 사랑을 주는 대신 그가 소유한 부를 동등하게 나누는 위치로 신분 상승하는 것이 정당한 교환이라는 환상은 재벌을 만나고 싶은 사람들의 소박한 꿈일지도 모른다. ‘사랑’이라는 운명적이고 조건 없는 만남의 방식으로, 현실을 도피하고자 하는 욕망을 감추고 정당화하는 것에 불과할 수도 있다. 따뜻한 가난과 외로운 부는 현실이 아니라 우리 사회가 만들어 놓은 신화에 불과하며, 정을 나누어 주고 경제적 보상을 받으려는 것은 철저히 ‘서민’의 심리이기 때문이다. 실제로 그런 교환은 발생하지 않는다. 그러나 사람들은 굴욕이 크면 클수록 보상도 클 것이라고 믿기 때문에 굴욕의 정도와 보상의 정도를 판타지의 크기로 번역한다. 이런 식의 경제적 무능은 사실상 낭만화된 것이며 그런 의미에서 현실에 입힌 당의정에 불과하다.

　만일 실제라면 금잔디의 생활은 낭만적이지도 않을 뿐더러 경제적 자립 자체가 불가능하다. 더구나 드라마에서처럼 집을 철거당하는 삶의 막장까지 흘러갔을 때 불쑥 나타나 멋지게 도와줄 그런 구원자를 만나기는 불가능에 가깝다. 문제는 결코 낭만화될 수 없이 현실 그대로의 경제적 무능과 고통을 안고 사는 사람들이 우리 사회에 상당수 존재한다는 것이다. 이런 상황에서 드라마에 낭만적으로 표현된 가난은 폐쇄적인 계층 구조의 문제를 덮는 정서적 꽃밭에 불과하다. 판타지의 논리가 현실에까지 영역을 넓히고 있는 것이다.

왜 많은 사람들이 〈꽃보다 남자〉와 같은 현대판 사랑과 성공 판타지에 열광할까? 다양한 이유가 있겠지만 드라마 속 이국적 풍경, 값비싼 명품 등 화려한 비현실의 자극에 우리 사회가 길들여졌기 때문이라는 것도 한 가지 이유다. 드라마가 비현실적이거나 화려할수록 사람들은 어차피 그것은 드라마일 뿐이며 우리는 단지 그 속의 판타지를 그냥 즐길 뿐이라고 생각한다. 나에게 재벌이나 최고의 연예인이 구애를 해 올 가능성은 낮지만 나에게도 한 번쯤 그런 일이 있지 말라 법은 없다며 남의 성공담에 감정이입을 한다.

신분 상승 판타지를 즐기는 것 자체는 개인적인 기호의 문제다. 싫어하는 사람이 있다면 좋아하는 사람도 있게 마련이다. 그러나 적어도 두 가지는 문제다.

신분 상승 판타지는 불량 식품과 같아서 계속 먹으면 개인의 체질이 변하게 되어 있다. 사랑과 결혼에 관한 판타지는 노력해도 쉽게 상승할 수 없는 차가운 현실, 이미 부와 지위를 가진 사람들이 성공에 더 유리하다는 구조적 모순 위에 얹은, 달콤하고 화려한 토핑 같다. 체질이 건강하다면 불량 식품 하두 개쯤 먹어도 큰 문제는 없다. 그러나 화려한 토핑을 얹은 불량 식품을 계속 먹다간 아예 순간의 쾌락 때문에 체질 자체가 바뀔 수도 있다.

두 번째 문제는 선택의 여지가 없어 편식을 하게 된다는 것이다. 다

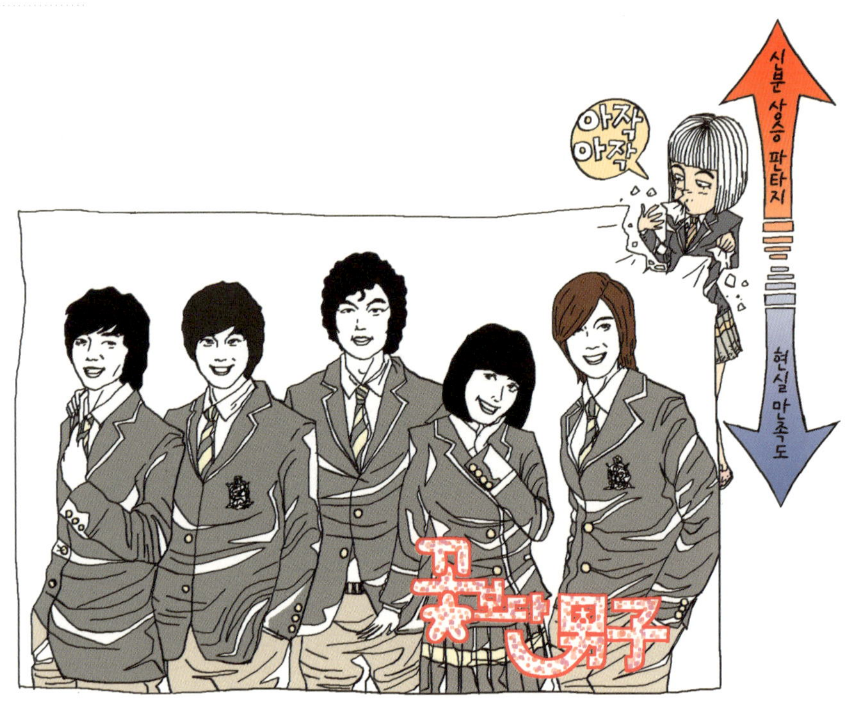

양한 음식이 차려진 식탁이라면 이것저것 먹을 수 있어서 한두 개쯤 과
도하게 달거나 자극적인 음식을 먹는다 해도 문제가 없다. 그렇지만 식
탁에 오로지 한 가지 음식만 차려져 있다면 개인의 취향이라는 말이 무
색해진다. 한 번 중독이 시작되면 끊을 수 없기 때문에 식탁 위에 다른
음식이 차려져 있어도 눈에 들어오지 않을 것이다.

이 수준이 되면 신분 상승 판타지는 개인이 아니라 사회 계층이나 세
대, 나아가 사회 전체의 태도와 가치관에 영향을 끼칠 수 있게 된다. 일
상의 노동을 가치 없는 지루한 과정으로 여기고 대박이나 한탕을 꿈꾸
는 사람이 늘어나면 사회는 불안정해지기 쉽다. 과정보다 결과를 중시

하게 되면 정상적인 경쟁이나 합리적인 성공이 어려워지고 누구라도 빠른 길, 지름길을 찾지 않을 수 없게 된다. 전신 성형이나 로또같이 단번에 인생을 바꿔 줄 드라마틱한 변화를 찾아 인생을 낭비하는 사람도 생겨난다. 모든 사람들이 능력으로 개방되어 있는 사회라는 건 환상일 뿐이라며 재벌이나 복권 당첨을 기다린다면 인생이 허무할 것 같다.

냉정하게 생각해 보자. 금잔디처럼 서민이라는 이유로 당하는 굴욕이 고등학교에서 끝나지 않고 평생 계속된다면? 평생을 성실히 일해도 여전히 복권 당첨 외엔 아무런 희망을 찾을 수 없는 빈곤층으로 살아가야 한다면? 노동은 끝없이 이어지는데 삶의 변화가 오직 행운으로만 가능하다면 미래가 너무 캄캄하지 않을까? 좀 비관적인 생각이긴 하지만 신분 상승 판타지에 길들여지면 현실에서 이런 일들이 정당화될 수도 있다. 불량 식품, 게다가 편식이 좋지 않다는 것은 몸이나 마음이나 마찬가지일 것이다.

만일 현실 세계에서도 판타지의 세계처럼 선과 악이 분명히 나뉘어 있다면 선택과 결단은 그만큼 명확하고 쉬울지 모른다. 그렇지만 옳은 삶을 선택하고 가치 있는 일을 행하라는 충고는 현실의 혼돈과 복잡성 앞에서 무력해지기 쉽다. 이 복잡성의 도전을 우리는 어떻게 해결해야 할까?

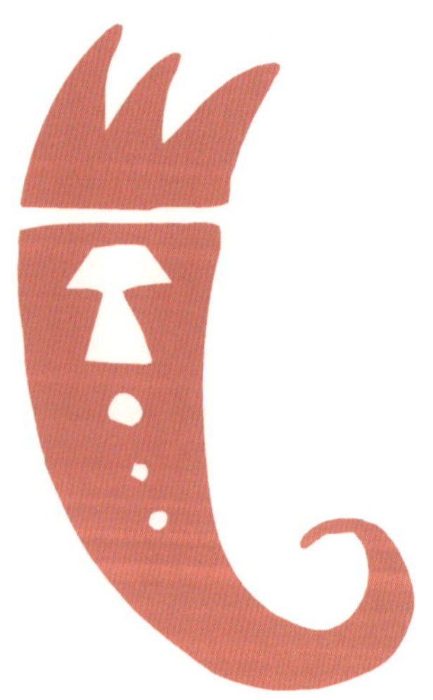

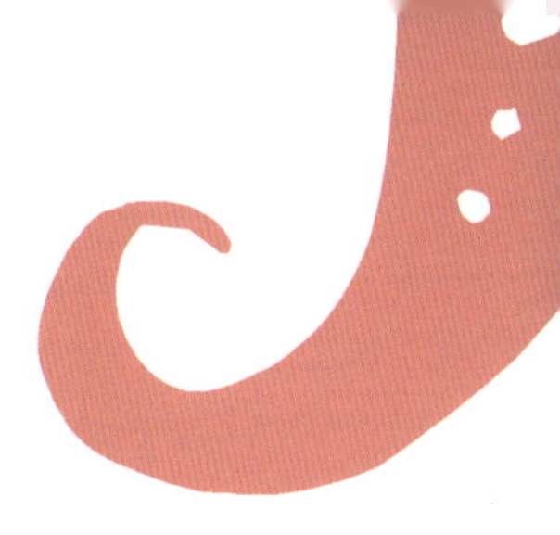

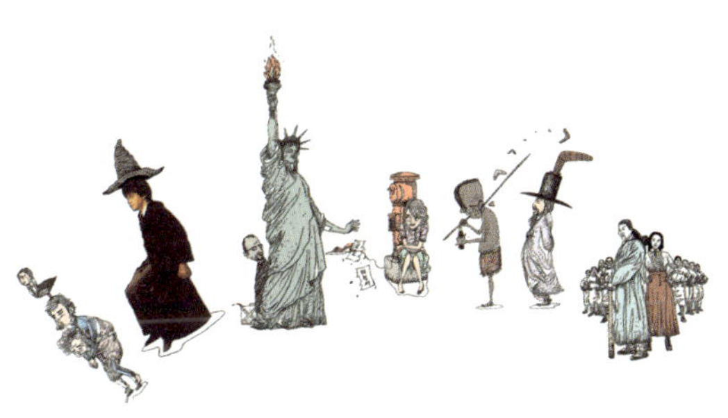

II

문화 거울로
자기 바라보기

'성장'에 관한 판타지적 접근

성장의 방법과 조건에 관하여

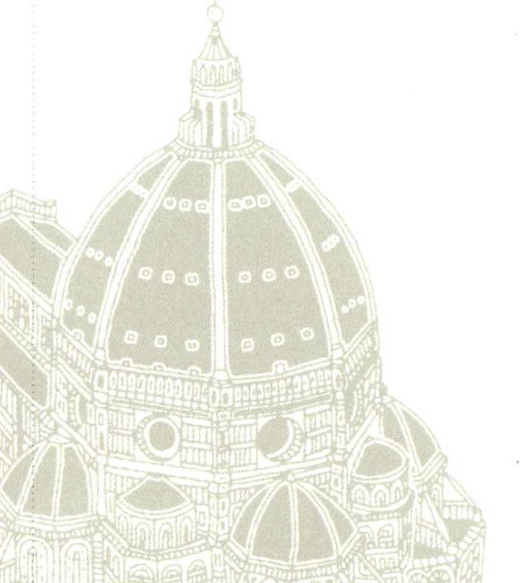

왜 지구를 악에서 구하는 것은 언제나 어린이거나 아니면 십 대 소년 소녀일까? 〈로봇 태권브이〉의 주인공 훈이도, 〈마징가 Z〉의 쇠돌이도, 독수리 5형제도 모두 십 대의 청소년들이었다. 왜 최첨단 무기인 전투 로봇을, 훈련받은 군인이나 특수 요원이 아니라 어린이나 청소년들이 조종하는 것일까? 만약 외계로부터 지구가 공격받는다면, 정말 어린이나 청소년들에게까지 지구를 구할 기회가 주어질까?

어른이 아니라 소년들이 지구를 구하는 설정은 '만화'라는 장르의 특성상 주 시청자인 어린이들의 눈높이에 맞춘 결과라고 생각할 수 있다. 그러나 그것만으로는 비현실적인 설정을 충분히 해명하기는 어려울 것이다. 어린이는 물론 어른들까지 지구를 악의 무리로부터 구하는 십대 청소년들에게 열광할 수 있는 것은 그들에게 '무언가'가 있기 때문일 것이다. 청소년들이 악에서 지구를 구한다는 설정이 가능한 것은 악에 쉽게 물들고 고려해야 할 것이 많은 어른들에 비해 그들이 '순수하고 정의로운' 존재들이기 때문일지도 모른다. 정의와 선을 향한 맹목적 신념이 가능하고 또 허용되는 시기가 있다면 그것은 오로지 청소년기일 것이다. 이들은 미성숙과 불완전의 상태에 있기 때문에 따지지 않고 계산하지 않고, 실천하고 행동하며 자기를 희생할 수 있다. 성장해 버리면 무엇이 정의인지도 불분명하고, 용기 내어 정의를 선택하려는 의지도 불투명해지기 때문이다.

사실 현실 세계는 완전한 선도, 분명한 악도

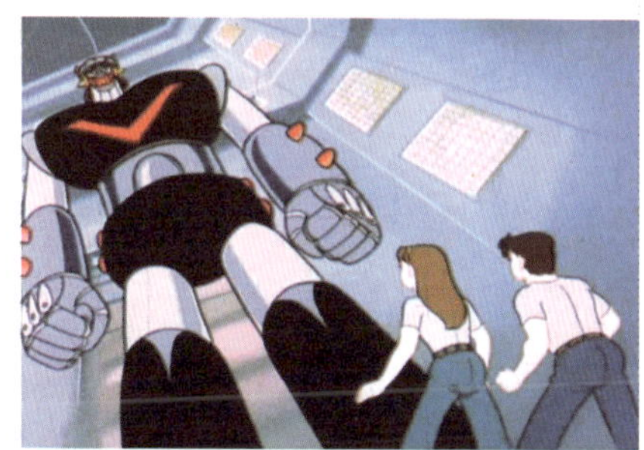

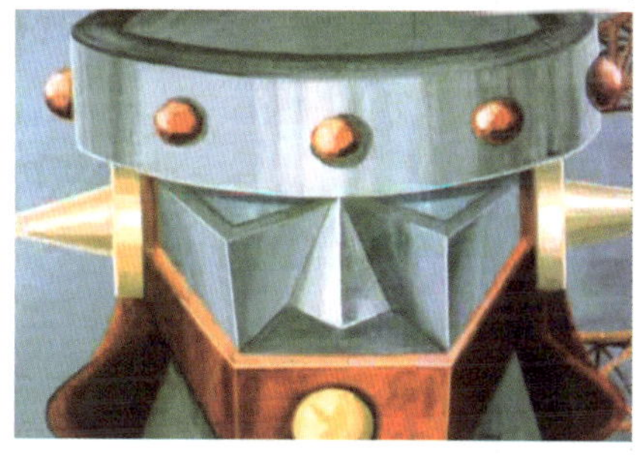

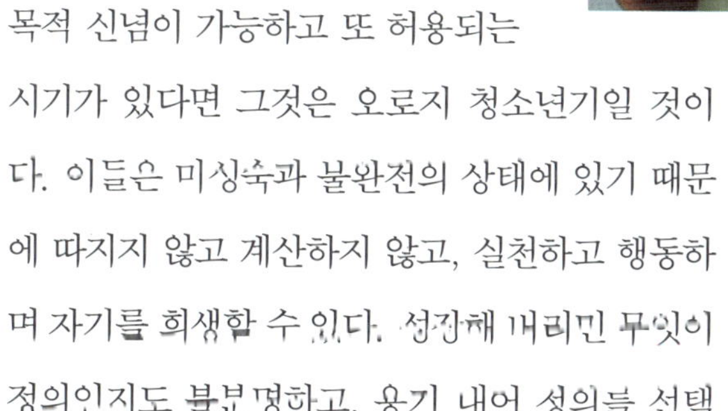

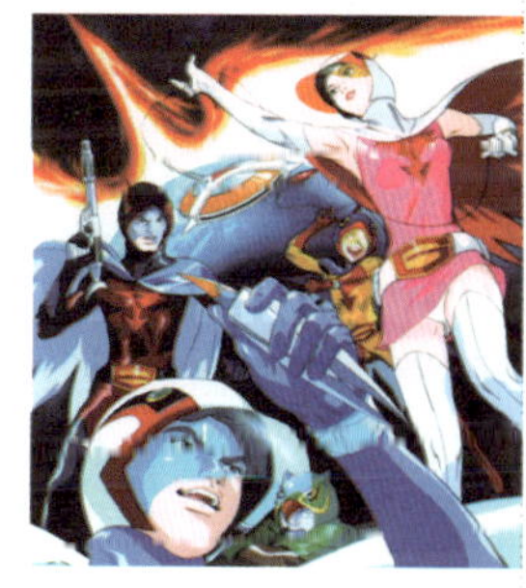

만화 영화 〈로봇 태권브이〉와 〈독수리 5형제〉(맨 아래)의 한 장면.

없이 그저 힘과 그에 따른 이해관계가 모든 것을 결정해 버리는 경우가 많다. 이런 상황에서 '정의'는 오로지 말뿐인 추상적인 명분이 되고, 옳고 그름은 그저 이해관계에 따라 나에게 유리한 결론을 내리는 기준이 되어 버릴 가능성이 높다. 무엇이 옳은지 알아도 나에게 손해가 된다면 침묵하는 경우도 흔하다는 사실은 우리를 씁쓸하게 한다. 안타깝지만 성장이란 이처럼 복잡한 현실을 이해하고, 어떤 선택이 유리한지 계산하며, 분명한 옳음도 나에게 손해가 된다면 외면할 수 있는, 그런 차가운 능력을 기르는 과정인지도 모른다. 불투명하고 불균질한 신체와 정신의 에너지를 걸러 내고, 틀에 넣어 이해하고 계산하고 자신에게 유리한 일을 하도록 훈련하는 과정일지도 모를 일이다. 정말 이렇다면 성장 자체를 피하고 싶어질지도 모르겠다.

조금 다른 맥락이긴 하지만 '성장'을 피하려는 태도는 우리 사회의 일반적인 분위기라고 할 수 있다. 최근 몇 년 사이 주말 버라이어티 프로그램의 대세는 '미성숙과 유치함' 그 자체라고 할 만하다. 전통적으로 코미디나 개그는 보통 사람보다 미성숙하거나 불완전한 캐릭터를 통해 그들의 엉뚱한 행동에서 웃음을 만들어 왔다. 그렇지만 리얼리티를 표방하는 현재 버라이어티 프로그램들은 진행자 간의 유치하고 치졸한 장난으로 채워지는 경우가 대부분이다. 먹을 것이나 잠자리를 두고 각종 게임을 하고 별것 아닌 일로 싸우고, 서로 먼저 가겠다고 밀치며 서로를 골탕 먹이는 유치한 행동들에 사람들은 열광한다. 왜 사람들은 이들의 어리고 유치한 행동을 보면서 쾌감을 느끼는 것일까. 어른들 세계의 경쟁에 지치고 질려서 일지도 모른다. 합리적이고 계산적인 세계와 달리 원색적이고 원초적인 놀이를 통해 '어른'으로서의 부담을 덜고 순수한 유년으로 회귀하는 듯한 착각을 하는지도 모를 일이다.

사람들이 방송 출연자들의 어리고 미성숙한 태도들, 영원히 철들지 않을 것 같은 유치하고 치졸한 행동들에 열광하고 빠져드는 것도 '성장'하지 않으려는 마음의 반영 때문은 아닐까. 그렇게 본다면 우리 사회 구성원들에게 '성장'은 단순히 청소년기에서 성인으로의 신체적 성장, 법적 연령의 도달을 의미하지는 않을 것이다. 자신에게 주어진 의무들을 성실히 감당해 나가고 자신과 타인에 대한 책임을 피하지 않으며 자신보다 약한 이들에게 관대할 수 있는 진정한 어른스러움은 서른이 지나고 마흔이 지나도 여전한 숙제이다.

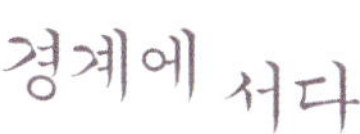
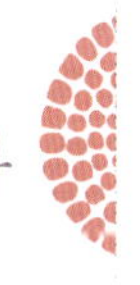

경계에 서다

해리 포터는 킹스 크로스 역 승차장에 서 있다. 마법 학교 호그와트에 가기 위해서다. 기차표에는 기차가 9와 3/4 승차장에서 출발한다고 적혀 있지만 어디에도 9와 3/4 승차장이라는 표시는 없다. 어찌할 바를 모르던 해리를 도와준 것은 해리와 같은 호그와트 신입생인 론 위즐리 가족이다. 론의 쌍둥이 형들은 몇 번이나 해 보았다는 듯 능숙하게 9번 승차장과 10번 승차장 사이의 벽돌 기둥으로 돌진한다. 망설이던 해리도 그들을 따라 9번과 10번 승차장 사이를 통과하자 익숙하지만 낯선 세계가 펼쳐진다. 현실과 똑같지만 전혀 다른 세계다. 그곳에는 마법 학교 호그와트로 향하는 기차가 서 있다.

전 세계적으로 선풍적인 인기를 끌었던 《해리 포터》 시리즈는 잘 만들어진 판타지 소설이기도 하지만 시리즈 전체가 '성장'을 중요한 모티브로 다루는 성장 소설이기도 하다. 잘 알려져 있듯 주인공 해리 포터는 마법사인 부모 사이에서 태어났지만 악의 마법사에 의해 부모를 잃고 이모 집에 얹혀살게 된 고아 소년이다.

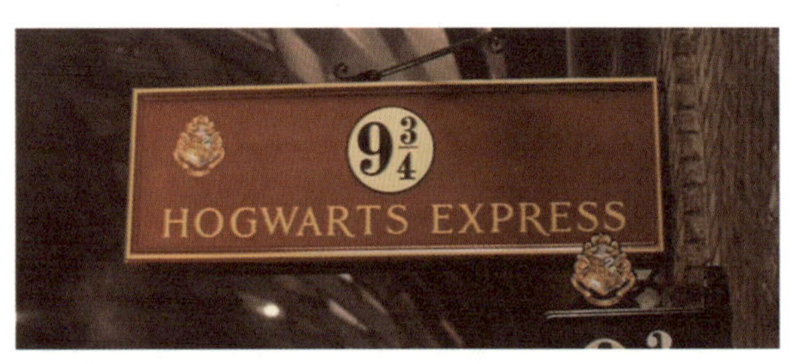

마법 학교 호그와트행 기차가 서 있는 9와 3/4 승차장. 현실에는 존재하지 않는 마법의 공간. 영화 〈해리 포터〉에서 이 승차장이 갖는 의미는 무엇일까.

이모 부부와 사촌에게 학대에 가까운 대접을 받으며 살아가던 해리 포터에게 어느 날 마법 학교의 입학 허가증이 도착한다. 그날부터 그의 인생은 완전히 달라지게 된다. 마법 학교 호그와트의 입학 허가증을 숨기려는 이모 부부의 방해 공작에도 불구하고 해리 포터는 결국 호그와트로 향하는 기차를 타기 위해 킹스 크로스 역에 도착한다. 기차를 타야할 곳은 9와 3/4 승차장.

호그와트행 기차가 출발한다는 9와 3/4 승차장은 현실에는 존재하지 않는 마법의 공간이다. 호그와트로부터의 편지를 받고 나서야 비로

소 자신이 누구인지, 왜 이모네 가족에게 미움을 받았는지를 알게 된 해리에게, 9와 3/4 승차장은 중요한 관문 역할을 한다. 이 경계의 문을 통과하게 되면 해리는 비로소 자기가 누구인지 알 수 있을 것이기 때문이다. 또 해리는 이 문을 통과함으로써 앞으로 자신이 어떻게 살아야 하는지도 결정해야 한다. 그가 향하는 곳은 보통 사람들, 즉 마법 세계의 말로는 '머글'들이 사는 현실 세계와는 다른 새로운 세계이기 때문이다.

9와 3/4 승차장은 열릴 것이라는 믿음으로 돌진하지 않으면 열리지 않는 문이다. 과감하게 경계를 벗어나려고 시도하는 이들에게만 열리는 까탈스러운 문이다. 그러므로 9와 3/4 승차장은 모든 경계의 은유로 해석될 수 있다. 현실 세계와 마법 세계의 경계, 익숙한 세계와 새로운 세계의 경계, 선의 세계와 악의 세계의 경계 등등.

그리고 이후 해마다 이 승차장을 통해 머글들, 즉 보통 사람들의 세계와 마법의 세계 호그와트 사이를 오고 가는 해리에게는 무엇보다 이 승차장이 기존의 해리와 새로운 해리 사이의 경계 역할을 한다. 두 세계의 경계를 통과함으로써 해리는 진정한 자기 자신이 되는가 아니면 수동적인 삶을 사는가, 어른이 될 것인가 아니면 소년으로 남을 것인가를 선택하는 것이다. 그는 경계를 왕복하는 동안 온갖 모험을 하고 어둠의 세력과 대결하면서 한 사람의 마법사로 성장해 나간다.

경계를 넘어가는 것이 선택이라면, 모든 선택에는 고통이 따르기 마련이라는 것도 인정해야 한다. 누구에게나 선택은 익숙한 것을 버리고 낯선 세계로 향하는 시련이지만 해리에게는 더욱 더 그러하다. 방학 때

집에 갔던 해리가 호그와트로 다시 돌아오기를 바라지 않는 어둠의 세력들이 온갖 음모를 꾸며 해리를 괴롭히기 때문이다. 심지어 해리는 승차장이 막혀 호그와트행 열차를 놓치기까지 한다. 그래도 호그와트의 교수들은 직접 나서서 해리를 돕지 않는다. 해리 포터가 스스로 경계를 통과해 호그와트행 열차에 올라야 성장을 선택하는 것이기 때문이다. 그리고 무엇보다, 성장은 밖에서 끌어내는 힘이 아니라 오직 안으로부터 스스로 밀고 나오는 힘이기 때문이다. 나이에 관계없이, 진짜 어른이 된다는 것은 외부의 힘이 아니라 오직 자기 안의 힘으로 움직이는 능력을 얻는 것일지도 모른다.

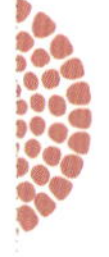

미래를 결단하라

　어두운 방, 해리는 호그와트의 한구석, 비밀스러운 방에 서 있다. 해리 앞에는 커다란 거울이 세워져 있다. 마법의 거울은 현실을 비추지 않는다. 이 거울은 가장 간절히 원하는 것을 보여 주는 소망의 거울이다. 거울에는 오직 원하는 자신만이 보인다. 해리의 절친한 친구 론은 같은 거울 앞에서 퀴디치 주장이 된 자신의 모습을 본다. 해리 역시 떨리는 마음으로 거울 앞에 선다. 이때 해리에게 보인 것은 한 번도 만난 적 없는 엄마와 아빠였다. 악의 마법에 희생된 부모님은 해리의 양편에 서서 다정하게 해리의 어깨에 팔을 두르고 있다. 해리는 현실이 아니라 소망을 비추는 이 거울 앞에서 자신에게 가장 절실한 존재였던 부모님의 모습을 본 것이다.

그러나 소망의 거울은 오로지 환상 또는 원하는 것에 자신을 묶어 두는 과거의 굴레일 뿐, 결코 미래로 인도해 주는 문이 아니다. 성장하기 위해서 해리 포터는 반드시 소망이 실현되어 있는 과거의 환상에서 벗어나야 한다. 그것은 안전하고 만족스러운 과거에서 벗어나 차갑고 불투명한 미래 속으로 들어간다는 것을 의미한다. 이처럼 성장이란 따뜻하고 안전한 자기 세계에서 벗어나려는 힘겨운 결단에서 시작된다. 안전한 세계는 내 몸에 꼭 맞아 편안하지만 점차 하나의 틀이 되고 굴레가 되어 결과적으로 몸과 마음이 성장하는 것을 방해할 뿐이다. 몸에 맞는 익숙함과 안정감을 버릴 준비가 되어 있을 때, 헐겁거나 성긴, 또한 정해진 모양이 없어 불안하게 열려 있는 곳으로 나아가야 한다.

변화를 선택했다면 다음으로 어떻게 살아야 할지를 결정해야 한다. 해리 포터에게 첫 번째 결정의 순간은 기숙사를 선택하는 상황에서 찾아온다. 호그와트에는 네 개의 기숙사가 있다. 기숙사 그리핀도르, 후플푸프, 래번클로, 슬리데린은 각각 성의, 성실, 지혜, 야망을 의미한다. 모든 것이 마법으로 이루어지는 호그와트에서 기숙사 배정 역시 마법에 따라야만 한다.

호그와트는 사람의 자질과 특성을 판단해 기숙사를 배정하는 마법 모자를 이용해 신입생들에게 기숙사를 배정한다. 마법의 모자가 해리 포터의 머리 위에 씌워지자, 모자는 쉽게 결정을 내리지 못한다. 모자는 해리가 용기가 충만하고 머리가 총명하며 재능이 있다고 평가하면서 슬리데린에 가면 재능을 펼 수 있을 것이라고 말한다. 그러나 해리 포터는 슬리데린을 거부하고 그리핀도르를 원한다. 야망 대신 정의를 택한 것이다. 해리는 자신의 자질이나 운명을 그대로 따르지 않았다. 이 소년은 '어떻게 살고자 하는가'를 스스로 결단하고 자기 스스로 운명을 바꾸도록 결심한다.

슬리데린이 아니라 그리핀도르를 택했다는 것은 해리가 성공이 보장되어 있는 야망의 길이 아니라 추상적이고 불투명한 정의의 세계를 선택했다는 것을 의미한다. 영특한 해리는 미래라는 말의 의미를 잘 알았던 것으로 보인다. 프랑스 철학자이자 소설가 장 폴 사르트르(Jean Paul Sartre)에 의하면 미래란 되고자 하는 것이 현재에 결여되어 있는 시간이다. 조각달은 보름달을 향하는 현재의 결여다. 미래란 보름달의 결여로 머무는 현재의 조각들이다. 해리는 그 결여를 스스로 만들기로 결심한다. 정해진 모양이 아니라 직접 만들어 가기 위해서는 사실 상당한 용기가 필요하다. 어떤 보장도 없다. 정해진 길도 존재하지 않는다. 미래는 불확정적이고 불투명한 것을 견디는 과정에서 생기는 상처와 함께 온다.

그렇지만 생각해 보면 이렇게 불투명한 길을 선택할 수 있는 자유는 오로지 미성숙하고 불완전한 존재들에게만 주어지는 것인지도 모른다. 성인이 된 뒤에 불투명한 길을 선택한다면 그것은 자유를 향한 용기일 수도 있지만 주변에 대한 책임을 망각하는 무분별한 결정이 될 수도 있기 때문이다. 어른으로 산다는 것은 이토록 맞추기 어려운 균형이다.

혼돈을 통과하라

《해리 포터》 시리즈 전체를 관통하는 주제는 어둠의 세력에 대한 정의와 선의 투쟁이다. 시리즈 전편에 걸쳐 해리 포터는 온갖 시련에도 굴하지 않고 정의와 선을 믿으며 끝까지 어둠과 싸운다. 해리 포터가 신념을 잃지 않고 자신을 굽히지 않을 수 있었던 까닭은 사신이 분명히 선의 편에 있고 그와 싸우는 대상이 분명히 악이라는 믿음이 있었기 때문이다. 마법의 세계에서는 이처럼 선과 악이 분명하다. 그러나 현실은 그렇지 않다. 현실에서는 선악을 분명히 가를 수 없는 복잡한 상황이 자주 발생하기 때문이다.

현실 세계의 모든 일에는 둘 이상의 국면이 발생한다. 강을 준설하고 보를 설치하는 일은 경제적 측면에서는 경기를 활성화시킬 수 있는 유효한 방법일 수 있지만 환경적 측면에서는 대재앙에 가깝다. 또 원자력 발전은 대기 오염을 유발하는 화석 연료의 사용을 줄이는 친환경적 방법일 수 있지만 반대로 사람들을 죽음으로 몰고 갈 방사성 폐기물과 폭발의 위협이 함께 따른다.

유전자 조작으로 키운 작물은 당장의 식량난을 해결할 수 있다는 점

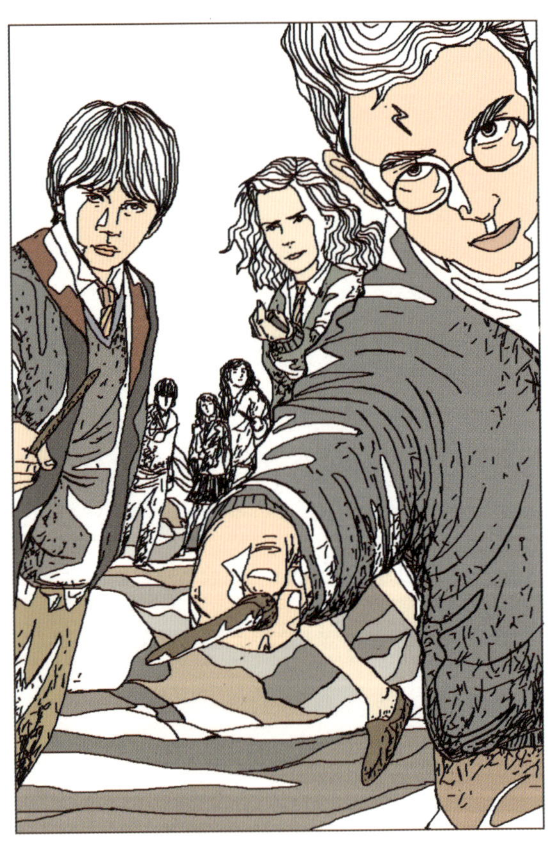

《해리 포터》 시리즈 전체를 관통하는
주제는 어둠의 세력에 대한
정의와 선의 투쟁이다.

에서 유용하지만 유전자 조작으로 인한 문제가 언제 나타날지 모른다는 의미에서 일종의 시한폭탄과 같다. 선명하게 나누어진 옳고 그름, 윤리적인 선택과 비윤리적 선택, 투명한 선과 악은 사실상 현실에서는 만나기 어려운지도 모른다.

실제로 이해관계와 권력관계로 이루어진 현실 세계는 분명한 절대악보다는 현실주의적인 필요악들이 더 많다. 그리고 이런저런 문제들을 해결하려면 추상적인 명분으로서의 선을 내세우는 것만으로는 불가능하다. 예를 들어 미국의 이라크 공격을 선이라고도, 악이라고도 딱 잘라 말하기는 어렵다. 물론 알 카에다의 9.11 테러 자체는 분명히 악이라고 볼 수 있다. 아무리 복수라는 명분이 있다 해도 결과적으로 무고한 생명을 빼앗았기 때문이다. 그러나 9.11 테러의 배경에는 이슬람 세력을 적으로 규정하고 세계를 상대로 미사일 방어 전략을 세워 전 방위적으로 압박해 가던 부시 정부의 대외 정책이 존재한다. 또한 더 이상의 테러를 막겠다며 자행된 미국의 아프가니스탄과 이라크 선제공격에서 희생된 무고한 민간인 문제도 간과되어서는 안 된다. 과연 누가 진정한 악이고 누가 진정한 신인가?

세계의 경찰국가 미국을 비판하려는 것이 아니다. 현대의 다양한 상황들은 현실 세계에서 선과 악을 가르기가 얼마나 어려운지 보여 주는 지표이다. 9.11 테러는 그중 하나의 상징적 사건일 뿐이다. 매일의 뉴스는 우리가 사는 세상이 선에 대한 신념만으로 언제나 정의의 편에 설 수 있을 만큼 단순하고 명쾌하지 않음을 보여 준다. 만일 현실 세계에서도 판타지의 세계처럼 선과 악이 분명히 나뉘어 있다면 선택과 결단은 그만큼 명확하고 쉬울지 모른다. 그렇지만 옳은 삶을 선택하고 가치 있는 일을 행하라는 충고는 현실의 혼돈과 복잡성 앞에서 무력해지기 쉽다. 이 복잡성의 도전을 우리는 어떻게 해결해야 할까?

무엇이 옳고 그른지, 무엇이 선이고 악인지, 무엇이 윤리적으로 더 가치 있는 선택인지, 이런 문제를 올바르게 판단하려면 보다 복잡한 맥락을 이해하는 능력이 필요하다. 다양한 정보를 취해 여러 각도에서 비교하는 능력도 필요할 것이다. 그러나 무엇보다 필요한 것은 충돌하는 가치들 사이에서 어느 쪽이 더 의미 있는지, 어느 쪽이 더 보편적인 가치인지 생각하는 도덕적인 판단 능력이다. 아니, 더 근본적으로는 도덕적으로 판단해야 한다는 사실부터 아는 능력이다. 사실 세상은 논리적이고 수학적인 판단 능력만 가지고도 살 수 있다. 우리는 어떤 쪽이 나에게 유리한지, 어떤 선택이 효과적이고 효율적인지 이런 것들을 판단하는 능력을 중요하게 여긴다.

그러나 신체적 나이가 아니라 진짜 성숙에 이르려면 효과와 효율의 차원이 아니라 보다 근원적인 차원의 옳고 그름, 선과 악을 판단하는 능력이 필요할 것이다. 눈앞의 이익이나 사적인 이해관계를 넘어서서 대의를 선택하고 공적인 의의를 생각하는 능력은 시야가 좁고 경험이 짧은 미성숙한 존재들에게는 기대하기 어렵다. 그렇게 본다면 성장한다는 것은 많은 정보를 통해 논리적인 사실 관계를 파악하는 능력뿐 아니라 사건의 본질과 근본적인 가치의 차원을 이해하는 능력을 기르는 과정이라고 할 수 있다.

그러므로 선악 판단이 복잡하게 얽혀 있을수록 성장에 어려운 관문이 많아진다. 이 혼돈과 복잡성을 견뎌 내는 과정이 바로 '진정한 어른 되기'라고 할 수 있지 않을까. 판타지 세계와는 달리 현실 세계에서의 성장이란, 악을 이기기 위해 선의 편에 서는 것이 아니다. 그것은 선과 악이 본래부터 결정되어 있는 것이 아닌 현실적 이해관계와 힘에 따라 결정된다는 사실을 깨닫는 데서 출발한다.

냉정하고 합리적으로 판단하려면 적어도 내 편이 옳고 네 편이 그르다는 편견과 아집, 내 쪽에 유리한 것을 선으로 여기는 영악함에서 벗어나야 할 것이다. 혼돈 가운데서도 보다 가치 있는 것, 근본적으로 의미 있는 것을 택하는 힘을 기르는 것이 중요하다. 저울질해서 선택하되, 당장의 이익이나 나만의 이익이 아닌 것을 택할 수 있다면, 성장했다고 말할 수 있을지도 모른다.

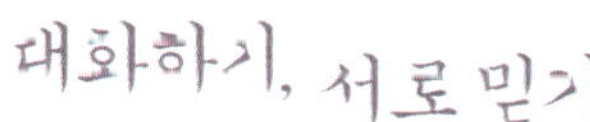
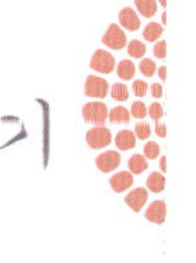

해리 포터의 모험에는 언제나 동행하는 친구들이 있다. 동갑내기 절친한 친구인 론과 헤르미온느가 없었다면 해리는 어떤 일도 이루지 못했을지도 모른다. 우직한 친구 론은 문제를 일으키기도 하지만 해리를 끝끼지 믿고 해리를 위해서라면 희생도 마다하지 않는다. 명석하고 이성

적인 헤르미온느는 해리 팀의 브레인 역할을 한다. 해리가 혼란스러워
하고 있을 때 헤르미온느는 이성적으로 판단하고 결정해서 해리를 돕는
다. 호그와트의 숲지기 해그리드 아저씨도 해리의 든든한 지원군이다.
덤블도어 교장 선생님은 현자의 지혜와 덕을 갖춘 진정한 어른의 모습
으로 해리를 지켜본다.

해리는 혼자 문제를 해결하는 영웅이 아니라 친구들과 토론하고 어
른에게 상의하며 문제를 해결해 나가는 협력자이자 대화자다. 흔들리고

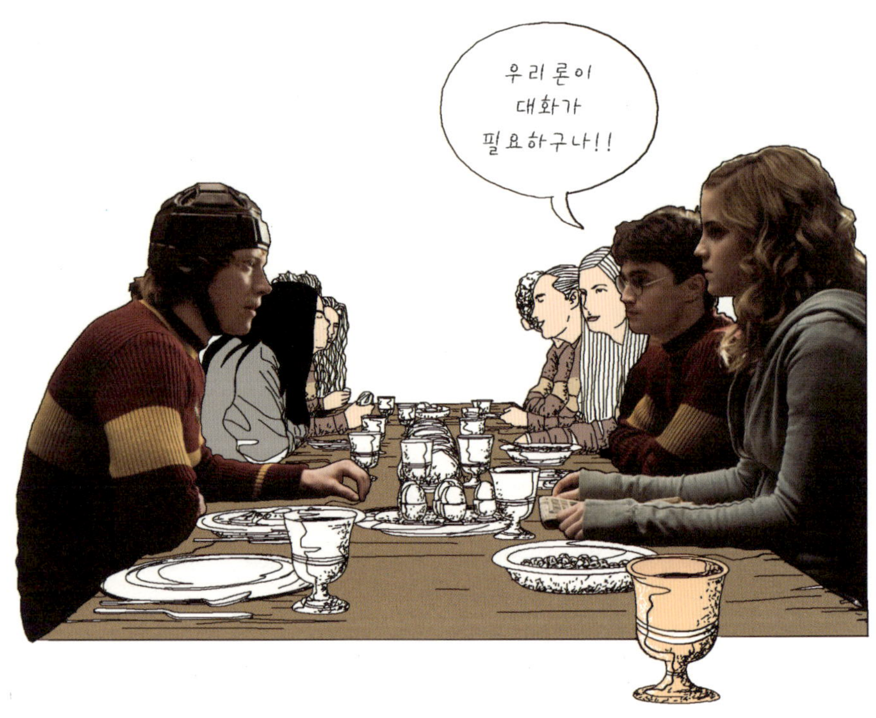

방황하는 해리에게 이들은 나침반이자 지도 역할을 한다. 해리와 친구들은 서로를 존중하며 소통하는 가운데 악과 싸워 나간다. 어른이 되는데 반드시 필요한 능력 중 하나를 이들의 우정으로부터 배울 수 있다. 그것은 다른 사람과 대화하고 다른 사람을 인정하는 능력이다.

아무리 공적인 명분을 내세우고 전체를 위한 선택을 했다고 믿어도 대화와 타협 없이 나온 행동이라면 문제가 있다. 좁은 식견과 자신에 대한 신념으로 남을 무시하는 태도는 어른스럽지 못하다. 아무리 용감하고 과감해도, 대화하고 이해하며 다른 사람과 공존할 수 없는 사람은 결코 진짜 어른이 되지 못할 것이다. 고대 중국의 철학자 공자는 사람에게 용기가 있는데도 의로움이 없으면 그런 사람은 난을 일으키거나 도둑질을 하게 된다고 말한다. 공자의 제자 자공은 한술 더 떠서 용감하긴 하지만 예를 갖추지 못한 사람, 과감하지만 꽉 막혀 있는 사람을 미워한다고 말한다.

이렇게 보면 우리 사회에는 아직도 제대로 성장하지 못한 미숙한 존재들이 너무 많다. 너무 많이 싸우고, 너무 많이 부도덕하고, 너무 많이 뻑뻑하다. 용감하고 과단성 있게 미래를 얘기해도 결국은 자신의 신념과 생각만을 남에게 강요하는 사람들이 너무 많다. 가치 있는 일을 한다고 자부하는 이들조차 결국 자신이 선택한 가치와 방법을 타인에게 강요하기 쉽다. '경제 발전', '국가 경쟁력' 같은 구호를 내세우고 반대의 목소리를 묵살하는 예는 너무도 쉽게 볼 수 있다. 우리 사회에는 더 많은 사람들을 돌아보고 더 많은 다양성들을 인정하며 더 많은 사람들과 대화하고 동행하는 능력보다는, 목표에 따라 계산하고 실행하는 능력만을 키운, 비뚤어진 성장의 사례들이 너무도 많다.

아이가 어른으로 성장하는 것만큼이나 신체적·법적 어른이 진정한 어른으로 성장하기는 더욱 어려울지 모른다. 공자는 서른에야 자신이 나아갈 바를 세웠고 마흔에야 자신이 가고자 하는 길에 의심이 없어졌다고 말한다. 또 마흔에 다른 사람의 미움을 받으면 볼 장 다 본 것이라고 한 적도 있다. 공자의 말을 따른다면, 여전히 마음이 흔들리고 남에게 미움을 받는다면 마흔에도 어른이 되었다고 말하기 어려울 것이다.

그렇지만 성급히 좌절할 필요는 없다. 십 대들뿐 아니라 모든 사람이 혼돈 앞에 서 있다. 이 공평한 난관 앞에서 아직도 선택할 길이 남아 있다고 생각하면 나이에 관계없이 인생이 조금은 재미있어진다. 해리포터뿐 아니라 우리도 이 불완전, 미성숙을 아직은 즐길 수 있으니까 말이다.

어떤 성장의 길을 갈 것인가? 야망의 슬리데린인지, 정의의 그리핀도르인지, 성실의 후플푸프인지, 지혜의 래번클로인지, 선택은 온전히 자신의 몫이다. 앞으로 남은 수많은 경계의 길에서, 우리 서로에게 격려를.

당신의 미래는
안전합니까?

상품화된 불안과 위기관리

누구든 언젠가는 죽는다. 천수를 누린 뒤 잠든 채로 그냥 떠나는 경우도 있지만 병에 걸려 힘겨운 투병 생활을 거친 뒤 떠나게 되는 경우도 많다. 그러나 과거에 비해 놀라운 정도로 깨끗해지고 편리해진 생활 환경과 영양 상태, 백여 년 사이에 비약적으로 발전한 의학과 복지 제도 등은 현대인의 평균 수명을 늘려 놓았고 개인의 기대 수명은 과거에 비할 수 없이 길어져 있다.

통계에 따르면 한국인의 평균 수명은 1942년에는 45세, 1971년에는 62세, 2008년에는 80세로, 70여 년 사이 거의 두 배 가까이 늘어났다. 평균 수명만큼 사회적 자원이나 기반, 개인의 건강이나 경제력도 함께 늘어났으면 좋겠지만 실제로는 그렇지 않아서 중년을 넘기면 아프기 시작하고 한정된 일자리 때문에 중년이면 벌써 조기 은퇴를 해야 한다. 결국 평균 수명이 늘어나는 만큼 삶의 질이 함께 높아지는 것이 아니라 신체적, 경제적으로 무력한 노년만 연장되어 간다는 말이다. 평균 수명이 100세에 가까워진다면 결국 60세부터 40여 년간 길고 가난하고 무력한 휴가를 보내야 할지도 모른다. 듣기만 해도 우울해진다.

우리 사회에서 늙어 가는 일이 우울한 이유 중 하나는 나이 들수록 각종 병에 노출되는 빈도가 높아졌기 때문이다. 경제력과 생활 환경이 좋아지면서 과거에 비해 월등히 좋은 것을 먹고 편한 환경에서 살고 있지만 동시에 인스턴트 음식 섭취가 늘고, 먹은 만큼 노동이나 운동을 하지 않는 현대인의 일상은 어쩌면 병만 키우는 과정일지도 모른다. 당뇨, 고혈압처럼 생활 습관에서 오는 병부터 위암, 대장암에서 시작하여 종류조차 셀 수 없는 각종 암에, 심장 마비, 심근 경색 등은 매일 듣는 일상어에 가깝다.

우리를 우울하게 하는 것은 무력한 노년이나 다양해진 병의 위협만은 아니다. 일상생활 어디에서나 튀어나올 수 있는 사고의 위험이라면 노환이나 병마보다 더 가깝고 예측 불가능하다. 택시에 탔다가 추돌 사고로 목숨을 잃거나, 음주 운전자가 모는 차량이 인도를 덮쳐 불운하게 목숨을 잃거나, 낙뢰나 감전처럼 전혀 예측할 수도 대비할 수도 없는 사고에 의해 인생이 바뀌는 경우를 주변에서 흔히 본다. 비행기 추락, 가스 폭발, 공사 현장 붕괴, 범죄 등 사건 사고의 리스트를 대라면 끝이 없을 것이다. 노환처럼 신체의 자연적 조건에 의한 것이거나 병처럼 유전적이거나 생활 습관에 따른 것이라면 억울해도 납득할 수 있으련만 외부에서 발생한 우연한 사고로 순식간에 인생이 바뀌면 그나마 납득하기조차 어려울 것이다.

삶의 질을 유지할 신체 조건과 경제적 능력은 점차 떨어지는데도 평균 수명이 늘어나는 상황에서 우리는 무엇을 해야 할까? 사소한 자동차 사고부터 천재지변, 화재, 골절부터 심장 마비, 심근 경색, 암 등 중대한 질병에 이르기까지 수없이 많은 사고와 병의 위협 속에서 살아가고 있는 우리는 당장 무엇을 해야 할까? 누가 우리를 도울 수 있을까? 이런 질문에 가장 먼저 답을 해 주는 이들이 있다.

아프실 때마다 다칠 때마다 삐끗만 해도 800만 원,

병원 한 번만 가도 80만 원.

아무것도 묻지도 따지지도 않고 가입시켜 드립니다.

남녀 구분 없이 무려 80세까지 오래 오래 부자,

암 진단 시 5000만 원 정액 지급, 질병 입원 첫날부터 매일 6만 원씩.

누구에게나 닥칠 수 있는 불행

보험 회사의 광고들이다.

일상생활에서 부딪힐 수 있는 수많은 위험
들을 대비하라는 보험 광고는 마치 보험만 들어 놓
으면 사고와 병으로부터 안전해질 듯한 느낌을 준다.
보험 광고들은 사고와 병이 가져올 가장 중대한 악영향
인 경제적 문제를 해결해 준다며 우리를 안심시킨다. 국가
도 은행도 가족도 할 수 없는 삶의 위기관리를 보험이 해 준다
는 것이다. 과연 그렇다면 살아가는 데 참으로 힘이 될 수도 있
겠다. 언제 어디서 튀어나올지 모르는 삶의 복병들을 미리 대비

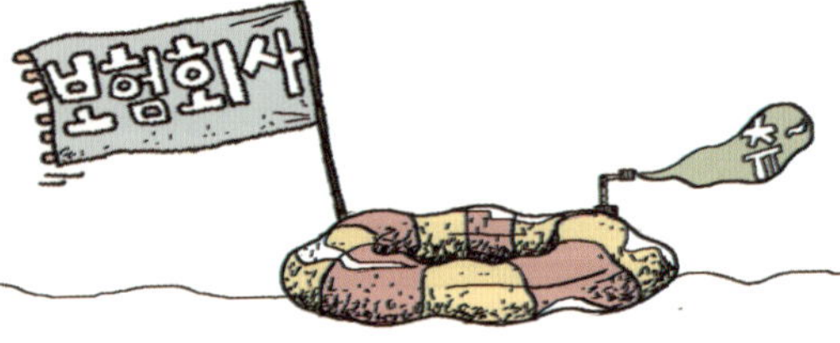

할 수 있다면 사는 것이 조금은 덜 힘들지도 모를 일이다. 그러나 과연 보험이 우리 삶의 위기를 관리해 줄 수 있을까?

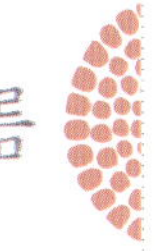

아버지, 그 무거운 이름

몇 년 전 사회적으로 큰 이슈가 된 뒤 아직도 회자되는 외국계 생명 보험 회사의 광고가 있다.

10억을 받았습니다.

아무 말도 하지 않았습니다.

그저 남편과의 약속을 지키는 거라면서

하나부터 열까지 도와주었습니다.

이것 또한 약속이라고 했습니다.

남편의 라이프 플래너였던 이 사람,

우리 가족의 라이프 플래너입니다.

눈부시게 푸른 전원주택 앞에서 엄마와 아이가 평화롭게 세차를 하고 있는 모습이 보인다. 내레이션이 흐르는 사이 화면은 테이블에 엄마와 라이프 플래너라는 남자가 마주 앉아 있는 장면으로 바뀐다. 광고의 내용만 따지고 보면 남편이 사고로 죽은 뒤 보험금을 통해 평화와 안정을 되찾은 가족의 모습과 이를 뒤에서 받쳐 주는 보험 회사 남자 직원의 가상 이미지일 뿐이다. 그런데도 이 광고에 대해 상당수의 남성들이 불쾌감을 나타냈다. 광고가 지나치게 로맨틱한 분위기로 흐르고 있어, 자신의 죽음으로 아내와 아이가 다른 남자의 보호를 받으며 더욱 행복한 삶을 사는 듯한 모습 때문에 심기가 불편했다고 말하는 사람들이 많았다.

사람들을 더 당혹스럽게 한 것은 실화로 알려진 이 보험금 지급 사례의 실제 보험료다. 생명 보험금 10억을 받은 이 가족의 경우 실제로는 매달 156만 원의 보험료를 15년간 납입했다고 한다. 이 돈은 4인 가족의 최저 생계비에 가까운 돈으로, 보통의 가정에서는 엄두도 못 낼 금액

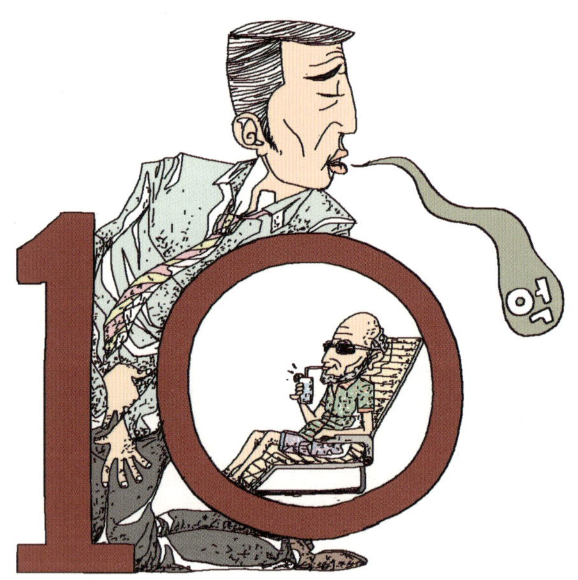

이다. 그러나 그런 사실이 공개되지 않는 광고에서 사망 보험금 10억은 상징적인 숫자로 일종의 권력을 갖게 된다.

사실 한국 사회의 중장년층에게 '10억'이란 낯선 숫자가 아니다. 관련 기관에서 최소 '10억'은 있어야 노후가 편안하다는 추정치를 발표했기 때문이다. 그래서 우리 사회에서 10억은 불안과 공포의 숫자이기도 하다. 많은 사람들이 현재의 재산과 비교했을 때 10억과의 차액은 남은 시간의 고통의 양과 비례하는 것으로 느껴지기 때문이다.

이 광고는 특수한 개별적 사례를 일반적인 기대치로 바꾸는 결과를 가져왔다. 한 단체에서는 수많은 가장들을 불쾌하고 좌절스럽게 만든 이 광고를 최악의 광고로 선정하기도 했다. 남편, 아버지로 살아가는 이 시대의 수많은 남성들이 광고 하나에 불쾌감과 좌절을 느꼈다면 이는 단순히 광고 하나의 이미지나 구성 문제만은 아닐 것이다. 이 광고뿐만 아니다. 수많은 보험 광고가 가장들의 책임감과 불안을 자극하는 마케팅 전략을 취한다.

소중한 당신의 가족

끝까지 지켜 주고 싶으십니까.

그러나 당신이 없다면

수천만 원씩 드는 교육비와 생활비는

누가 감당할 수 있을까요.

갑지기 세상을 떠나는 가장들이 남겨 주는

평균 사망 보험금은 1500만 원 남짓.

거기에 감당하기 힘든 빚까지 남기는 경우도 적지 않아

아이들은 먹고 싶은 것도 마음대로 먹지 못하고

하고 싶은 것도 마음대로 할 수 없게 될지 모릅니다.

이 광고는 먹을 것까지 걱정해야 할지 모른다며 미래의 막연한 불안을 구체적으로 묘사하는 것으로 가장이 사라진 가정이 어떻게 몰락할 수 있는지를 직설적으로 보여 준다. 생명 보험이나 건강 보험 광고는 이처럼 대부분 노골적으로 중년 남성들을 목표로 삼아 그들의 불안을 조장하고 대비를 촉구하는 전략을 취한다.

심근 경색으로 쓰러진 아버지 병원비가 먼저라며

아들은 대학 등록금을 포기했습니다.

고맙고 또 미안합니다.

뇌졸중, 심장 질환 발병률, 암의 4배

암 하나만 걱정하는 당신, 남의 일이 아닙니다.

가정 경제를 무너뜨리는 3대 경제 질병

뇌출혈, 급성 심근 경색증, 암

월 15,200원으로 한꺼번에 대비하세요.

뇌출혈로 쓰러진 남편 병원비 때문에

마지막 대사가 압권이다. 쓰러지기 전에 전화하라는 말에 촌철살인이라며 웃을 수 있는 사람이 몇이나 될 것인가. 물론 건강을 해치면 모든 것이 한꺼번에 무너질 수 있다. 그러나 이 광고는 앞으로 닥칠지 모르는 삶의 위기에 어떻게 대비할 것인가라는 복합적인 문제를 오로지 병원비와 생계비라는 경제적 문제로 바꿔 버림으로써 핵심에서 멀어지게 한다. 광고에서는 병원비 때문에 아들이 대학 등록을 포기하고 작은 집으로 이사를 간다고 구체적으로 묘사함으로써 개인에게 실존적인 문제인 병을 오로지 경제적 능력의 문제로 환원시켜 버리는 것이다. 이런 상황에서 결과적으로 남편, 아버지는 돈 버는 기계가 되고 만다.

이 직설적이고 노골적인 광고는 몇 년 전에 실제 방영되었던 것이다. 가족들을 책임지는 가장으로서의 아버지를 대상으로 그들의 불안과 두려움을 상품 판매를 위한 마케팅 전략으로 활용한다는 것도 우려스러운 문제지만 이런 식의 광고가 대단히 시대착오적으로 아버지의 역할을 가부장적 방식에 제한하고 있다는 점도 문제다.

이 광고들은 아버지로서의 역할과 의무, 그리고 존재의 가치를 '돈 버는 능력' 하나로 바꿔 버린다. 광고들이 묘사하는 아버지는 가족들이 어렵게 살지 않도록 금전적으로 지원하고 받쳐 주는 것이다. 광고에서 '약속'이나 '사랑'으로 번역된다 하더라도 실질적으로는 가족들의 생활에 대한 아버지의 경제적 책임만이 부각되기 때문에 많은 아버지들이 '보험금이라도' 남겨 주는 아버지가 되어야 한다는 사실에 씁쓸함과 소외감을 느낄 수밖에 없다. 시대가 아버지, 남편들에게 불안을 코팅한 거짓 약을 사라고 부추기는지도 모를 일이다.

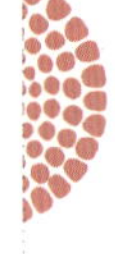

노인, 그 서러운 이름

보험 광고가 주는 암시적인 불안과 공포로 우울한 이들은 중년 남성들만이 아니다. 다음의 광고들은 누가 불안을 자극받아야 하는지, 그래서 어떻게 해야 하는지 명확히 지시하고 있다.

노인분들을 위한 사망 보험금 1000만 원 왜 필요할까요?

막판에 중환자실 신세라도 져 봐. 빚 금방이잖아.

한 1000만 원 남겨 주고 가면 마음이 편하지.

우리 막내 놈 장사 어려울 때 요긴하게 쓰라고.

혼자 남을 마누라를 위해 챙겨 줘야지.

가면 그만이다 싶어도 여기저기 들 돈에 남은 빚에,

1000만 원이면 큰 보탬이 되지.

통계는 2030년에 이르면 우리나라 65세 이상의 노인 인구가 전체 인구의 20% 이상을 차지하게 될 것이며, 21세기 중반이면 노인이 전체 인구의 절반을 차지하게 될 것이라고 알려 준다. 노인 인구의 증가는 단순히 인구 비율의 변화가 아니라 생산 인구의 감소와 노인 부양을 위한 사회적 비용의 증가 등 사회 전반에 큰 변화를 가져올 것이다. 수명은 늘어가는 데도 삶의 질이나 건강이 받쳐 주지 못하는 상황에서 경제적 능력이 없는 노인으로 늙어 간다는 것은 우리 사회에서 일종의 공포나 마찬가지다.

자신의 몸과 마음이 고달픈 것은 물론, 자식들에게 그 고통을 전가할 수밖에 없다는 생각에 노인들은 쉽게 우울해진다. 노인들을 대상으로 하는 사망 보험 광고는 그런 노인들의 불안을 쏙쏙 긁어낸다. 별도의 보장 없이 오로지 사망 시 보험금 1000만 원을 지급하는 사망 보험을 들라는 말은 결국 죽어서까지 자식들 짐 지우지 말고 장례비를 직접 마련하라는 무언의 압박과도 같을 것이다. 게다가 병은 더욱 공포스럽다. 고통의 전가가 훨씬 강도 높게 그리고 오랫동안 지속될 것이기 때문이다.

가슴 아프지만 노인으로서 솔깃해지지 않을 수 없는 제안이다. 나도, 자식도 괴로운 치매를 경제적으로 뒷받침할 수 있다면 조금은 덜 미안하고 덜 고통스러울 것도 같다. 그러나 치매 보험이 문제의 해결책은 아니다. 치매는 하나의 예일 뿐이지만 어쨌거나 치매는 환자 개인이나 그 가족이 겪는 우연한 불행이 아니다. 점차 노령화되고 있는 우리 사회에서 치매 노인 문제는 한 개인의 불행이 아니라 국가 차원에서 제도적으로 준비하고 사회적으로 지원책이 마련되어야 하는 사회 전체의 숙제다. 그럼에도 불구하고 이런 식의 광고는 치매 문제를 개인이 해결해야할, 그것도 경제적인 차원에서 해결해야 할 문제로 축소하고 보험이 문제 해결의 방법이 될 수 있다고 설득하고 있다.

사회의 노령화 문제는 결코 개인이 마련해야 하는 노후 자금의 문제가 아니라 사회 전체가 대비하고 준비해야 하는 국가적·사회적 문제다. 이런 맥락에서 많은 학자들이 20세기가 소득의 재분배가 이루어졌던 시대라면 21세기는 일의 재분배가 이루어지는 시대가 될 것이라고 전망하고 있다. 노후에 대한 준비는 경제적 자산으로 해결되지 않으며 궁극적으로 일의 재분배를 통해 노인의 사회 참여와 적극적인 경제 활동의 실현으로 해결해야 한다는 말이다. 일자리 재분배는 지금 선진국의 중요한 이슈 중 하나다. 유럽에서는 정년을 상향하거나 없애는 정책이 점차 확대되고 있다. 일각에서는 노인 연금에 대한 국가적 부담을 줄이기 위한 술수며, 젊은이들의 일자리가 도리어 줄어들 것이라고 비판하기도 하지만 노인 스스로 일을 통해 자립하고 삶의 활력과 의미를 찾을 수 있다는 의미에서 부정적으로만 평가하기는 어렵다. 스스로의 의지로 일하려는 노인에 대해서는 연금 대신 취업 기회를 주고 그렇지 않은 노인들에게는 연금을 보장하는 탄력적인 방법으로 얼마든지 일의 재분배를 실현할 수 있기 때문이다.

그러나 여전히 우리 사회의 많은 노인들이 일의 재분배나 사회 안전망의 보장 등에 대한 자기 목소리를 내기보다는 보험 광고 속 우울한 미래로 한숨짓고 있다. 어째서 사망 보험금 1000만 원을 남겨 주어야 부모로서 떳떳한 것인가. 이런 식의 광고는 결국 인간의 목숨을 돈으로 환산하게 만들고 경제력 없는 노인들을 잉여 인생으로 치부하게 만든다.

‘불안’은 한국 사회에서 대단히 효과적인 마케팅 전략처럼 보인다. ‘공포 마케팅’ 혹은 ‘불안 마케팅’, 즉 소비자의 불안 심리를 자극하는 방법은 업계에서 일반화된 마케팅 방법 중의 하나다. 어떤 상품이 ‘불안’을 매개로 팔리는지 살펴보면, 그 사회 구성원들이 어디에 불안을 느끼는지를 알 수 있을 뿐만 아니라 그 사회가 어떤 방식으로 왜곡되어 있는지도 볼 수 있다.

우리 사회에서 전통적으로 불안 마케팅이 적중하는 분야 중 하나는 학부모를 상대로 하는 입시 학원의 광고들이다. 학원의 선전 문구는 학부모들에게 입시 제도가 계속해서 변화하고 있고 또 복잡하기 때문에 발 빠르게 대처하지 않으면 아이들이 낙오될 수 있다는 불안을 끊임없이 심어 준다. 대단한 정보를 가지고 있는 양 입시 설명회를 개최해서 이미 사라진 제도를 과대 포장하는 비양심적인 경우도 얼마든지 있다. 그러나 사교육이 거의 없는 미국이나 유럽이라면 입시 학원의 공포 마케팅이 가능할 리 없다. 불안 마케팅은 그 사회의 어디에 사회 구성원의 욕망이 몰려 있는지, 어디에 불안의 구멍이 뚫려 있는지를 잘 보여 준다.

건강 보험이나 생명 보험 등에 불안 마케팅이 적중하는 이유는 우리 사회가 다른 나라에 비해 사회적 안전망이 약하고 허술하기 때문이다. 경제적으로는 선진국 대열에 들어가고 있지만 부의 분배가 공평하지 않고 노년층 등 경제적 약자에 대한 사회 보장 제도의 수준이 떨어지기 때문에 개인이 마음 편히 노년을 준비할 수 없다는 것이 문제다. 연금 제도가 발달해 있는 일본이나 미국 등에서 사망 보험금을 자식들에게 주려고 현재의 용돈을 아껴 쓰는 노인은 거의 없을 것이다.

물론 보험 자체가 문제는 아니다. 보험은 언제 어떻게 닥칠지 모르는 위험에 대한 효과적이고 현명한 대비일 수 있다. 그러나 문제는 우리 사회의 보험 광고들이 불안 마케팅을 활용해서 보험이 모든 것을 해결해 줄 수 있다는 식의 착각과 보험이 없으면 인생이 더욱 불안하다는 강박을 만들어 낸다는 데 있다. 결국 이런 식의 불안 마케팅은 생애 주기의 변화에 대처하는 유일한 대안이 투자와 보험뿐이라는 강박 관념을 퍼뜨리는 상술에 불과하다.

물론 보험 회사 광고라고 해서 언제나 우울하고 불안을 조성하는 것은 아니다. 주부나 노인들이 주 시청층인 오전 시간대의 공중파, 또는 케이블 TV 광고가 아니라 황금 시간대의 공중파로 나오면 보험 광고는 성격이 달라진다. 개별 보험보다는 회사 자체의 안정성을 선전하는 경우가 많고 회사 이미지를 구축하기 위해 밝고 긍정적인 메시지를 전달하는 경우가 많다. 대부분은 든든한 보험이 있어 생활이 편하고 즐겁다는 메시지를 전한다.

과연 이런 보험이 우리 삶에 대안이 될 수 있을까. 의료비 손실 보험, 암 보험, 생명 보험, 재해 보험, 사망 보험, 연금 보험, 변액 보험 등을 들어 놓으면 우리는 안전하고 평화롭게 나이 들어갈 수 있을까. 아마 그렇지 않을 것이다. 보험이 병을 막아 주는 것도 사고와 죽음을 막아 주는 것도, 길고 무력한 노년을 활기차고 행복하게 해 주는 것도 아니기 때문이다.

삶의 대비는 보험이 아니라 삶의 태도와 실천, 그리고 사회적 뒷받침에서 비롯되는 것일 것이다. 병을 걱정할 때 병에 대한 치료비를 준비할 것이 아니라 생활 습관을 바꾸고 건강하도록 노력해야 하는 것과 마찬가지다. 노후 대비 역시 사망 보험금이 대신해 줄 수는 없을 것이다. 보험은 삶의 과정이 아니라 일어난 결과에 대한 대비라는 점에서 궁극적인 문제 해결이 될 수 없다. 돈으로 사후 처리를 한다는 발상이 일반화되면 오직 경제적 능력이 개인의 행복과 삶의 질을 결정한다는 잘못된 인식이 뒤따르게 된다. 삶의 행복과 질은 결코 경제적 능력만으로 좌우되지 않으며, 특히 개인의 행복에는 사회와 국가의 책임도 함께 존재한다는 사실은 지워지는 것이다.

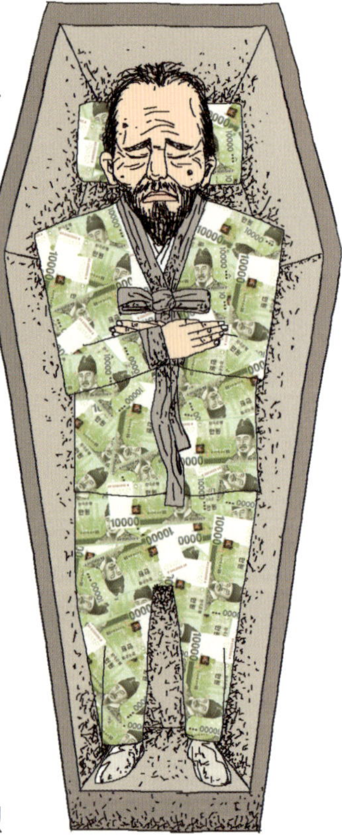

불안을 파는 광고들은 모든 것을 '결과'의 문제로 보게 하는 데 문제가 있다. 중요한 것

은 과정이며, 대비는 과정의 차원에서 이루어져야 한다. 젊어서 건강하고 노년에 행복하려면 10억 재산이 아니라 인생을 어떻게 설계할지, 노년을 어떻게 보낼지에 대한 삶의 대안들이 마련되어야 하고 시간 계획이 이루어져야 할 것이다. 물론 이 숙제가 결코 개인에게 온전히 돌아가서는 안 된다. 국가나 사회의 지원 없이 오직 시장 경제와 그 속의 경쟁 논리만으로 개인과 사회가 움직여야 한다는 것이 자유주의라면 그것은 사회적 약자를 밟는 힘을 추진력으로 이용하는, 무자비한 게임에 불과하지 않을까?

6

아버지 없이 집 없이, 가족은 지켜질 수 있을까?

현대 가족의 신화와 균열

며칠 뒤면 18세 생일을 맞이하는 어엿한 청년이지만 어니는 또다시 굴뚝에 올라가 있다. 마을 사람들은 늘 있는 일이라는 듯 무심하다. 오직 형 길버트만이 동생을 달래기 위해 필사적이다. 그런 형의 마음을 아는지 모르는지 어니는 마냥 소리를 지르며 즐거워할 뿐이다. 정신 지체 때문에 영원히 성장하지 않는 아이로 살아가는 어니에게는 형 말고도 세 명의 가족이 더 있다. 형 길버트는 집안의 가장으로 수퍼

마켓에서 일하며 생계를 책임지고, 엄마는 아버지의 자살 때문에 받은 충격으로 폭식증에 걸려 움직일 수 없을 정도로 초고도 비만인 상태다. 누나와 여동생도 있지만 서른이 넘은 누나는 마음의 병을 얻어 제대로 된 사회생활을 할 수 없고 사춘기에 접어든 여동생은 만사가 다 불만투성이다. 평지에 있는 이들의 삶은 굴뚝 위에 올라간 어니처럼 불안하기만 하다.

스웨덴 출신의 라세 할세트롬 감독이 1993년에 만든 영화 〈길버트 그레이프〉(What's Eating Gilbert Grape)의 주인공은 다섯 식구의 가장 길버트 그레이프다. 영화는 가족이라는 굴레에 갇혀 젊음을 잡아먹히는 길버트 그레이프를 중심으로 흘러간다. 이 영화의 원제가 '무엇이 길버트 그레이프를 먹어 치우는가.'로 직역될 수 있음을 생각하면 이후 영화의 분위기를 짐작할 수 있다.

길버트 그레이프는 인구가 천 명밖에 안 되는 미국의 작은 마을 식료품점 점원이다. 아무런 희망도 없이 삶의 의욕을 잃은 가족들은 길버트에게 있어 무거운 돌과 같다. 길버

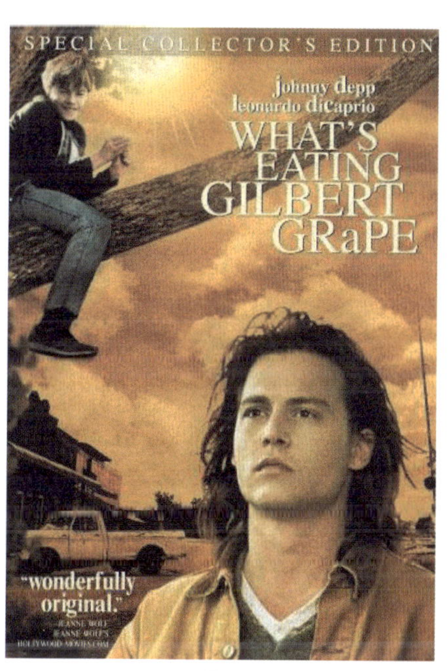

영화 〈길버트 그레이프〉의 포스터.

트의 삶은 육중한 몸으로 의자에 앉은 채 붙박이장처럼 바닥에 묶인 엄마와, 틈만 나면 높은 곳에 오르려는 어니 사이에, 즉 묶여 있는 고통과 벗어나려는 욕망 사이에 갇혀 있다. 남들에게 가족은 유일한 안식처이자 구원이라지만 길버트의 삶은 가족이라는 무거운 맷돌을 혼자 돌리는 것처럼 버겁고 삐걱거린다.

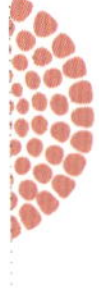

결손? 결여? 비정상?

영화 〈반지의 제왕〉(The Lord of the Rings, 2001)에 등장하는 주인공들은 독특한 방법으로 자신을 소개한다. 자신이 누구의 아들이라고 밝히는 것이다. 예를 들어 반지 원정대를 이끌었던 아라곤은 자신이 아라손의 아들이라고 소개한다. 다른 주인공들도 마찬가지다. 북유럽에는 '손(son)'으로 끝나는 이름이 많다. 유럽 축구를 좋아하는 축구팬이라면 라르손이나 스벤손, 핸손 같은 이름을 떠올릴 수 있을 것이다.

현재 영어에도 '아들(son)'이라는 말로 남아 있듯 손은 누구의 아들이라는 의미다. 성이 따로 없었던 시대에 유럽에서는 사람들을 구분하기 위해 누구의 아들이라고 부르기 시작했다고 한다. 잭슨(Jackson) 같은 성도 잭의 아들(Jack's son)이라고 부른 데서 유래한 것이다. 이들은 오로지 아버지의 존재를 통해서만 자신이 누구인지를 설명하고 증명할 수 있었던 것이다. 아버지를 중심으로 그 권위하에 가족들이 위계 지워지는 것은 동양의 풍경만은 아니었다.

영화 〈길버트 그레이프〉의 주인공 길버트와, 할머니와 여행하다 길버트의 친구가 되는 베키의 삶이 불균형하고 위태로울 뿐 아니라 낯설어 보이는 것도 이런 맥락에서 설명할 수 있다. 이들에게는 모두 '아버지'가 없다. 내가 누구인지 설명하고 증명할 수 없게 된 무적자들인 셈이다. 우리의 머릿속에 '가족'이라는 항목에는 아침에 식탁에 모여 식사를 하면서 즐거운 대화를 나누는 아빠, 엄마, 아이들의 그림이 들어 있다. 우리는 가장인 아버지가 생계를 담당하고 전업주부인 어머니가 살림을 꾸려 나가는 풍족한 환경 속에서 아이들이 관심과 보살핌을 받으며 자라나는 모습을 보편적인 가족의 모습으로 상상한다.

우리가 상상하는 전형적인 가족의 이미지를 '정상 가족(normal family)'이라고 한다. 정상 가족이란 말 그대로 사회에서 정상적이라고 여겨지는 특정한 가족 형태를 일컫는 말이다. 핵가족이 보편화된 근대 사회에서는 부부와 그들의 자녀로 구성된 가족을 정상 또는 전형적인 가족으로 본다. 즉, 경제 활동을 하는 남편과 가사 노동을 하는 아내라는 성별 분업을 토대로, 경제적인 협농, 자녀 양육, 성서적 시원의 기능을 수행하는 핵가족을 정상 가족으로 인정하는 것이다.

결론부터 말하자면 이런 가족의 이미지는 현대인들이 만들어 낸 신화와도 같다. 부모와 자녀의 단란한 생활이 정상적인 삶이고, 그렇지 않은 사람들은 비정상이라는 생각은 사회 구성원들을 차별하는 원리로 작동하고 있지만 이때의 정상과 비정상은 보편적 기준과 타당성이 없는 일종의 신화적 이미지에 불과하다. 문제는 이 신화가 일정한 기준에 맞지 않는 다양한 형태의 가족들을 비정상적인 가족이라고 낙인찍고, 여러 문제와 병적인 요소를 가진 비정상적인 존재들로 만들어 버리는 데 있다.

이른바 '결손 가정'이라는 표현이 이런 문제를 잘 보여 준다. 한 부모 가정이나 조손 가정, 소년 소녀 가장, 또는 아예 부모가 없는 아이 등에게 우리는 쉽게 '결손'이라는 낙인을 찍는다. 이들이 정상에서 벗어난, 무엇인가 근본적으로 결여된 존재인 것처럼 생각하는 것이다. 청소년 범죄라는 말에 결손 가정 출신이라는 꼬리표를 붙이는 것도 이런 잘못된 사고방식을 잘 보여 준다. 일반적인 경우와 다르다고 해서 누군가의 삶을 문제가 있는 것처럼 보는 것은 대단히 폭력적인 구분법이다.

길버트의 삶이 비정상적으로 보이는 것은 바로 이런 구분법 때문이다. 정상과 비정상, 충족과 결여의 관점에서 본다면 길버트의 가족은 '비정상' 그 자체다. 가족을 부양하는 중심으로서의 아버지가 없고, 가족을 돌보며 가사 노동을 하는 어머

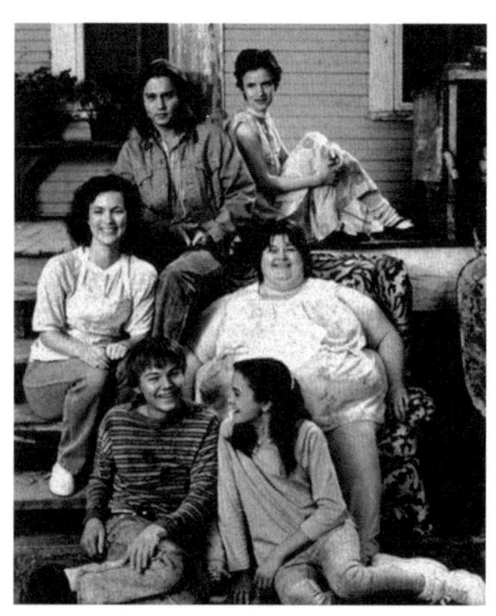

영화 〈길버트 그레이프〉에 등장하는
길버트의 가족.

니도 없으며, 정신 지체인 어니는 물론, 30대의 누나조차 영원히 성장하지 않는 아이와 같기 때문이다.

영화에는 또 다른 '비정상' 가족이 나온다. 마을에 찾아온 여행자 베키다. 길버트가 사는 마을에는 해마다 여름이면 캠핑 족들이 찾아온다. 길버트와 동생 어니는 마을 어귀의 나무에 올라가 마을에 캠핑카들이 들어오는 풍경을 구경하곤 한다. 그

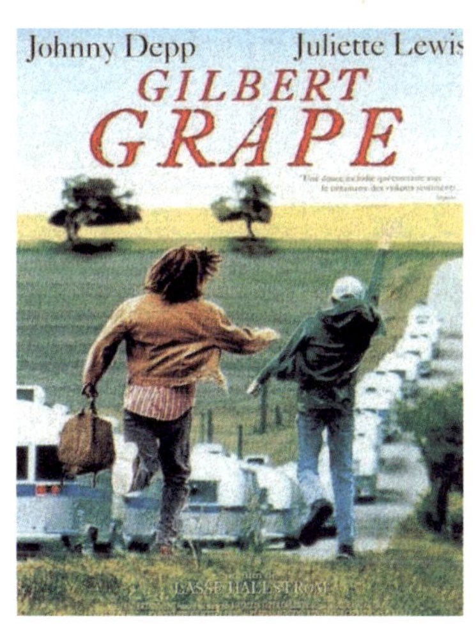

영화 〈길버트 그레이프〉의 포스터. 캠핑카에
손을 흔드는 길버트와 어니의 모습을 담고 있다.

러다 어느 날 또래의 아가씨 베키를 만난다. 베키는 할머니와 단둘이 캠핑카를 끌고 전국을 떠도는 중이다. 길버트의 삶이 비정상이라면 베키의 삶 역시 비정상에 가깝다. 부모도 없이 할머니와 단둘이 다닐 뿐 아니라 심지어 가족의 기반인 집조차 없기 때문이다. 길버트와 베키를 비정상 가족으로 본다는 것은 우리 안에 이미 정상 가족의 신화가 작동하고 있음을 의미한다.

가족, 근대의 발명품
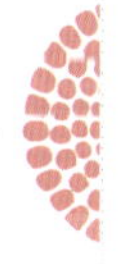

많은 학자들이 가족은 근대의 발명품이라고 지적한다. 가족의 형태

가 없었다는 의미가 아니라, 현재와 같은 가족 개념이 없었다는 말이다. 근대 이전까지만 해도 가족은 하나의 독립된 단위라기보다는 친족이나 마을 공동체 속에 존재하는 단위로 여겨졌다. 예를 들어 결혼을 통해 새로 들어온 구성원은 가족의 일원이라기보다는 공동체의 구성원이었다. 그러나 정치적, 사회 경제적으로 이전 세계와는 달라진 근대에 가족 역시 변화를 겪게 된다.

원래 가족 구성원의 숫자는 공동 노동에 참여하는 인원과 관계있었다. 많은 노동력을 필요로 하기 때문에 공동체 생활을 해야 하는 농경 사회에서는 당연히 대가족을 이루며 살아갈 수밖에 없다. 그러나 근대 사회에서 전 세계적으로 확산된 자본주의는 사회 구성원들을 임금을 받아 생활하는 임금 노동자로 바꾸어 놓았다. 그 결과 남자는 돈을 벌고 여성은 가정을 지키는 노동 분업이 이루어졌고, 이런 이들이 만든 가정, 즉 부부와 그들의 자녀로 구성된 핵가족이 사회의 지배적 형태가 되었다.

'어린이'라는 존재 역시 근대의 발명품이라고 할 수 있다. 어린이가 가족의 중심이 된 것은 근대 유럽에서였다. 그전까지 대부분의 문화권에서 어린이는 작은 어른으로서, 훈육을 받아야 하는 불완전하거나 비이성적인 존재로 여겨졌다. 어린이들에게 어른처럼 흉곽 근육을 그려 넣은 중세 그림이 하나의 예가 될 것이다.

'어린이'가 가족의 중심으로 떠오른 것은 산업 사회 이후다. 근대 사회에서는 산업화에 따라 대가족보다 가장이 임금을 받아 생활하는 소규

모의 핵가족이 더 적합한 가족 형태로 부각되었다. 여성과 아이 할 것 없이 모든 가족이 함께 노동하던 시대와는 달리 가장의 임금으로 생활했던 산업 사회에서는 자녀 출산도 줄어들기 시작했다. 자녀의 숫자가 줄자 자녀와의 관계가 가족생활의 중심으로 부각되었다. 어린이가 보호받아야 할 존재로 인식되기 시작한 것이다.

핵가족이라는 가족 형태와 어린이라는 특수한 존재는 초역사적인 보편성을 가진 것이 아니라 전 세계가 서양을 중심으로 근대화되는 과정에서 만들어진 역사적인 산물임을 알 수 있다.

서양이 전 세계를 상대로 기독교적인 전통, 근대적 정치와 경제 제도, 과학 기술 등을 보급하는 과정에서 서양 중산층의 특정한 가족 형태인 핵가족 역시 우리에게 이식된 것이다. 그러나 압도적인 근대화, 서구화 과정을 거친 후 우리는 이른바 정상 가족의 형태를 역사적 산물로 보지 못하고 마치 동서고금을 막론하고 늘 그래왔던 양 인류 전체의 보편적인 가족 형태로 생각하게 되었다.

정상 가족 개념은 역사적으로 가족의 형태가 변화해 왔음을 간과하고 근대 이후에 등장한 서구 중산층의 특정한 가족 형태인 핵가족만을 정상으로 인정한다는 점에서 비판을 받는다. 현대 학자들은 혈연에 따라 정서적으로 연결된 공동체, 같은 공간에 살면서 아버지가 부양하고 어머니가 가사 노동을 맡는 경제적 공동체라는 관념은 보편적이지 않을 뿐더러 현실에 존재하는 다양한 가족 유형에 대해 억압적이라고 본다. 이른바 정상 가족의 범위에 들지 않는 사람들은 다양한 선입견과 편견을 견뎌 내야 하기 때문이다.

경계 위의 비정상

　서른이 넘어도 독립하지 않는 자식, 자식의 교육이나 결혼에 관여하는 정도를 지나 아예 목숨을 건 듯 필사적으로 억지를 부리거나 강요하는 부모, 오로지 미래의 성공을 위해 현재를 희생해서 자발적으로 해체된 기러기 가족 등등. 우리 사회에서는 자연스럽게 받아들여지는 이런 '가족'의 풍경은 다른 문화에서는 지극히 낯설고 또는 위험스러운 '비정상'으로 보일 수 있다. 이는 결국 우리 사회가 믿고 있는 정상적인 가족이라는 관념이 허구일 수 있음을 보여 준다.

　성인이 되었는데도 자식이 부모의 곁을 떠나지 않고 함께 생활하는 풍경은 우리 사회에서 그리 낯설지 않다. 가족은 함께하는 것이고, 그래서 결혼이나 취업 등 어쩔 수 없는 상황이 아닌데도 자립하려는 자녀에

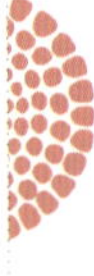

대해 부모가 서운한 마음을 갖는 것도 자연스럽다. 그러나 엄밀히 말해 이런 풍경은 다른 문화권에서는 대단히 비정상적인 모습으로 비추어진다. 서구 사회나 가까운 일본 사회에서 바라볼 때 성인이 된 자녀가 부모를 떠나지 못한다면 이는 비정상으로 보일 것이다. 성인이 되었음에도 부모에게 경제적으로 또는 심리적으로 자립하는 데 실패했다는 의미이기 때문이다.

자녀가 잘되기를 바라는 마음에서 행해지는, 자식에 대한 부모의 간섭과 개입은 그 정도에 관계없이 우리 사회에서는 정상적인 것으로 여겨진다. 경제력과 삶의 모든 에너지를 자녀 교육에 쓰는 부모니 오로지 자녀의 성공을 위해 현재를 희생하는 기러기 가족 등은 우리 사회에서 살아남기 위한 어쩔 수 없는 선택으로 받아들여질 뿐, 비정상적인 가족으로 생각되지 않는다. 심지어 드라마에 자주 등장하는, 목숨 걸고 자식의 결혼을 반대하는 부모조차 문제시하지 않는다.

그러나 외부의 시선에서 본다면 이는 지극히 비정상적이고 유해하기까지 하다. 자식을 위한다고는 하지만 독립적인 성인의 자기 결정권을 무시하는 부모의 태도는 다른 문화권에서는 개인의 자유에 대한 심각한 위협으로 여겨질 것이다.

자녀 교육에 수입의 대부분을 쓰거나 교육을 목적으로 아예 따로 떨어져 사는 가족의 경우도 문제가 없는 것은 아니다. 선택은 개인의 몫이지만 현재의 삶을 저당 잡힌 채 오로지 자녀의 사회적 성공에 모든 것을 건다는 점을 생각한다면 이를 바람직하거나 정상적인 것으로 보는 사회

적 태도에는 문제가 있다. 한국 사회에서 경제적인 안정, 사회적 성공이
무엇을 의미하는지는 분명하지만 적어도 가족 구성원의 삶의 목표를 미
래의 경제적 안정에 둔다면 현재 가족 구성원 모두의 삶을 소외시켜 버
리는 결과를 가져올 수도 있기 때문이다. 자녀를 위해 끝없이 소외된 노
동을 하는 아버지, 자신의 삶은 제쳐 두고 모든 것을 자녀에게 맞추어
사는 엄마, 부모의 기대 속에 목표를 향해 앞만 보고 노력해야 하는 자
녀 모두 경제적·사회적 성공이라는 목표를 위해 스스로를 희생하는
도구적 존재들에 불과하다.

비정상적이며 유해한 수많은 행태들에도 불구하고 이들이 '정상적
인 가족'으로 비추어지는 것은 피를 나눈 가족끼리는 서로를 위해 희생
할 책임과 의무가 있고 또 그래야 한다는 관념 때문이다. 대신 혈연의
관계를 벗어나거나 결혼이라는 제도 밖의 구성원들에게는 비정상이라
는 꼬리표를 붙이고 분류한다. 한국 사회는 건전한 가족의 기준을 오로
지 제도적으로 인정된 혼인 관계와 그에 따른 혈연관계에 두고 바라보
기 때문에 그 틀을 벗어나는 이들은 아무리 바람직하고 의미 있는 가정
생활을 해도 여전히 정상 가족의 범주에서 소외된다. 예컨대 '사생아'
나 '미혼모'라는 말로 제도권이 인정하는 성적 관계를 벗어난 사람들을
분류하는 것이다. 이들뿐 아니라 비혈연 가정, 동성 가정, 편부모 가정,
이혼 가정 등은 한국 사회에서 여전히 '비정상' 가족으로 치부된다. 사
회는 급속도로 변하는데 오직 가족 관념만은 강력하게 작동해서 소수
집단에 속한 개인들은 주변으로 내몰리고 있다.

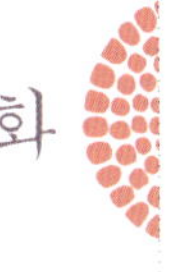

길거리에서 시비가 붙었다. 두 남자가 멱살을 잡고 버티는데 그 와중에도 호구 조사가 이루어진다. "야, 너 몇 살이나 먹었냐."라거나 "내가 네 부모 뻘인데."와 같은 말은 이런 상황에서 쉽게 들을 수 있는 말이다. 분명 싸운 이유는 다른 데 있을 텐데 왜 시비만 붙으면 나이를 들먹거리고 가족 서열을 거론하는 것일까?

'가족'을 끌어들이는 풍토는 이뿐만이 아니다. 주변에서 "XX 그룹 가족 야유회" 같은 현수막을 쉽게 볼 수 있다. 아파트 주민들, 취미 동호회 같은 작은 모임들도 자신들을 '가족'이라 부르고 심지어 해외에 팬을 거느린 대중 스타도 자신의 팬들을 '가족'이라고 부른다. 혈연 가족 외의 사회적 관계에까지 가족 관계와 정서를 도입해, 가족과 유사한 정서적 공동체를 만들려는 것이다. 이런 정서는 '가족'끼리의 단합을 이루어 낼 수 있지만 '가족' 밖의 사람들을 배제하는 명분이 되기도 한다. 예를 들어 외국인 노동자를 차별하는 이유 중 하나는 그들이 우리의 '가족'이 되기 어렵기 때문이다.

우리 사회에선 일상적인 이 풍경에 다른 문화권을 대입하기가 쉽지 않다. 그것은 특별히 우리 사회가 가족을 중시하고 가족을 사회적 버팀목이라고 믿기 때문이다.

다시 말해 한국 사회가 개인보다 가족을 중시하며 더 나아가 가족적 관계를 사회 전체로 확장하려는 이른바 가족주의 사회이기 때문이다.

그래서 우리 사회에서는 정상적 가족 이미지에 대한 강박 관념이 다른 문화권에 비해 훨씬 강하다고 할 수 있다. 정상 가족에 대한 강박 관념이 강한 만큼 이른바 비정상 가족에 대한 억압 역시 훨씬 심한 사회다. 이 강박과 억압은 우리 사회에서 가정과 사회의 경계를 허무는 역할을 한다. 우리 사회에서 점차 가족은 사회화되고 사회는 가족화된다. 길거리에서 시비가 붙어도 "내가 네 부모 뻘인데." 하며 가족 관계의 규율이나 도리를 남에게 적용하는 것이 가족의 사회화라면 회사와 동료를 가족이라 부르는 것은 사회의 가족화다. 이런 식의 가족 논리가 확대되면 비정상 가족에 대한 억압과 차별은 더욱 정교하고 복잡해질 가능성이 높다.

우리 사회에서 이루어지는 차별 중 상당 부분이 '가족'이라는 개념 때문에 발생하는 것들이다. 이력서에 지원자의 업무 능력과 관계없는 부모님의 생존 여부, 직업, 학력, 재산 정도를 쓰게 하는 것도 우리 사회에서 가족이 차별의 기준이 되고 있음을 보여 주는 한 예다. 이처럼 사회가 다양한 가족의 형태를 인정하지 않으면 정상 가족의 범위에 들지 않는 다양한 삶의 방식들을 통제하고 규제하며 이들에 대한 차별을 정당화하게 된다.

그러나 이 경계와 차이가 가족의 신화를 더욱 강화시켜 주는 역할을 하기도 한다. 특히 어렵고 힘든 시기일수록 사람들은 가족에게서 희망과 치유를 찾는다. 누구도 자신들을 도와줄 수 없고 심지어 모두가 적이 되는 상황에서 사람들은 가족의 사랑을 찾고 가족에게로 돌아감으로써 안식과 구원을 얻고자 한다. 우리 영화와 소설 가운데 유독 가족에 관한 이야기가 많은 것이 이를 증명한다.

가족의 서사, 희생의 신화 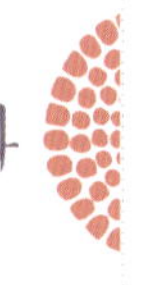

　여기 오직 동생을 살리기 위해 살인마가 되는 형이 있다. 한국 전쟁 직전의 서울, 진태와 진석은 홀어머니를 모시고 사는 형제다. 그들은 가난했지만 희망이 있었다. 진석의 총명함은 집안의 미래였다. 수재인 동생을 공부시키기 위해 형은 학교를 그만두고 온갖 막일로 가족의 생계를 책임진다. 그러다 전쟁이 나고 동생은 전쟁터에 끌려간다. 가족을 책임지고 집안을 일으킬 동생을 지켜야 하는 형은 전쟁에 뛰어든다. 그리고 자신의 목숨을 담보로 동생의 생명을 지키려 한다. 이 무모한 희생을 이용하는 사람들 때문에 이들은 더욱 고통스러워진다.

　동생을 구하려다 전쟁 영웅이 된 진태에게 상부는 조금만 더 하면 동생을 제대시켜 주겠다고 부추긴다. 동생을 위해 시작한 살육이었지만 그는 점점 광기 어린 살인 기계가 되어 간다. 무공 훈장은 그의 너덜너덜해진 영혼에 꽂힌 핀이다. 영혼을 헌납한 희생이었지만 동생이 죽었다고 생각한 뒤 그는 인민군에 입대하고 결국 마지막에는 인민군에게 총부리를 돌리다 그들에 의해 죽음을 맞이한다.

　누구나 그렇겠지만 전쟁의 경험은 개인이 감당하기에는 너무도 강렬한 폭력이다. 전쟁 속에서 그 누구도 자신을 보호해 줄 수 있는 울타리를 갖지 못한 채 폭력적 상황에 나약한 육신과 마음을 노출해야 한다. 이런 두려움 앞에서 개인은 자신을 지켜 줄 방어벽을 꿈꾸게 된다. 가족만이 유일하게 개인을 지켜 줄 수 있는 구원의 영역이다. 물론 가족이 구원이 될 수 있다면 그것은 누군가의 절대적인 애정과 무한한 희생이 전제되어야 한다. 타인으로부터의 폭력, 죽음의 위협에 대해 최소한의 방어막이 될 수 있는 것은 아무런 조건 없는 가족 누군가의 희생일지 모른다.

우리 영화 〈태극기 휘날리며〉(2004)는 전형적으로 가족주의를 토대로 구축된 서사를 보여 준다. 전쟁을 다루는 대부분의 소설이나 영화에서 이런 역할을 맡는 쪽은 주로 '어머니'지만 〈태극기 휘날리며〉는 독특하게 '형'을 그 자리에 세운다. 이 영화에서 형 진태는 가족을 지키는 가장으로서 아버지의 부재를 대신하는 인물이다. 전쟁 전에는 동생을 위해 생계를 책임지는 아버지였고 전쟁 상황에서는 동생의 죽음을 막기 위해 자신을 내던지는 어머니 아닌 어머니였다.

형은 고생 끝에 전쟁터에서 만난 동생을 돌려보내기 위해 말한다. "너 공부시키려고 학교 관두고 구두 통 메고 다녀도 한 번도 후회한 적 없어. 어머닌 시장 통에서 허리 한 번 못 펴고 국수 팔아도 너 땜에 힘든 줄 모르고 살아." 이 신파적 대사 앞에서 관객은 '가족'의 이름으로 눈물을 흘린다. 이 대목에서 이 영화는 전쟁 영화가 아니라 가족을 위해 모든 것을 희생한 이들에 대한 부채 의식이자, 그런 절대적 희생을 그리위하고 찬미하는 향수의 드라마가 된다.

그러나 이 향수와 찬미는 결과적으로 누군가의 절대적 희생을 요구한다는 점에서, 처음부터 비정상적인 구조를 가지고 있다. 〈태극기 휘날리며〉의 경우, 형이 동생을 위해 전쟁 기계가 될 정도로 자신을 희생해야 하는 이유는 무엇인가? 동생이 자신보다 약하기 때문은 아닐 것이다. 진태와 어머니가 진석을 위해 모든 것을 희생했던 이유는 진석이 남들보다 뛰어나게 공부를 잘했기 때문이다.

이들 가족에게 진석의 총명함은 곧 성공의 가능성이었다. 다시 말해 이 가족은 오로지 가족의 성공을 위해 진석의 두뇌에 모든 것을 투자했던 것이다. 그렇다면 신석을 위한 희생이 가족의 성공을 의미한다는 점에서 이 가족 모두는 서로에게 소외되고 서로를 대상화했던 것은 아닐까?

진태는 아버지의 부재로 인한 가족의 위기를 진석이 해결하리라는 믿음 하나로 진석을 뒷바라지하고 심지어 자신을 버려서까지 보호하고자 한다는 점에서 자신과 동생을 철저히 도구화·대상화하고 있다. 오로지 성공을 위해서라면 무엇이든 희생할 수 있다는 것이다. 결국 이들 모두는 가족이라는 이름으로 서로를 대상화하는 것에 불과할 수도 있다. 숭고한 희생의 드라마의 배후에는 이처럼 가족주의의 이름으로 개인의 희생을 정당화하고 사회가 이를 향수하고 소비하는 과정에서 반복적으로 재생산되는 가족의 신화가 자리하고 있다. 이처럼 가족 신화의 희생사는 가족 밖의 구성원들뿐 아니라 가족 내부에도 존재한다.

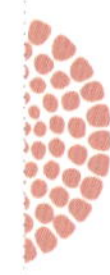
자유롭게 머물기, 함께 하기

다시 영화 〈길버트 그레이프〉로 돌아가 보자. 굴뚝이건 지붕이건 어디든 높이 오르는 방식으로 어니는 끝없이 탈출을 감행한다. 가족이 버거운데도 길버트는 떠나지 못한다. 반대로 캠핑카를 타고 돌아다니는 베키는 한곳에 정착하지 못한다. 떠나지 못하는 사람이나 머물지 못하는 사람이나 이들의 발목을 잡은 것은 '집'이다. 본래 집은 가족의 상징이며 안정된 삶의 상징이다. 그러나 이들 둘에게 집은 감옥이자 수갑이다.

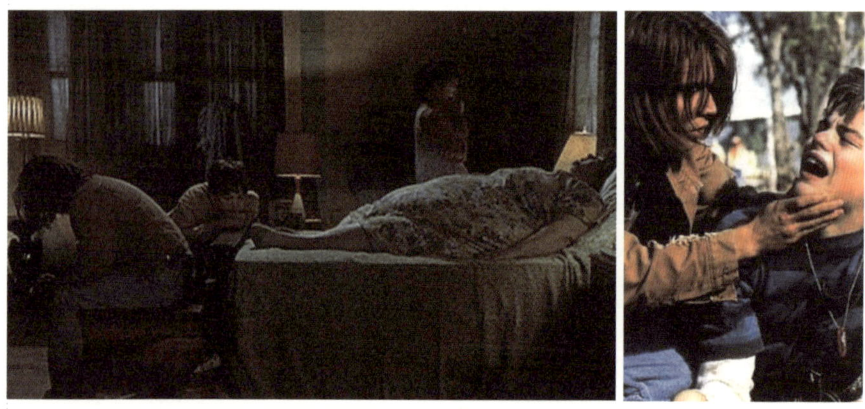

비만으로 거동이 불편한 엄마와 정신 지체인 동생을 돌봐야 하는 길버트에게 집이란 어떤 의미일까.

집이 따뜻하고 편안한 보금자리라는 말은 길버트에게는 무겁고 어두운 감옥이라는 말과 같으며, 집이 언제나 되돌아갈 마음의 고향이라는 말은 베키에게는 자유를 속박하는 수갑이라는 말과 같다. 아버지가 자살한 뒤 지난 7년간 움직이지 않아 초고도 비만이 된 엄마에게도 집은 이미 그 자체로 떠날 수도 벗어날 수도 없는 족쇄였다. 떠나지 못하는 가족과 머물지 못하는 가족의 모습은 이 영화가 단순히 가족 간의 사랑과 화해를 다루는 차원에 묶이지 않음을 보여 준다. 영화는 머묾과 되돌아옴을 가족 안에 두고, 떠남과 흩어짐을 가족 바깥에 두는 우리의 고정 관념에 도전하려는 것으로 보인다.

길버트 가족의 전환점은 엄마의 죽음과 집으로부터의 해방에서 비롯된다. 우연한 일로 감옥에 갇힌 어니 때문에 충격을 받은 엄마는 결국 세상을 떠난다. 가족들은 엄마의 시신을 구경거리로 만들지 않으려고 집

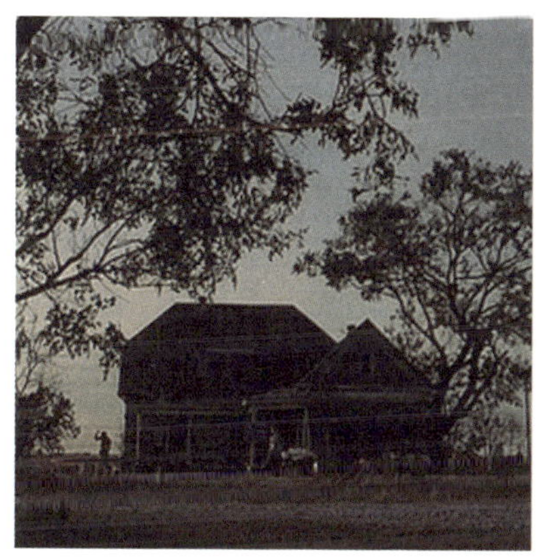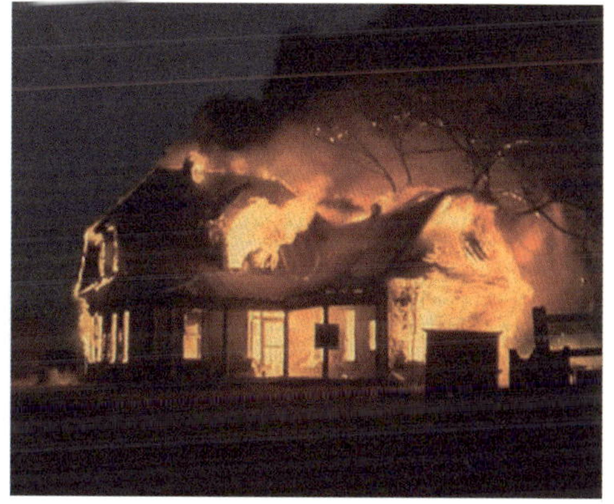

길버트에게 무거운 족쇄로만 여겨졌던 집이 불타 없어졌다. 이제 더 이상 얽매일 곳 없는 길버트는 어떤 선택을 할까.

을 통째로 불태운다.

집이 사라지자 자기 삶을 찾지 못하고 방황하던 누나와 여동생도 자기 인생을 찾아 마을을 떠난다. 이제 길버트는 무거운 짐으로 느껴졌던

가족과, 묶인 채 움직일 수 없었던 집의 굴레에서 벗어날 수 있다. 그러나 관객들의 바람과는 달리 길버트는 마을과 어니를 떠나지 않는다.

이 영화의 마지막 장면은 처음 시작했을 때의 장면과 같다. 마을로 들어오는 캠핑카를 바라보는 두 형제를 비추는 것이다. 캠핑카의 무리 속에 1년 전 그 자리로 다시 돌아오는 베키가 있다. 이 시작과 끝의 일치는 보는 사람들에게 영화 주인공들의 삶을 해석하고 이해하게 하는 중요한 장치다. 길버트와 어니의 모습은 1년 전과 같지만 그들의 삶은 예전과 같지 않다. 그들이 떠날 수 없어서 떠나지 못하는 것이 아니라 떠날 수 있기 때문에 떠나지 않는 삶을 택했기 때문이다. 베키 역시 같으면서도 다른 삶을 산다. 그녀가 가족에게 되돌아오듯 1년 전 그 자리로 돌아와 길버트와 어니를 만날 것이기 때문이다.

그들의 재회는 혈연에 묶이지 않는 새로운 가족이 가능함을 보여 준다. 개방적이면서도 자유롭게 연대된 새로운 가족의 가능성이 인정되는 사회일수록, 자신을 경계 밖에 세우지 않고도 행복할 수 있는 사람이 많아질 것이다. 남들에게 자기를 맞추지 않고도 누구든 자기 자신으로 살아가는 것만으로 행복한 사회라면, 가족이라는 이름으로 상처받는 사람이 줄어들지도 모르겠다.

문명을 거부하는 소수 민족의 생활 방식을 '현대인이 잃어버린 순수의 표상'으로 미화하는 경우도 있다. 여기서도 여전히 타자의 삶은 실제에서 왜곡되고 그들은 우리가 마음대로 붙여 놓은 이미지에 따라 '분류' 된다. 이 분류는 언제나 자신이 지향하는 삶의 방식을 기준으로 이루어지기 때문에 우리는 분류가 이루어지는 사이 어느새 타자를 나보다 못한 존재로 규정하기 쉽다.

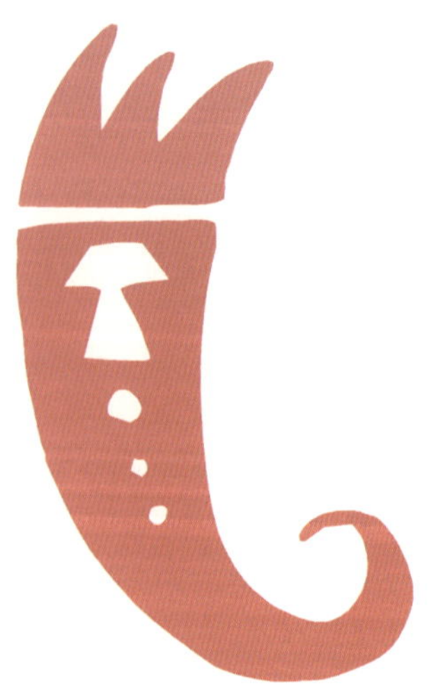

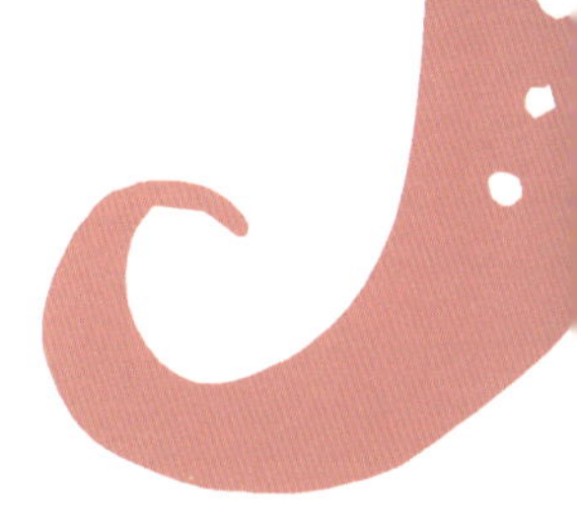

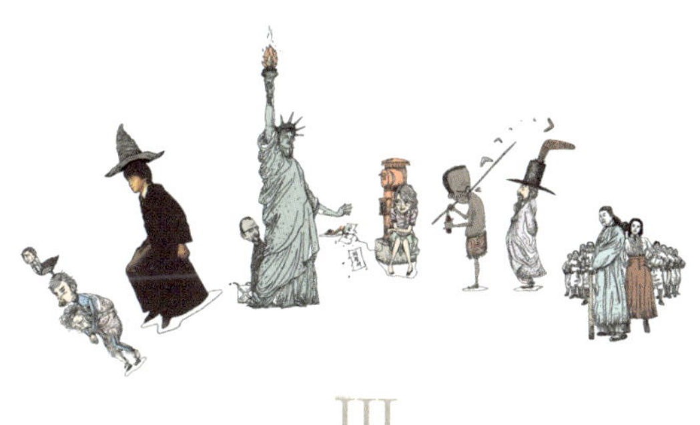

III

공존을 위한 숙제들

7

개인주의자 배트맨은 어떻게 공동체를 구원하는가?

개인과 공동체의 정의와 선

영웅이 머무는 곳은 도시다. 영웅의 시간은 언제나 밤이며 그는 언제나 고층 빌딩과 콘크리트 사이의 폐쇄된 공간을 지난다. 그는 정의를 수호하는 영웅이지만 아무도 그가 누구인지 모르며, 그의 행위는 사회를 위한 것이지만 영웅에게 사회 구성원들은 그저 익명의 집단일 뿐이다. 영웅은 사람들을 도와주지만, 떠나가며 그들에게 멋지게 손을 흔들 뿐 그들 중 누구에게도 관심이 없다. 무심한 얼굴로 도시를 지

나는 수많은 사람들은 그저 영웅이 영웅적인 역할을 하는 배경에 지나지
않는다. 영웅은 단지 자신의 능력을 본성에 맞게 사용했을 뿐이다. 이렇
게 본다면 도시를 구하는 슈퍼 영웅들은 자기식대로 살아가는 고독한 개
인주의자에 지나지 않을지도 모른다.

사람은 사회 밖에서 살 수 없기 때문에, 어떤 사람을 그 자신으로 만드
는 것은 신체적 조건이나 심리적 경향보다는 집단 속에서의 위상이라고
할 수 있다. 사회적 지위와 그에 따른 역할 사이의 갈등과 괴리는 한 사람
의 인격을 역동적으로 만들기도 한다. 이런 맥락에서 크리스토퍼 놀란 감
독이 새로운 배트맨 시리즈를 선언하며 만든 영화 〈다크 나이트〉(The Dark
Knight, 2008)는 두 주인공 베트맨과 지방 검사 하비 덴트의 사회적 위상과
인격의 역동적 변화를 따라 전개되는 영화라고 할 수 있다.

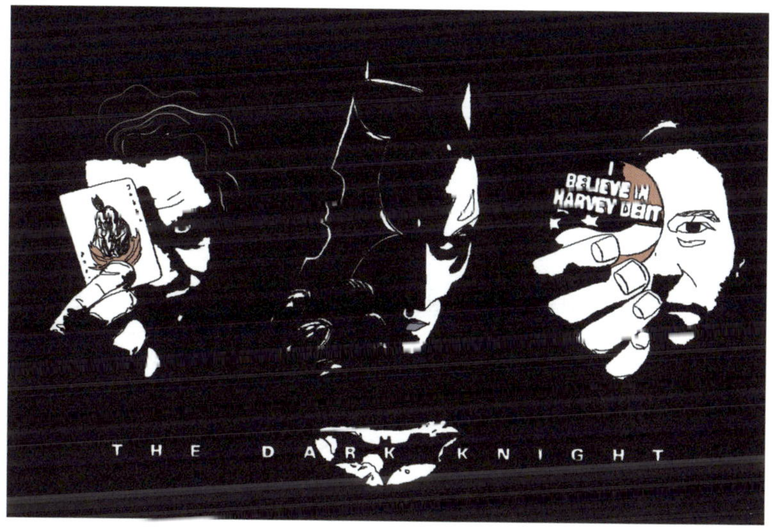

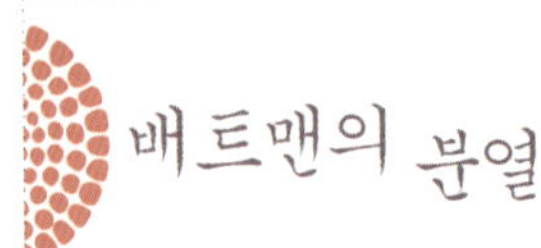

배트맨의 분열

　영화 〈배트맨〉 시리즈의 주인공 브루스 웨인은 사회적 지위와 역할에 갈등을 겪는 전형적 인물이다. 어려서 범죄 때문에 부모를 잃은 그는 낮에는 부모에게 큰 재산을 물려받은 성공한 사업가로 살아가지만 그러한 지위와 역할로는 부모를 죽인 원수에게 복수할 수 없다는 사실에 무력감을 느낀다. 그는 부모를 죽인 살인마에 대한 복수심과 악에 대한 증오를 해결하기 위해 자신에게 새로운 지위와 역할을 스스로 부여한다. 악과 맞서는 정의의 기사 배트맨이 되기로 결단한 것이다. 그는 사회에서 부여된 역할과 그 자신이 부여한 역할 사이의 괴리 속에서 낮에는 돈을 주체할 수 없는 방탕한 사업가로, 밤에는 악을 처단하는 정의의 기사로 자신을 분열시킨다.

　그러나 분열의 진정한 이유는 신분을 숨긴 채 범죄를 소탕한다는 그의 이중성에 있지 않다. 브루스 웨인을 분열하게 만드는 것은 악과 싸우는 그의 내적인 동기다. 다른 슈퍼 영웅과 달리 배트맨에게는 사회 질서나 정의를 수호하겠다는 강한 신념이 없다. 그를 배트맨으로 이끄는 근본적 동력은 사회 정의나 집단의 평화가 아니다. 그는 그저 범죄에 희생된 부모에 대한 어두운 기억에서 벗어나려 악당을 처치할 뿐이다. 이처럼 자신의 운명에 집착하는 한, 배트맨은 영원히 고독한 복수자일 수밖에 없다.

　개인은 자신의 선택과 행동을 통해 사회에 참여한다는 점에서 사회에 능동적인 존재지만 또한 사회적 환경에 영향을 받기 때문에 사회에 수동적인 성격을 갖는다. 개인주의의 관점에서는 사회에 대한 개인의 능동성이 강조된다. 사회가 개인의 이익을 위해 형성되었다고 보는 것이다. 개인주의적 관점에서는 사회적 집단이 아니라 개인이 세계의 구심점이 된다. 이때 개인의 본질은 이성적 성찰 능력을 바탕으로 한 주체적이고 능동적인 활동에 있다. 따라서 개인주의에서 인간은 사회 조직 속의 단순한 세포가 아니며 자신을 초월하는 어떤 전체의 부분으로 존재하지도 않는다. 개인주의자들은 개인의 자유를 침해하는 모든 권력이나 권위를 경계한다. 개인주의의 입장에서 사회린 개인들의 집합체를 명목상 이류 붙인 것뿐이다.

이런 각도에서 본다면 배트맨은 개인주의자에 가깝다. 악을 처단하는 밤의 배트맨은 사회 전체를 관통하는 법 밖에 서 있다. 그의 실천은 사적인 복수에서 비롯된 것이며, 따라서 그는 법과 제도를 넘어서는 모호한 영역에 스스로를 일종의 법으로 세운다. 그는 기존의 제도와 규범에 얽매이지 않으며 스스로 집행자가 되어 도시의 악당을 물리친다. 악인을 심판하고 문세를 해결한 뒤에는 홀로 은둔자의 공간으로 되돌아간다. 그는 보편적이지만 추상적인 사회 안에 속하지도, 간히지도 않는 채 고독한 은둔자이자 자기 입법자로 살아가는 개인주의자다.

여기 또 다른 고독한 은둔자, 자기 입법자가 있다. 미아자키 하야오의 애니메이션 〈하울의 움직이는 성〉(ハウルの動く城, 2004)의 주인공 하울이다. 또 다른 개인주의자 하울의 이야기를 살펴보자. 왕의 직속 마법사

의 제자였던 하울은 왕실을 떠나 황야를 떠돌고 있다.

우연히 하울의 도움을 받았던 모자 가게 주인 소피는 하울을 좋아하는 황야의 마녀의 저주를 받아 갑자기 늙어 버린다. 소피는 좌절하지 않고 저주를 풀기 위해 하울을 찾아 황야로 나선다. 그리고 움직이는 성을 타고 떠도는 하울과 그 식구들을 만나 함께 살게 된다.

한편 하울 역시 편할 날이 없다. 왕과 마법사 스승은 하울을 전쟁에 끌어들이려 하고 있다. 이웃 나라와의 전쟁에서 이기려면 뛰어난 마법을 가진 하울이 꼭 필요했던 것이다. 폭력적인 전쟁에 참가하고 싶지 않았던 하울은 왕과 스승을 피해 황야를 떠돈다. 그는 자유롭게 살기 위해 여러 개의 가명을 사용하며 어디에도 정착하지 않은 채 움직이는 성으로 곳곳을 떠도는 유랑의 삶을 선택한다.

하울 역시 일종의 개인주의자다. 하울은 그저 자신만의 방식으로 살고 싶을 뿐이다. 그러나 나라를 위해서라면 그는 전쟁에 참가해야 한다. 만약 뛰어난 마법사 하울이 전쟁에 참가한다면 손쉽게 적국을 이길 수도 있을 것이다. 그런 의미에서 참혹하고 파괴적인 전쟁을 막으려 하지 않는 하울의 선택은 비애국적이고 이기적인 결정처럼 보일 수 있다. 이처럼 개인의 합리성과 사회의 합리성이 충돌하는 경우는 흔하다. 이런 상황에서 어떤 결정이 옳고 어떤 결정이 그른 것인지 답하기는 쉽지 않다. 하울은 전쟁에 나가야 하는가? 나가지 않아도 되는가? 이 문제에 접근하는 하나의 방법은 공동체를 어떤 관점에서 볼 것인가의 문제와 연결되어 있다.

　개인주의의 다른 쪽에는 개인은 사회를 구성하는 단위일 뿐이며 더 중요한 것은 유기적으로 이루어진 사회라고 보는 공동체 주의가 있다. 공동체 주의자들에게 사회는 추상적인 명목이 아니라 실재 그 자체다. 이들은 개인을 넘어서는 보편적 집단 혹은 사회가 실재한다고 믿으며 이 사회의 공동의 이익이 개인의 이익보다 앞선다고 본다. 도덕의 원천 역시도 개인의 합리성과 이성이 아니라 사회의 합리성과 제도에서 찾는다. 따라서 공동체 주의에서 개인은 사회에 의해서만 의미를 부여받기 때문에 개인의 이익과 사회의 이익이 충돌할 때 공동체의 공동선(善)을 위해서 개인의 이익을 희생시킬 수도 있다고 본다.

　이런 맥락에서 경찰과 관료들은 배트맨과 대척점에 서 있는 공동체 주의자들이라고 볼 수 있다. 배트맨은 고담 시를 혼돈으로 몰아넣는 악당 두목을 잡아 경찰에 넘기지만 경찰은 숨어서 문제를 해결하는 개인 영웅의 존재를 달갑게 생각하지 않는다. 시스템으로 움직여야 하는 사회의 차원에서 볼 때 배트맨이 정의의 사자건 구세주건 경찰의 눈에는 그저 밤마다 출몰해서 영웅 놀이를 하는 한 명의 정신병자와 다름없기 때문이다.

　새로운 배트맨 시리즈의 서곡에 해당하는 〈배트맨 비긴즈〉(Batman Begins, 2005)에 이어 아예 배트맨이라는 타이틀조차 떼어 버린 〈다크 나이트〉에서는 정의의 수호자이면서 밤의 무법자라는 개인주의자 배트맨의 이중성과 한계를 드러내 보이기 위해 새로운 인물을 세우고 적극적 역할을 부여한다.

그의 이름은 하비 덴트로, 촉망받는 젊은 지방 검사다. 배트맨은 정의감이 넘치는 지방 검사 하비 덴트를 보고 그에게 희망을 건다. 하비 덴트에게서 빛의 기사, 즉 가면이 필요 없는 화이트 나이트의 모습을 보았기 때문이다.

하비 덴트는 배트맨과 반대의 길을 간다. 정의로운 지방 검사 하비 덴트는 사회를 유지하는 제도의 힘을 믿는 사람이었다. 개인이 사회의 관습, 규범, 의식 구조 등을 습득해 나가는 과정을 뜻하는 사회화란 결국 사회에 개인의 삶을 규정하는 강력한 힘이 있음을 의미하는 것이다. 따라서 사회가 실재하며 사회화를 통해 구성원들을 유기적으로 통합할 수 있다고 믿는 사람들은 문제가 발생했을 때 사회 구조적 차원, 즉 법과 제도의 힘으로 문제를 해결해야 한다고 생각한다. 사회가 개인에게 강력한 규제력을 가져야 개별적인 악들이 통제될 수 있다고 믿는 것이다. 하비 덴트는 법을 통해 질서를 회복하고 공권력을 통해 사회적 정의를 실현할 수 있다고 믿는 인물이었다. 그는 고군분투하는 개인주의적 영웅 배트맨을 인정하지만 근본적으로 공동체를 위한 사회 정의가 이루어져야 하며 그것이 법적 테두리 안에서 실현되어야 한다고 믿는 공동체 주의자였다고 말할 수 있다.

배트맨은 악의 처단을 위해 하비 덴트를 파트너로 선택함으로써 개인적인 악의 처단으로는 궁극적인 문제를 해결할 수 없음을 시인한다.

배트맨은 구조적인 악은 자신처럼 법의 테두리 밖에 있는 개인이 해결할 수 없음을 잘 알았고 문제의 궁극적 해결을 법과 제도의 차원에서 찾고자 했다. 배트맨이 문제를 해결할 수 없었던 것은 그의 힘이 미약했기 때문이 아니다. 아무리 강해도 배트맨이 실패할 수밖에 없는 것은 개인이 해결하고자 하는 한 그에 대응해 언제나 동일한 양의 악이 발생하기 때문이다. 마치 배트맨 덕분에 조커가 나타났던 것처럼. 이 때문에 하비 덴트를 앞세워 악을 처단하고자 했던 배트맨은 기존의 고독한 개인주의적 영웅을 넘어서기 위해 법과 질서와 시스템을 믿는 공동체 주의로 향한다.

그러나 배트맨과 하비 덴트의 실험은 실패로 끝난다. 악의 화신 조커가 배트맨과 하비 덴트보다 더 궁극적인 실험을 시도했기 때문이다. 조커는 두 사람에게 사회 구조 안에 퍼진 악이 개인에게 치명적인 영향을 끼칠 때에도 여전히 개인이 선에 대한 신념을 가질 수 있는지를 실험하고자 했다. 조커를 잡기 위한 배트맨과 하비 덴트의 작전은 경찰의 정보가 누설되면서 실패한다. 또한 하비 덴트는 부패한 경찰 때문에 연인의 목숨을 잃었을 뿐 아니라 폭탄이 터지면서 자기 얼굴의 반을 잃는다. 그는 강력한 악 앞에서 부패한 공권력이 차츰 무너져 가는 것을 목격하고, 그 자신이 부패한 경찰들에 의해 연인을 잃음으로써 시스템에 대한 신뢰와 기대를 저버리게 된다. 그는 이제 아무도 믿지 않으며 자기만의 선을 실현하려고 자기만의 악을 실행하는 '투 페이스', 즉 선과 악의 이중적 존재가 되고 만다.

악당을 처벌하기 위해 노력하던 검사의 신분에서 개인적 복수를 위해 닥치는 대로 사람을 죽이는 복수의 화신이 되기까지, 하비 덴트는 자기 역할에 대해 그 어떤 갈등도 겪지 않았을까? 검사라는 사회적 지위가 부여한 정의의 실현자라는 그의 역할은 사실 폭발 사고와 함께 사라졌다고 해도 좋을 것이다. 연인을 잃고 얼굴의 반쪽을 잃으면서 그는 자신의 자리가 법과 공권력이라는 사회적 시스템이 아니라 고통으로 일그러진 악의 피해자라는 사실을 알았다. 그는 최종적으로 악의 징벌이라는 사회적 선보다 연인을 위한 복수라는 개인적 선이 더 중요하다는 사실을 깨달은 개인주의자로 돌아선다.

조커는 하비 덴트를 몰락시키면서 이성과 선에 대한 공동체적 신념이 개인의 이해관계 안에서 얼마나 쉽게 무너질 수 있는지를 보여 주고자 했다. 하비 덴트는 공동체의 이성과 선을 믿는 공동체 주의자였지만 개인적 선을 자기만의 방식으로 실현할 수 있다고 믿는 개인주의자로 전향한다. 그에게 더 이상 공동체로서의 사회는 존재하지 않으며, 오로지 복수의 대상들만 남아 있을 뿐이다. 그의 처단은 수단과 방법을 가리지 않으며 민간인과 경찰을 가리지 않는다. 이렇게 본다면 조커의 실험은 성공한 것으로 보인다. 촉망받던 정의의 검사 하비 덴트가 결국 개인적 복수를 감행하기 위해 자신에게 고통을 준 악을 더 큰 악으로 갚는 새로운 악의 화신이 되었기 때문이다.

선과 악이 얼마나 쉽게 자리를 바꿀 수 있는지, 자신의 이해관계에 따라 공동체에 대한 신념이 어떻게 바뀌는지를 통해 조커가 보여 주고

자 한 것은 본래 인간이 악하고 폭력적이라는 사실이다. 이 실험에서 영화는 조커의 손을 들어주는 듯 하지만 결코 그런 일은 생기기 않는다. 정점으로 치닫는 마지막 장면을 통해 인간에 대한 조커의 성공을 실패로 돌려놓기 때문이다.

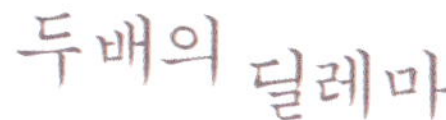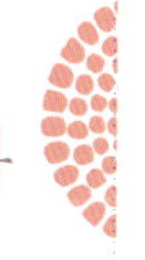

악의 화신 조커는 도시에 폭탄을 미리 설치해 둠으로써 사람들을 공포로 몰아넣는디. 폭탄이 설치되어 있다는 소식에 시민들은 아비규환 속에 선착장으로 몰려든다. 도로에는 폭탄이 장착되어 있기 때문에 이용할 수 없다. 선착장에서 동시에 두 배가 출발한다. 한쪽 배에는 민간

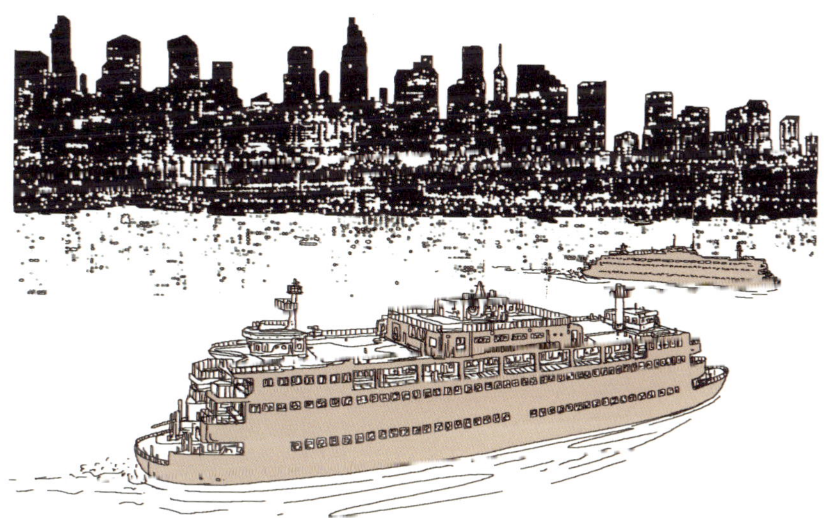

인들이 타고 있고 다른 한 배에는 죄수들이 타고 있다. 조커는 두 배에 탄 사람들에게 실험을 제안한다. 각각의 배에는 다른 배를 폭파시킬 기폭 장치가 장착되어 있는 리모콘이 있다. 폭파 예정 시간은 앞으로 이십여 분 뒤인 12시. 다만 12시 전에 리모컨을 눌러 상대편 배를 폭파시킨다면 다른 쪽 배에 탄 사람들은 살려 주겠다는 것이다.

이 실험은 죄수의 딜레마(prisoner's dilemma)를 연상시킨다. 죄수의 딜레마란 서로 의사소통이 불가능한 두 죄수가 자백과 관련해서 거래를 제안받는 상황을 가정한 이론이다. 두 사람은 각각 상대방보다 먼저 자백을 하면 형을 감해 주겠다는 제안을 받는다. 한 사람이 먼저 상대에게 죄가 있다고 말하고 나머지 한 사람이 침묵할 경우 침묵한 사람이 모든 죄를 뒤집어쓸 수도 있다. 두 죄수는 어느 쪽이 자신에게 유리한지 판단을 해서 선택해야 한다. 만일 상대를 믿을 수 있다면 그래서 서로 자백을 하지 않으면 증거 불충분으로 둘 다 기소되지 않을 수 있다. 둘 다 침묵하면 형이 최소화될 것을 알지만 그러나 상대가 먼저 말할 것을 고려하지 않을 수 없다. 그래서 이럴 경우 자신에게 최대한 이익을 확보하기 위해서 상대보다 먼저 자백하는 선택을 하게 된다. 그 결과 두 사람은 모두 자신의 죄를 자백하고 상대의 죄도 밀고하는 셈이 되어서 각각 높은 형량을 받게 된다.

정리하자면 자신에게 최대한 합리적인 결정을 한 셈인데도 그 결과가 공동체나 타인을 위한 이타적인 선택을 했을 때보다 훨씬 부정적인 결과로 나타난다는 것이다. 만일 두 사람이 모두 침묵을 택했더라면 그들은 처벌을 받지 않았을 것이다. 그러나 이들이 궁극적으로 가장 이익이 될 침묵을 택하지 않은 것은 이들 사이에 신뢰와 소통이 없었기 때문이다. 죄수의 딜레마는 개인이 자신에게 최선의 이익을 가져다주는 합리적 의사 결정을 했더라도 공동체의 이익을 위한 결정을 내린 것보다 더 부정적인 결과가 나올 수 있음을 보여 준다. 개인에게는 효율적이고 합리적인 선택이라도 공동체 전체에 해가 될 수 있고 그렇다면 선택의 결과는 도리어 개인에게 해로 돌아올 수 있다는 것이다. 이를 역으로 생각하면 개인보다 공동체를 우선적으로 생각했을 때 자신을 위한 선택보다 더 합리적인 결과가 나올 수 있다고 볼 수 있다.

영화 속에서도 두 배의 사람들은 고립되어 있고 서로 소통을 할 수 없다. 서로 기폭 장치를 누르지 않으면 최선이겠지만 상대가 누르지 않을지 보장할 수 없는 상황에서 각각 선택을 해야 한다. 사람들은 동요한다. 민간인들이 탄 배에서는 어떻게 할지 투표가 진행된다. 결과는 반대 140명, 찬성 396명으로 상대 배를 폭파시키자는 쪽이 압도적이다. 그렇지만 배 안의 사람들은 쉽게 버튼을 누르지 못한다. 찬성표가 다수인데도 버튼을 누르지 못하는 것은 자신이 살기 위해 무고한 사람들을 죽인다는 양심의 가책 때문일 것이다. 아무도 버튼을 누르지 못하고 있자 시민 가운데 한 사람이 일어난다. 다른 배에 탄 이들은 이미 살인강도 등 범죄자들이라며 버튼을 눌러야 한다고 주장한다.

한편 죄수들의 배에서도 갈등이 일어난다. 아무리 법을 어긴 범죄자라고 해도 이유 없이 죽을 수는 없는 일이었다. 사람들이 동요하는 사이

험상궂게 생긴 죄수 한 명이 일어난다. 그는 10분 전에 이미 했어야 할 일을 하겠다며 리모컨을 빼앗는다. 버튼을 누를 일촉즉발의 순간, 죄수의 선택은 일종의 반전 역할을 한다. 그는 기폭 장치를 누르는 대신 리모컨을 배 밖으로 던져버린다. 이는 내가 살기 위해 다른 사람들을 죽이는 비양심적인 행동을 할 수 없다는 결정으로 보인다. 리모컨이 던져진 순간 배에 탄 사람들은 절망으로 고개를 숙인다.

장면은 다시 민간인들의 배로 넘어온다. 다른 사람들을 죽이는 일을 쉽게 행하지 못하는 사이 시간이 흐른다. 승객 중 한 사람이 자기가 누르겠다며 리모컨을 빼앗아 들지만 이 사람도 결코 버튼을 누르지 못한다. 사람들의 긴장은 최고조에 다다르지만 상대편 배 역시 아직 버튼을 누르지 않고 있다는 사실을 확인하면서 서로 버튼 누르기를 망설인다. 그러는 사이 시계는 12시를 넘겨 버린다. 폭발은 어느 곳에서도 일어나지 않았다. 그 어느 쪽도 상대를 죽이는 선택을 하지 않았던 것이다.

조커는 사람들이 서로 버튼을 누를 것이라고 장담한다. 그러나 배트맨은 결코 그런 일은 없을 것이며, 사람들이 조커처럼 추악하지 않다고 응수한다. 배트맨의 믿음처럼 두 배에서 각각 리모컨을 던지거나 누르지 못한 사람은 개인의 합리성이 아니라 전체와 다수를 고려하는 사회적 합리성을 선택했다고 볼 수 있다. 그들은 개인이 아니라 사회적 합리성을 택함으로써 결과적으로 도덕적 선택을 한 셈이다. 결국 인간의 이성과 선에 대한 배트맨의 믿음이 승리한 것이다.

이처럼 영화는 인간 본성에 대한 조커의 실험을 결국 실패로 돌리면서, 개별적 인간은 악할 수 있지만 공동체의 이성과 선에 대한 믿음이 있는 한 결코 투쟁과 갈등으로 귀결되지는 않을 거라고 말한다. 개인은 선할 수도 악할 수도 있지만 결국 사회는 개별적 악을 극복하고 선의 공동체를 이룰 수 있다고 믿는다는 점에서 영화에는 인간이 도덕적인 공동체로 실재한다는 낙관이 깔려 있는 듯하다.

그러나 영화가 보여 주는 신뢰에도 불구하고 영화적 상황은 현실에 적용하기 어려울 것이다. 배에 탄 수백 명의 사람들이 오로지 내가 살겠다고 다른 사람을 죽일 수 없다는 가책 때문에 또는 적어도 내 손으로는 그런 선택을 할 수 없기 때문에 당장 내가 죽을 수 있는 거대한 위협과 공포 앞에서 숭고한 선택을 할 수 있을까? 과연 그것이 현실에서 가능할까? 확실히 영화는 인간의 신과 양심에 대해 지나치게 낙관하고 있다는 인상을 지울 수 없다.

사실 배 안에 탄 사람들은 두 번의 이타적 선택을 하는 셈이다. 다른 배의 폭파 버튼을 누르지 않았고 또 개인적으로 탈출 시도를 하지 않았기 때문이다. 조커는 누구라도 탈출하려 하면 배를 폭파해 버리겠다는 전제를 달았는데, 사람들은 남아 있는 사람들이야 어쨌든 자신은 살 수 있었음에도 아무도 배를 탈출하려 하지 않는다. 또한 찬성 측이 압도적으로 많이 나왔음에도 불구하고 이를 실행하지 않았다면 그것은 버튼을 누르지 못한 사람의 개인적 양심이 공동체의 결정을 무시한 것이나 마찬가지일 것이다. 만일 그의 양심 때문에 배 전체가 희생되었다면 과연 어떤 쪽이 선이라고 말할 수 있을까?

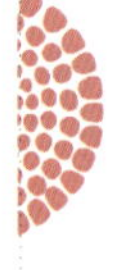

이성과 선이 인간을 구할 것인가

사회를 이루고 사는 인간은 집단 안에서 자기 이익을 추구하려고 하고 그 과정에서 대립과 충돌이 일어나 사회가 부도덕하게 되기 쉽다. 물론 인간은 이성적 존재로서 합리적 방법으로 충돌을 해결하고자 한다. 이성은 사회 안에서 발생하는 여러 가지 충돌들을 억제하고 조정하는 힘을 가지고 있다. 그러나 이성이 추구하는 합리성에는 일정한 한계가 있다. 즉, 개인에게 정의를 실현하려는 도덕적인 의지가 있을지라도, 그것이 자기 생존 의지보다 강하기는 어려운 것이다. 물론 어떤 개인은 생존 의지보다 도덕적 의지가 더욱 강할 수 있다. 그런 사람을 우리는 숭고한 도덕적 존재로 여긴다. 그러나 개인이 아니라 공동체로 있을 때는 도덕적 개인만큼 숭고한 선택을 내리기가 어렵다. 배 안의 사람들 역시

압도적인 표로 상대편 배의 기폭 장치를 누르는 쪽에 찬성표를 던진 것
도 그런 맥락에서 생각할 수 있다.

기독교 신학자인 라인홀드 니부어(Reinhold Niebuhr, 1892~1971)는《도덕
적 인간과 비도덕적 사회》라는 책에서 도덕적인 갈등 상황에서 개인이
도덕적인 반면 집단 또는 사회의 도덕성은 현격히 떨어진다는 점을 지적
한 바 있다. 도덕적인 개인도 많지만 개인이 사회에 속해 있을 때는 그
사회의 이해관계에 따라 행동하도록 강제되기 때문이다. 이러한 분석을
통해 니부어는 사회적 갈등을 사회적 주체들의 힘의 문제로 보아야 하며
개인의 도덕적 선택 문제로 돌려서는 안 된다는 점을 강변하고 있다. 그
러나 영화는 문제 해결의 열쇠를 개인의 도덕적 선택 문제로 다시 끌고
간다. 최종적으로 기폭 장치의 처리 문제를 개인의 선택으로 돌리기 때
문이다.

배 안의 사람들은 자신들을 살아남을 가치와 권리가 있는 존재로 여
겼지만 동시에 상대에게 같은 권리가 있다는 사실도 알고 있다. 다만 어
떻게 해서든 자신들의 가치와 권리에 더 큰 무게를 두고자 했을 것인데,
이들에게 중요한 것은 사회 정의나 도덕의 실현이 아니라 자신의 생명이
기 때문이다. 그럼에도 불구하고 영화는 두 배의 사람들에게 이기심보
다 양심을, 개인보다는 공동체를 택하게 만듦으로써 도덕적 개인과 도덕
적 공동체의 가능성을 보여 준다. 이처럼 〈다크 나이트〉에는 선한 개인
이 선한 공동체를 만들어 갈 수 있다는 낙관이 깔려 있다.

사실 이 낙관은 영화를 김빠지게 하는 측면이 있다. 죽음이 공포 잎

에서 사람들은 왜 도덕적인 선택을 한 것일까? 내가 죽는다 해도 무고한 타인의 생명을 빼앗을 수 없다는 절대적 양심의 목소리가 작용한 것일까? 생존 본능을 넘어서 도덕을 실현하는 개인이 있다 해도 이 장면에서처럼 공동체의 모든 사람들이 그럴 것이라고 믿기는 어렵다. 이처럼 선에 대한 비현실적 낙관은 도리어 영화 속의 선을 도덕 교과서 속 우화로 만들어 버린다.

그래서 〈다크 나이트〉에서 비현실적인 선 대신 인간의 본성적 악을 믿었던 조커 같은 악당이 도리어 생기와 생명을 얻는지도 모르겠다. 사실 이 점은 이상할 것도 없다. 선은 악의 생기 위에서만 의미가 있기 때문이다. 아무리 공동체와 공동선을 믿는다 해도 배트맨이 고독한 개인주의적 영웅에서 벗어날 수 없듯이, 그의 선도 결국은 악의 표면 위에서 빛나는 결정일 뿐이기 때문이다. 배트맨은 영원히 선과 악이 혼재된, 결코 빛으로는 갈 수 없는 다크 나이트, 즉 어둠의 기사일 뿐이다.

불평등은 어떻게 세습되는가?

8

자본이 된 교육과 불평등의 고착

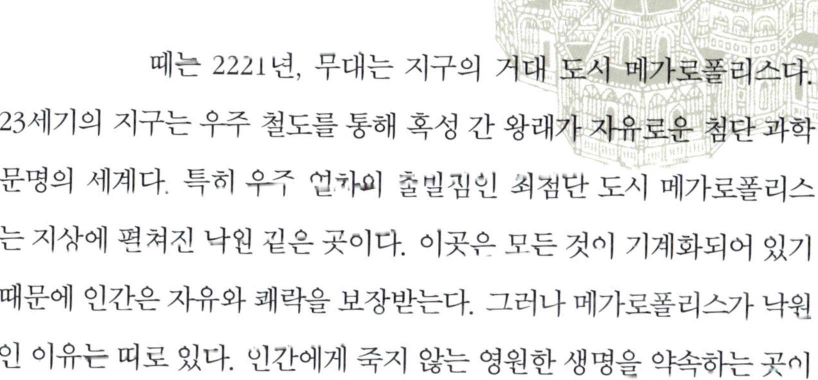

때는 2221년, 무대는 지구의 거대 도시 메가로폴리스다. 23세기의 지구는 우주 철도를 통해 혹성 간 왕래가 자유로운 첨단 과학 문명의 세계다. 특히 우주 열차의 출빌짐인 최첨단 도시 메가로폴리스는 지상에 펼쳐진 낙원 겉은 곳이다. 이곳은 모든 것이 기계화되어 있기 때문에 인간은 자유와 쾌락을 보장받는다. 그러나 메가로폴리스가 낙원인 이유는 따로 있다. 인간에게 죽지 않는 영원한 생명을 약속하는 곳이

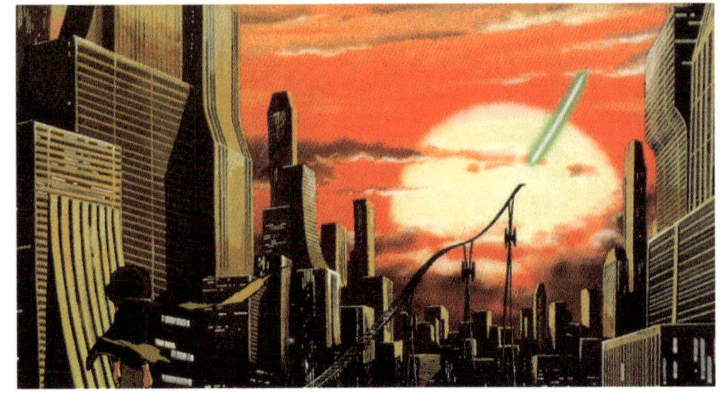

<은하철도 999>에 등장하는 메가로폴리스.

기 때문이다.

메가로폴리스 시민들이 영원히 살 수 있는 이유는 이들이 인간의 몸을 버리고 기계 몸을 얻었기 때문이다. 돈으로 기계 몸을 사 영원한 생명을 얻은 기계 인간들은 노동에서 해방되는 것은 물론, 아무 제한 없이 즐기며 살 수 있다. 문제는 이 풍요와 쾌락이 모든 사람에게 허락되지 않는다는 것이다. 메가로폴리스의 쾌락과 자유를 누릴 수 있는 것은 오직 많은 돈으로 기계 몸을 얻은 부자들뿐이다. 반대로 돈이 없어 기계 몸을 얻지 못한 사람들은 메가로폴리스에서 쫓겨나 도시에 기생하는 도시 빈민으로 비참하게 살아가야 한다. 그래서 메가로폴리스의 다른 이름은 기계 제국, 기계 몸을 가진 기계 인간들이 그렇지 못한 가난한 ‘인간’들을 지배하는 불평등한 곳이다.

가난한 이들의 꿈은 오직 돈을 벌어 기계 몸을 얻는 것이다. 그래서 많은 사람들이 메가로폴리스로 몰려든다. 엄마와 단둘이 눈발이 흩날리는 황야를 걷고 있는 주인공 철이 역시 메가로폴리스로 향하는 중이다.

여기까지가 너무도 잘 알려진 일본 만화 영화 〈은하철도 999〉(銀河鐵道 999, 1978)의 프롤로그다. 아직도 많은 사람들이 한 시대를 풍미한 이 만화의 에피소드들을 기억하거나 철이와 메텔의 애틋한 관계를 추억할 것이다. 그렇지만 왜 철이가 은하철도 999를 타려고 했는지 그 이유를 생각하는 사람은 거의 없다. 이 만화는 이 설정과 구조를 이해해야 만화 전체를 꿰뚫는 세계관과 정서를 이해할 수 있다.

철이가 눈 속을 뚫고 메가로폴리스로 향하는 이유는 은하철도 999를 타면 공짜로 기계 몸을 주는 별에 갈 수 있다는 소문 때문이다. 주인공 철이도 은하철도 999를 타기 위해 메가로폴리스로 향하던 도시 빈민 중 하나였다. 그러나 돈을 벌어 은하철도 999의 승차권을 사겠다던 철이의 꿈은 곧 깨진다. 재미 삼아 인간 사냥을 하던 기계 백작의 총에 엄마를 잃었기 때문이다. 철이는 분노했지만 엄마 아빠 몫까지 살아 달라는 엄마의 유언을 지키기 위해 우연히 만난 신비한 여인 메텔의 도움으로 은하철도 999를 탄다. 철이의 꿈은 오직 하나, 비참한 인간의 몸을 버리고 자유와 쾌락을 누릴 수 있는 기계 인간이 되는 것이다.

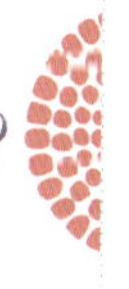

부자만이 기계 몸을 얻어 자유를 누리는 메가로폴리스는 현대 사회의 불평등이 그대로 투영된 공간이다. 메가로폴리스는 부자와 가난한

자, 기계 인간과 인간의 불평등이 이미 굳어져 변화를 기대할 수 없는 약육강식의 사회였다. 기계 인간은 인간을 사냥하는 등 횡포를 저질러도 문제가 되지 않는 특권층이었고, 기계 몸을 얻지 못한 가난한 나머지 사람들은 메가로폴리스 주변에 빈민으로 살아가야 하는 현실을 벗어날 방법이 없었기 때문이다.

어떤 사회건 부자와 가난한 사람이 존재한다. 문제는 부에 접근하는 경로가 막혀 있거나 왜곡되어 있다는 데 있다. 메가로폴리스의 풍요는 기계 인간만이 누릴 수 있는데, 기계 인간이 될 수 있는 것은 많은 돈을 주고 기계 몸으로 바꾸거나, 공짜로 기계 몸으로 바꿔 준다는 혹성으로 떠나는 기차 '은하철도 999'의 승차권을 살 수 있는 사람들뿐이다. 이렇게 본다면 〈은하철도 999〉는 빈부 격차가 구조적으로 고착되어 새로운 계급 사회를 양산하는 미래 사회의 어두운 청사진이다.

메가로폴리스와 같은 구조에서 사회적 이동은 완전히 막히게 되고 따라서 불평등은 구조화될 수밖에 없다. 부자만 기계 인간이 되고 기계 인간이 되어야만 부유하고 풍요로운 삶을 살 수 있다. 티켓 값이 엄청난데도 은하철도 999를 타고 싶어 했던 것은 기계 몸을 얻는 것보다는 돈이 적게 들기 때문이다. 한마디로 말해 평생 돈을 모으고 또 운이 좋으면 은하철도 999는 탈 수 있지만 기계 인간이 되는 것 자체는 평생을 일해도, 운이 좋아도 불가능한 것이다. 그래서 은하철도 999는 도시 빈민들에게 로또와 같은 희망이고 대안이다.

철이에게도 마찬가지였다. 철이도 우연히 메텔을 만나 공짜로 은하철도 999의 승차권을 얻지 못했다면 아마 메가로폴리스 주변을 머무는 빈민으로 평생 비참한 삶을 살았을지 모른다. 이미 사회적 불평등이 굳어졌기 때문에 개인이 아무리 발버둥 쳐도 빈곤에서 벗어날 수 없다는 것이 문제다. 사실 메가로폴리스는 멀리 있지 않다. 현재의 우리 사회도 메가로폴리스의 현실과 크게 다르지 않다. 우리 사회에서도 이미 사회적 불평등이 조금씩 각질화되어 가고 있기 때문이다.

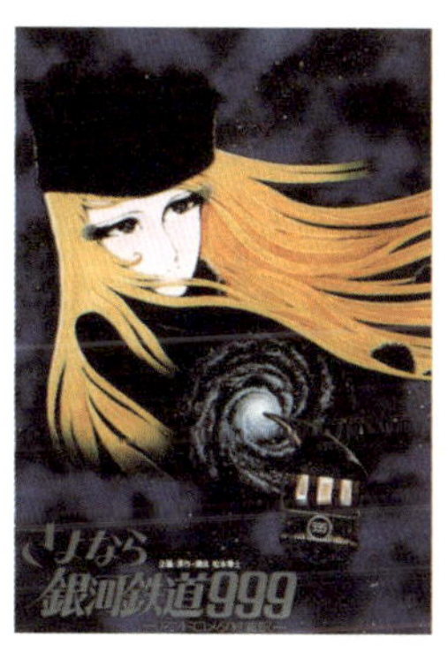

〈은하철도 999〉의 포스터.

또한 메가로폴리스에 정착해 살지 못하는 철이의 모습은 오늘날 한국을 탈출하려는 사람들과 겹쳐진다. 한국 살이에 염증을 느껴 유학이건 이민이건 수단과 방법을 가리지 않고 떠나려는 사람들이 점차 늘고 있다. 교육 수준과 생활 환경, 복지 혜택이 뛰어난 선진국으로의 이민은 물론, 제3세계의 낯설고 위험한 환경을 마다하지 않는 이들 중에는 지나치게 경쟁적이고 빡빡하며 모든 것을 돈으로 줄 세우는 사회적 분위기에 회의가 들었기 때문이라고 말하는 사람들이 많다. 실제로 결행에 옮기지는 못하지만 마음만은 탈출하고 싶은 사람들이라면 훨씬 더 많을 것이다.

삶에 지치고 생활이 무너질 때, 온갖 비리와 편법이 난무할 때, 결과에 승복하지 않는 비겁하고 이기적인 태도에 질릴 때 사람들은 이 사회를 탈출할 꿈을 꾼다. 예를 들어 자녀의 유학을 빌미로 이민을 가거나 기러기 가족 같은 현대판 이산가족으로 사는 데에는 사교육비에 대한 부담과 염증이 크게 작용하는 경우가 많다. 낙오든 자발적 이탈이든 현재 한국에서의 삶이 상당수의 사회 구성원들에게 만족을 줄 수 없음은 분명하다.

그러나 유학도 이민도 결국 중산층 이상이나 꿈꿀 수 있는 탈출 방법일 뿐 정말 서민들에게는 꿈도 꾸지 못할 일이다. 철이도 메텔이 아니었다면 결코 은하철도 999를 타지 못했을 것이다. 보통 사람들이 현실이 버거워 탈출을 꿈꾸는 곳, 우리에게 서울은 철이의 메가로폴리스와 무엇이 다른가.

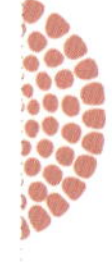

교육이 자본이 되는 사회

사회적 불평등을 고착시키는 가장 기본적 토대 중 하나는 교육이다. 옛날에는 '개천에서 용난다.' 는 속담이 통용될 수 있었다. 형편이 어려워도 열심히 공부해서 사회적으로 성공하는 것이 어느 정도 가능했다. 경제적 차이가 있다 하더라도 사교육의 영향이 강하지 않았기 때문에 개인이 열심히 노력하면 원하는 사회적 지위에 도달하는 것이 가능했다. 그러나 요즘 이 속담은 유명무실해졌다. 부모의 경제력이 곧 자녀의 성적으로 나타나는 경향이 점점 심해지기 때문이다.

넉넉한 가정의 아이들은 사교육을 통해 다양한 교육 기회를 얻을 수 있지만 그렇지 못한 아이들은 교육 기회를 얻기 어렵다. 사교육이 교육

전반을 움직이는 상황이 되자 사교육에 대한 투자 비용이 그대로 아이들의 성적으로 나타나게 되었다. 있는 집 아이들이 그렇지 않은 집 아이들보다 더 수준 높은 교육을 받고 더 효율적인 학습을 하게 되기 때문에 사교육을 받지 않은 학생이 정당하게 경쟁하기는 점차 어려워졌다. 성적순으로 서열화하는 우리 풍토에서는 교육 기회가 적을수록 사회에서 성공할 확률도 낮아지게 된다. 교육 자체가 사회적 불평등을 고착시키는 역할을 하는 것이다.

어떤 학자들은 이처럼 교육이 경제적 자본과 유사한 역할을 한다는 점에 주목한다. 개인이 습득한 교육이나 문화저 경험이 경제직 자본처럼 부를 형성히는 데 중요한 억할을 한다는 것이다. 이를 '문화 자본(cultural capital)'이라 한다. 문화 자본이란 프랑스의 사회학자 피에르 부르디외(Puerre Bourdieu)가 사용하는 개념이다. 부르디외는 자본주의 사회에서 교육 체계는 경제적 자본과 유사한 기능을 한다고 주장한다. 문화 자본에는 언어적인 능력이나 문화 예술 작품을 감상하는 능력 등이 포함된다. 현대 사회에서는 경제 자본뿐 아니라 문화 자본이 계층을 나누는 새로운 기준이 될 수 있다. 쉽게 말해 부유한 가정의 아이들이 그렇지 않은 아이들에 비해 문화적 혜택을 더 많이 받고 따라서 더 좋은 성적을 거두거나 사회에서 성공힐 가능성이 니 높다는 것이나.

문회 지본에 의해 사회적 성숑이 결정된다는 문제는 특히 사교육이 성적을 좌우하고 더 나아가 성공을 좌우하는 우리 현실에서는 더욱 절박하게 와 닿는다. 어느 사회건 교육을 통해 얻는 경험과 능력이 개인의 성공에 큰 역할을 하는 것은 당연하다. 그러나 교육의 기회 자체가 오직 경제적 능력에 따라 결정된다면 이는 심각한 문제가 아닐 수 없다.

더 큰 문제는 우리 사회에서 사교육과 영어가 개인의 문화 자본 역할을 하게 되었다는 점이다.

특히 영어에 대한 사회적 강박은 병리적 수준에 올라 있다. 영어를 가르치겠다는 일념으로 이산가족이 되기를 마다하지 않고 아이의 혀를 수술시키거나 국제고에 보내기 위해 초등학교 1학년부터 입시 경쟁에 내모는 것도 흔한 풍경이다. 특히 우리 사회에서만 나타나는 독특한 현상인 기러기 가족은 경제적 능력과 사회적 성공에 대한 강박이 삶의 큰 원칙과 세부를 모두 지배하게 된 결과로 나타난 기형적 현상이라고 할 수 있다. 이런 식의 삶은 현재에 누릴 수 있는 여러 가치와 가능성을 모두 포기하고 미래에 모든 것을 걸면서 끝없이 현재를 부정하는 강박을 낳는다.

영어 교육은 자녀가 성공하는 데 하나의 도구가 될 수 있을지 몰라도 그것 자체가 성공을 보장하지는 않는다. 그럼에도 불구하고 우리는 신앙에 가까운 신념으로 영어를 못하면 낙오된다는 공포에 시달리고 있는 것이다. 한 국가의 인재 양성 또는 국가적 경쟁력 확보가 강력한 선진국 언어를 배우는 것 하나에 달려 있다니 그 근시안과 편협함에 씁쓸할 따름이다.

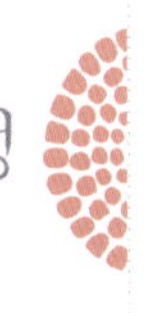

부유한 사람들만이 사교육으로 문화 자본까지 얻어서 성공의 기회를 보장받고, 그렇지 않은 사람들은 성공하기 어렵다면 사회적 불평등이 한

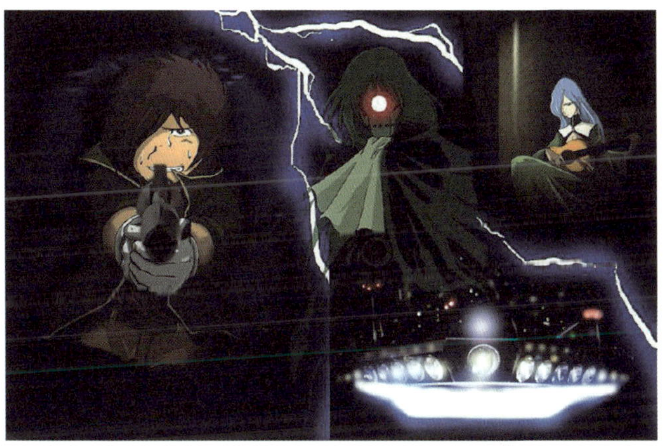

철이는 기계 인간이 되어 그들이 누리던 기득권을 얻고자 여행을 떠났지만 마지막 순간에 '기계 인간'이 아닌 '인간'으로 살 것을 택한다. 철이는 과연 무엇을 깨달은 걸까.

세대에서 끝나는 것이 아니라 세대를 이어 세습될 가능성이 높아질 것이다. 마치 기계 인간만이 잘살 수 있고, 돈이 있어야만 기계 인간이 될 수 있는 메가로폴리스처럼, 부자만이 부자로 살 수 있고 가난한 이들은 영원히 가난하게 사는 구조적인 불평등 사회가 될 수 있다. 교육 기회의 불평등이 가난을 세습하는 구조 자체가 문제인 것이다.

주인공 철이가 엄마와 함께 떠돌게 된 것은 아빠가 은하철도 999의 승차권을 사기 위해 무리하게 일을 하다 죽었기 때문이다. 애초부터 철이네가 메가로폴리스에 들어가는 것은 무리였을 것이다.

철이 가족을 통해서도 알 수 있지만 철이 같은 도시 빈민들은 단순히 무능하고 게으른 사람들이 아니다. 그들은 우리 사회가 이룩한 고도성장의 그늘이며 무한 경쟁의 희생자들이다. 이들 가운데는 개인적인 무능이나 실수 때문에 나락에 떨어진 사람들도 있겠지만, 처음부터 아무것도 없는 환경에서 태어나 결국 벗어나지 못한 사람들이 더 많다. 정직하고 성실하게 노력해서는 부자가 되기 어렵고, 학벌이나 집안 같은 배경 없이는 성공하기 어려운 사회일수록 경쟁에서 낙오된 사람들이 많아지기 마련이다. 이 때문에 급격하게 성장한 사회에 심각한 빈부 격차가 나타나고, 그 결과의 한 양상으로 도시 주변에 빈민가가 형성된다.

요즘 새롭게 이슈화되는 계층이 있다. 근로 의욕도 있고 생활에 대한 의지도 있는데 아무리 열심히 일해도 빈곤을 벗어나지 못하는 새로운 빈곤층이다. '워킹 푸어(working poor)'라고 불리는 이들은 풀타임으로 열심히 일을 하는데도 수입보다 지출이 많아서 가난을 벗어날 수 없는 이른바 '근로 빈곤층'이다. 소득이 늘어나는 속도보다 교육비, 주거비 등이 오르는 속도가 훨씬 높아 생활비가 늘어나게 되면 저축할 여력이 없어 고된 노동을 끝없이 반복하게 된다. 매일 고된 노동을 하는데도 형편이 나아지지 않는 상황에서 병이나 실직 같은 일시적 문제라도 발생하면 쉽게 빈곤층으로 떨어지게 되는 이들이 우리 사회에도 수백만에 이른다고 한다.

근로 빈곤층이 늘어난다는 것은 근면하게 일하고 절약하면 생활이 나아질 수 있다는 최소한의 희망도 없이 무엇을 해도 안 된다는 좌절과 절망이 도시 전체에 스며들고 있다는 말이다. 이들의 불안과 절망은 그대로 사회의 불안 요인이 된다. 사회 안전망이 약한 우리 사회에서 근로 빈곤층의 확대는 결과적으로 사회 양극화와 양극화에 따른 불안, 사회적 비용의 증가로 이어질 수밖에 없는 악순환으로 나타난다.

이런 상황에서 정부와 사회에게 맡겨진 숙제는 절대 빈곤층, 근로 빈곤층, 장애인과 노약자 등 사회적 약자들을 실패자가 아니라 무한 경쟁의 그늘로 보고 공존의 방법을 찾아 나가는 것이다. 평범한 개인이 사회의 나락까지 떨어지는 것은 개인의 문제가 아니라 사회 구조의 문제라는 인식이 필요하다. 사회적 불평등을 완화하려면 당연히 정책적으로 부가 편중되는 것을 제한해야 한다. 조세 정책 등을 통해 부가 세습되는 것도 최대한 억제해야 한다. 그러나 기회와 경제적 부를 나누려는 의지가 없이는 문제 해결이 불가능할 것이나. 사실 부를 향한 사회 구성원들의 열망이 맹목적이고, 기득권을 잃지 않으려는 부유층의 욕구가 강렬할수록 부를 재분배하자는 주장은 힘을 잃기 쉽다.

물론 모든 사람이 똑같은 결과를 누리며 살 수는 없다. 아무리 복지 제도가 잘되어 있는 나라라도 결과의 평등을 실현할 수는 없을 것이다. 그러나 적어도 이미 태어날 때부터 그 사람의 미래가 불평등하게 결정되는 사회라면 문제가 있다. 부모의 경제적 능력에 따라 자녀의 인생이 결정되는 사회에서는 개인의 노력이 무의미해지고 사회적 격차가 더욱 벌어지게 된다. 따라잡을 수 없는 격차는 사회 구성원들을 절망하게 한다. 아무리 일해도 빈곤을 벗어날 수 없는 상황이라면 개인은 절망과 포기를 선택하기 쉽다. 희망이 사라지면 사람들은 선택의 기로에 놓일 수밖에 없다. 억울한 채 살아가거나 아니면 떠나거나. 철이가 분노하며 메가로폴리스를 떠났던 것처럼.

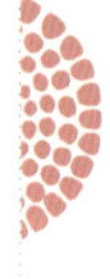

경쟁과 서열화를 넘어서

빈부 격차나 빈곤층의 문제는 본래 개인이 접근할 수 있는 문제가 아니라 정부 정책 차원의 문제다. 사실상 어떻게 소득을 분배하고 조세 형평성을 유지하며 사회 안전망을 짤지는 정부의 몫이다. 정부가 어떤 관점에서 어떤 정책으로 어떤 방식의 실천을 할 것인가를 결정해야 한다는 것이다. 그러나 정부나 사회가 사회적 약자를 시혜의 대상으로 보는 한 문제 해결은 요원하다. 일시적이고 일회적인 지원, 특히 극소수에게만 혜택이 가는데도 전체 계층을 돕는 양 호도하는 선심성 행정으로는 결코 문제가 해결되지 않는다.

문제를 해결하는 일차적이고 근본적인 방법 중 하나는 빈곤의 세습을 막는 것이다. 경제적 취약층에 대한 지원이나 복지 같은 개별적 정책보다 더 근본적인 차원에서 문제에 접근해 들어가야 한다. 특히 정부의 정책이 움직이는 것과 동시에 사회 구성원의 의식이 바뀌어야 해결 가능하다. 이런 식으로 접근해야 할 영역 가운데 가장 근본적이고 절실한 문제 중 하나가 교육이다.

이제 우리는 개천에서 용이 날 수 없다는 사실을 인정해야 하겠지만 또한 그렇다는 사실을 씁쓸하게 되뇌는 것에서 그쳐서는 안 될 것이다. 문화 자본이 경제력으로 환원되고, 경제력이 다시 문화 자본으로 구축된다는 사실을 인정하고 이 순환과 세습의 고리를 어느 정도 끊어야 한다. 교육이 시장화되어서는 안 되는 근본적인 이유가 여기에 있다. 교육을 시장화해서 개인들 간의 문제로, 개인의 능력에 따라 접근 가능한 영역으로 만들어 버리면 교육이 부의 세습을 고착화하는 현재의 구조는 결코 달라지지 않을 것이다. 왜 교육에 소수의 인재 양성보다 평등과 다양성이 강조되고 경쟁보다 공존이 강조되어야 하는지 사회적인 공감대가 필요하다.

물론 교육에서 가장 중요한 것은 경쟁이며 경쟁에서 통과한 인재를 확보하는 것만이 국가 경쟁력 확보의 바탕이 된다고 믿는 사람들도 많다. 이런 생각을 가진 사람들은 평준화 교육이 결국 뛰어난 학생들을 하향 평준화시킨다고 생각한다. 그래서 개인이 가진 능력에 따라 수준 높은 사교육을 받게 하고 이를 통해 경쟁하게 하면 결과적으로 사회 전체에 이득이 될 것이라고 말한다. 그러나 이는 이미 부를 확보한 기득권층과 사교육업자들, 그리고 정부가 합작해서 만든 괴물 같은 논리일 뿐이다. 사교육업자들이 오로지 상업적 이윤을 위해서 움직인다면 기득권층이 사교육을 옹호하는 이유는 자녀를 엘리트로 만들어 다른 계층과의 차이를 벌리려 하기 때문이다. 그렇다면 정부는 어떤가? 어쩌면 사교육 시장 팽창의 최대 수혜자는 정부일 것이다. 사교육 시장이 커지면 교육에 대한 정부의 책임과 부담이 줄어드는 것은 물론, 엄청난 돈이 돌고 실업자 문제도 일부 해결된다. 그래서 경제적 자유주의를 신봉하는 정부일수록 교육을 쉽게 시장화하고 학생들을 무조건적인 경쟁으로 몰아넣기 쉽다. 무한 경쟁을 뚫고 나온 엘리트가 국가 경제를 이끈다는 허구적 논리는 이렇게 탄생한다.

그러나 우리는 경쟁이 아니라 각자의 재능과 다양성을 발휘하도록 돕는 교육을 통해서도 얼마든지 국가 경쟁력이 확보되는 예를 유럽의 교육 선진국에서 확인할 수 있다. 그러므로 우리가 추구해야 할 교육의 평등화는 단순한 평준화가 아니라 개인의 재능과 소질을 담을 수 있는 다양화일 것이다. 우리 사회에 꼭 필요한 것은 소수의 엘리트를 우대해 주는 특목고나 국제고가 아니라 학생 개인의 다양한 능력을 차별적으로 개발해 줄 수 있는 다양성 교육인 것이다. 평등이란 능력에 관계없이 모두 똑같이 대우하는 것이 아니며, 평준화란 학생들에게 개인의 능력에 따른 다양한 교육 기회를 공정하게 제공하는 것을 의미하지 국·영·수 학습을 똑같이 받는 것을 의미하지 않을 것이다. 그러나 현재와 같이

국·영·수를 중심으로 하는 교육과 평가 방법으로는 결코 일등부터 꼴등까지 줄 세우는 서열화를 막을 길이 없다.

교육이 시장화되어서는 안 된다는 것은 단순한 구호나 이념에 그치지 않는다. 맹목적 경쟁을 부추기는 시장에서 경쟁은 무한 경쟁을 낳고, 경쟁에서 이긴 소수가 중심이 되어 사회 전체가 서열화되는 것을 피하기 어렵다. 개인 간의 경쟁이 국가 경쟁력으로 연결된다는 발상은 일반적인 상식이지만 선진국이 개인 간의 지독한 경쟁으로 현재와 같은 시스템과 수준을 얻게 된 것은 아닐 것이다. 문화적, 자연적, 역사적 조건이 다른 선진국과 우리나라를 일대일로 비교하기는 어렵다. 그러나 적어도 교육 경쟁을 통해 순위를 결정하는 시스템만이 국가의 부를 증강시키는 것은 아닐 것이다. 더 나아가 국가의 경제적 수준만이 국민의 삶의 질을 결정하는 유일한 잣대가 되어서는 안 된다는 것은 누구에게도 분명하다.

경쟁을 줄이고 서열화를 막으며, 삶의 다양성을 인정하고 사회 구성원들의 공존을 모색하는 사회, 삶의 양적 풍요보다 질적 만족이 높은 사회를 만들려면 교육이 부를 세습하는 잘못된 구조의 첨병 노릇을 하게 해서는 안 된다. 교육은 한 사람이 사회 구성원으로서 자기 삶의 주인이 되고 타인과 공존하며 더 의미 있는 가치를 추구하도록 준비하게 하는 과정이어야 할 것이다. 부자가 되거나, 높은 자리에 올라가기 위한 경쟁의 길이 아니라 자신의 가능성을 시험하고 실현하며 자신만의 삶의 방식으로 살아갈 힘을 찾게 하는 과정이어야 할 것이다.

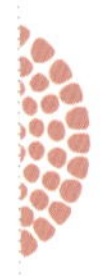

변화를 향한 결단

사실 철이의 여행은 처음부터 자기 분열의 과정이었다. 부모를 죽인 원수인 기계 인간을 혐오하면서도 그 자신이 기계 인간이 되고자 했기 때문이다. 온갖 모험 끝에 철이가 깨달은 것은 기계 인간들이 얼마나 비인간적이고 허무한 존재인가 하는 것이었다. 많은 기계 인간들이 인간적 존엄성을 잃고 무의미한 쾌락에 빠져 있거나, 아무나 죽이는 폭압자로 살고 있었기 때문이다. 철이는 기계 인간이 되어 그들이 누리던 기득권을 얻고자 여행을 떠났지만 마지막 순간에 기계 인간이 아니라 '인간'으로 살 것을 택한다. 유한한 생명의 가치와 인간의 존엄성에 대해 깨달은 것이다.

철이의 깨달음과 마지막 결단은 우리에게 교훈이 될 수 있다. 우리

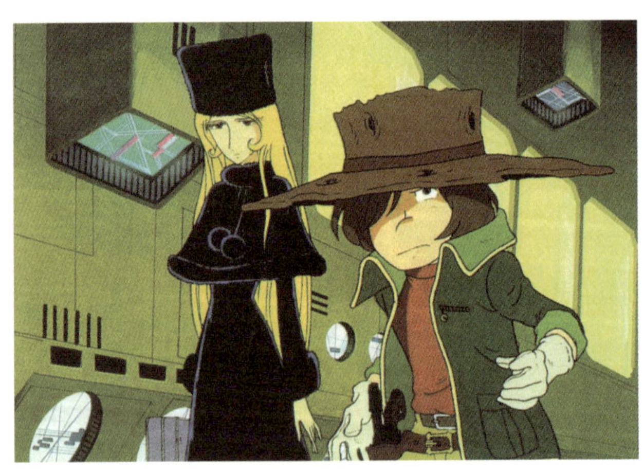

〈은하철도 999〉의 주인공
철이와 메텔의 모습.

사회도 메가로폴리스처럼 불평등이 구조화되어 있는 사회다. 기득권을 가진 집단 혹은 개인이 더 많은 것을 누리는 사회라는 점은 부인하기 어렵다. 그러나 우리가 가야 할 길은 기득권 그 자체를 쫓는 길이 아니다. 남보다 노력해서 경제적 성공을 거둔 사람들을 적대시해서도 안 되지만 다른 사람들을 밟아서라도 성공에 이르겠다는 왜곡된 욕망에서 벗어날 필요가 있다.

수단과 방법을 가리지 않고 기득권층에 들어가려는 욕망 대신 우리가 해야 할 일은 정당한 방법으로 노력하는 사람이 성공하는 개방적인 사회를 만드는 것이다. 교육에서부터 단추를 다시 끼우는 것이 하나의 방법이다. 경제적 능력과 관계없이 모든 학생들이 자신의 재능을 발휘하도록 제도적으로 다양한 교육 기회를 제공할 필요가 있다. 그러나 더 중요한 것은 성적으로 줄 세우고, 학벌로 평가하지 않는 것이다.

이처럼 사회적 불평등은 눈에 보이는 몇 가지 제도의 개선이나 일시적인 정책으로 해결될 수 있는 문제가 아니다. 보다 근본적인 차원에서 사회 전체가 동의하고 노력하지 않으면 안 된다. 더 많이 갖기보다는 인간답게 사는 것, 다른 사람 위에 서기보다 함께 걷는 것이 더 가치 있는 삶이라고 믿는 것이다. 철이가 영원히 남 위에 군림할 수 있는 '기계 인간'이 아니라 유한하지만 존엄과 공존을 누릴 수 있는 '인간'이 되기를 택했던 것처럼.

9

'그들'을 바라보는 우리의 자세

문화적 낙인과 타자의 분류

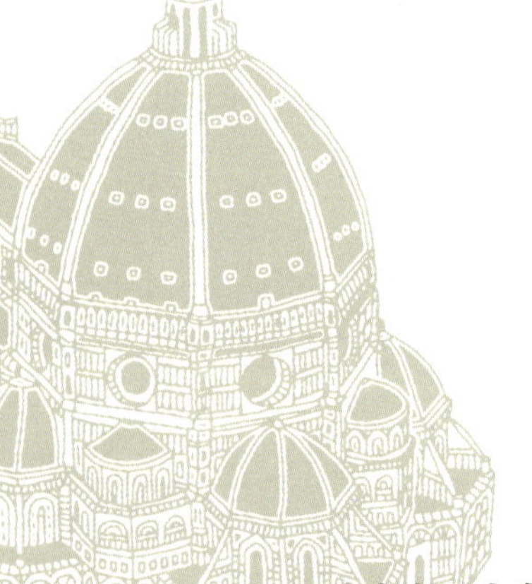

전 세계인들에게 가장 미국적인 영화 속 주인공을 꼽으라고 한다면 〈인디애나 존스〉 시리즈의 주인공 인디애나 존스 박사가 다섯 손가락 안에 들어갈 것이다. 1980년대부터 시작된 시리즈는 60대를 넘긴 주인공 해리슨 포드를 다시 불러들여 19년 만에 4편을 찍을 정도로 세계적으로 사랑받는 영화다.

영화의 배경은 1930년대. 미국의 고고학자인 인디애나 존스 박사는 신비한 동양의 유물을 손에 넣기 위해 아시아 곳곳을 종횡무진하며 모험을 하고 있다. 1편 〈레이더스〉(Raiders of the Lost Ark, 1981)에서 고대 유대인들의 유물인 성궤를 찾아 이집트를 떠났다면 2편 〈마궁의 사원〉(Indiana Jones and the Temple of Doom, 1984)에서는 좀 더 동쪽으로 향한다. 시리즈의 두 번째 작품 〈마궁의 사원〉은 상해의 한 클럽에서 청나라 유물을 손에 넣으려다 위험에 빠진 인디애나가 심복인 중국인 꼬마 쇼티, 클럽 여가수 윌리와 함께 인도 북부에 추락하면서 시작된다.

인도 북부 마을 사람들은 추락하는 비행기에서 살아남은 이들을 보고 하늘에서 내려온 사람이라 여기며 도움을 청한다. 자신의 아이들을 납치해 간 판콧 궁전에 가서 아이들을 구해 달라는 것이다. 판콧 궁전에 찾아간 인디애나 일행은 수상한 분위기 속에서 수상의 영접을 받는다. 수상의 꼭두각시처럼 보이는 어린 왕이 개최한 만찬은

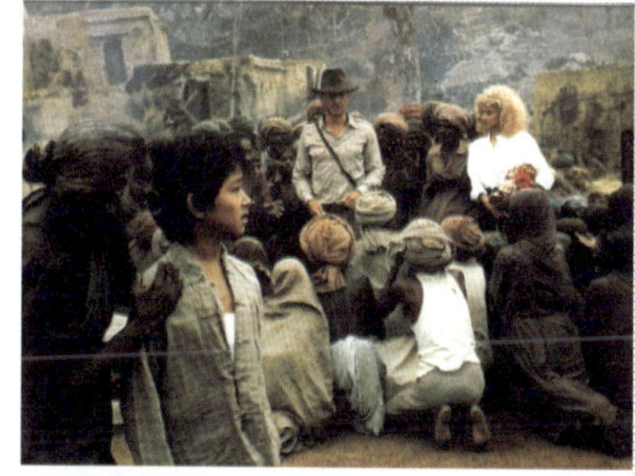

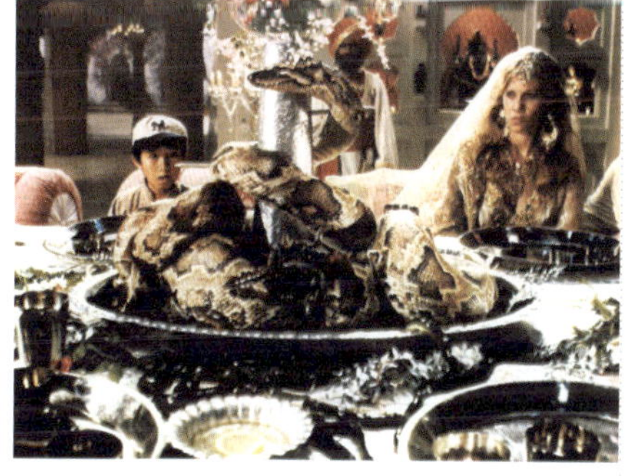

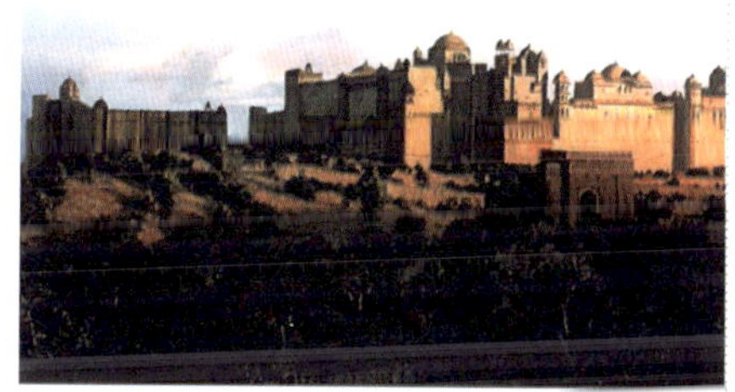

영화 〈인디애나 존스〉 제2편 '마궁의 사원' 장면의 일부.

인디애나 존스 일행에게 낯선 야만의 세계 그 자체였다.

만찬에 참석한 인도인들이 살아 있는 뱀의 배를 가르자 수없이 기어나오는 새끼 뱀을 그대로 입에 넣는다거나 커다란 딱정벌레 요리에 환호하는 정도는 아무것도 아니다. 주인공 일행을 가장 놀라게 한 것은 원숭이의 골 요리. 인도인들이 원래의 형체 그대로 나온 원숭이의 머리 뚜껑을 열어 속이 드러난 골을 맛있게 파먹는 장면을 보고 관객의 대부분은 혐오감을 느꼈을 것이다.

산 사람을 산 채로 제물로 바친다는 칼리신 숭배자들의 집단이었던 이곳에서 인디애나 존스는 광기에 찬 마교 숭배자들을 무찌르고 노예노동에 시달리고 있던 아이들을 해방시켜 집으로 돌려보낸다. 또 대가 없는 수고가 없듯 자신이 얻고자 하던 유물도 손에 넣는 성공을 거둔다. 순박하지만 무능한 마을 사람들에게 이 서양인들은 구세주 그 자체였다.

비서구인에게 원시성과 야만성을 덧칠하는 것은 할리우드의 오랜 전통이다. 원숭이의 뇌를 먹거나 살아 있는 사람의 심장을 빼는 충격적인 장면을 연출했던 〈인디애나 존스〉 시리즈에 비친 동양의 이미지는 고전적인 할리우드의 전통을 답습한 것에 불과하다. 브랜든 프레이저가 주연을 맡은 〈미이라〉(The Mummy, 1999) 시리즈 등 비슷한 어드벤처 장르 영화들도 이집트, 중국 등 장소를 달리하며 자기들이 상상하는 동양 이미지를 낯설고 미개하고 잔인하게 형상화해 왔다.

이런 경향은 역사적 사건을 다룬 영화에서도 비슷하게 반복된다.

　동서양 문명이 최초로 충돌한 페르시아와 스파르타의 전투를 다룬
영화 〈300〉(2007)도 마찬가지다. 당시 페르시아는 서아시아를 통일한 거
대한 제국이었고 상당한 수준에 도달해 있던 선진 문명 국가였다. 그러
나 서구 문명의 대표자 스파르타군 앞에서 이들은 오로지 잔인하고 미개
한 야만인들일 뿐이다. 영화 속에서 스파르타 300명의 전사는 개개인이
독자적 전투 능력을 보유한 뛰어난 군대로 묘사되지만 페르시아군은 떼
로 몰려다니며 무작정 덤벼대는 오합지졸로 그려진다. 페르시아군을 이
끄는 왕 역시 섬뜩한 외모의 광기 어린 야만인으로 표현된다.

　동양인을 비롯한 비서구인을 악 또는 물리쳐야 할 적으로 그리는 영
화는 우리가 알고 있는 것보다 훨씬 많다. 수많은 영화에 동양이나 아프
리카 등 비서구 세계 사람들은 문명이 극복해야 할 질병으로서의 야만으
로 그려진다. 선풍적 인기를 끈 판타지 영화 〈반지의 제왕〉(The Lord Of

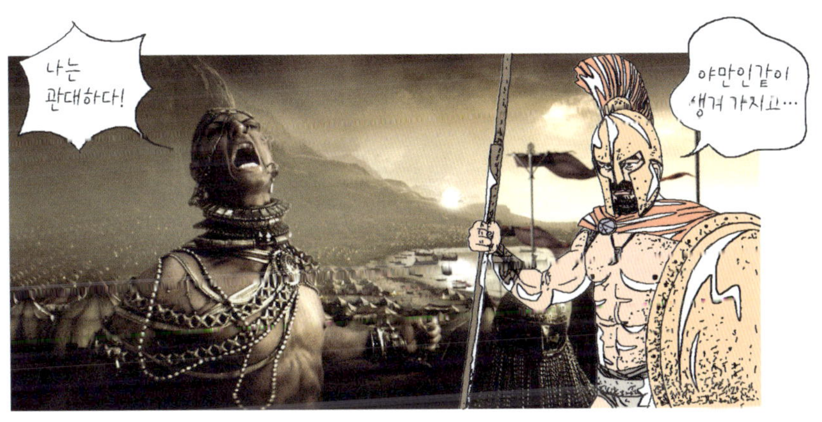

The Rings)도 그중 하나다. 〈반지의 제왕〉 제3편 〈왕의 귀환〉(The Return Of The King, 2003)에서는 중간계와 악의 군주 사우론의 마지막 대결이 펼쳐진다. 최후의 결전을 위해 곤도르 왕국으로 모여드는 어둠의 군대 중에는 한때 인도를 호령했던 무굴 제국의 전사를 연상시키는 매머드 부대가 끼어 있다. 무굴 제국 이미지의 전사들이 코끼리의 형상과 유사한 매머드 위에서 화살을 쏘며 전투를 벌이자 전세는 곧 악의 세력 쪽으로 역전된다. 이 매머드 부대의 야만적 위력은 화살을 쏘는 금발의 요정 레골라스와 드워프족 김리의 영웅적 활약을 더욱 돋보이게 하는 바탕이 된다.

영화 속에서 이 적들은 영락없이 '동양인'의 모습을 하고 있다. 인간뿐 아니라 요정, 호빗족에 드워프 등 가릴 것 없이 인간의 모습을 한 존재들이면 누구라도 중간계의 선한 편에 속하는데 오직 동양인들만은 악의 군대를 위해 싸우는 '악'이다. 동양을 서양인이 생각하는 이미지에 가둔 채 오해하고 폄하하는 태도, 즉 오리엔탈리즘이란 바로 이런 것이다.

이런 편견을 더욱 부추기는 영화적 배경이 또 있다. 할리우드 영화에는 신체적 기형을 악으로 보는 전통이 존재한다. 시각적인 것을 중시하는 영화의 특성상 선과 악을 신체의 차이로 환원하는 것이 일반적이기 때문이다. 할리우드 영화에서 주로 거인이나 왜소한 사람, 또는 괴물 같은 얼굴을 가진 인물들이 악당 역할을 하는 것은 다 그 때문이다. 악당이 손이나 발, 눈 하나가 없는 '괴물'로 표현되는 것은 가장 일반적인 선악의 구분법이다. 서양인들에게 자신들과 '다름'은 곧 악이다.

신체적 기형을 악으로 보는 서양인들의 전통에 그들과 생김이 다른 '인종'이 겹쳐진다. 이러니 자연스럽게 서양인만 인간이고 나머지는 괴물과 다름없다는 발상이 영화에 반영되게 된다. 〈반지의 제왕〉을 만든 감독 피터 잭슨의 다른 영화 〈킹콩〉(King Kong, 2005)이나 조니 뎁 주연으로 유명한 〈캐러비안의 해적〉(Pirates of the Caribbean) 시리즈에 나오는 폴리네시안 계통 사람들 역시 주인공의 눈에는 다른 인종이 아니라 그저 무섭고 수상한 타자이자 야만으로서의 악이었다.

덧씌워진 원시성과 야만성

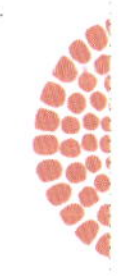

비서구 세계를 야만으로 보는 것은 서구인들의 전유물인가? 그렇다고 답하기 어려운 사례들을 우리 사회에서도 쉽게 찾아볼 수 있다. 몇 년 전에 등장했던 한 홈 쇼핑 광고가 이를 증명한다. 화면 속에서 창과 방패를 들고 있는 한 무리의 아프리카 전사들이 바삐 초원을 달려간다. 어디론가 달려가는 그들 옆을, 다른 아프리카 전사들이 빠른 속도로 앞서 간다. 자전거로 달리고 있었기 때문이다. 이 홈 쇼핑 광고에서 자전거는 삶의 질을 높이는 편리하고 유용한 도구를 상징한다.

그렇지만 여기서 주목할 것은 창과 방패를 들고 초원을 달리는 전사들의 모습이다. 광고가 최첨단 과학 기술과 거리가 먼 자전거 하나만으로 편리한, 진보와 발전의 의미를 표현할 수 있었던 것은 그 배경이 '아

프리카'였기 때문이다. 우리 머릿속에는 아프리카를 문명과 거리가 먼
야만 또는 자연으로 보는 시선이 작동하고 있다.

서구에서뿐 아니라 우리의 머릿속에도 수없이 많은 '타자'의 이미지
가 저장되어 있다. 우리에게도 실제와는 관계없이 어떤 문화나 국가의
특정한 측면만을 강조함으로써 왜곡된 이미지들이 강력하게 활동하고
있다. 실제보다 강력하고 과장되게 전달하는 대중 매체의 특성상, 한 번
시각적 이미지로 표현되면 사람들은 자신이 경험한 것이 아닌데도 마치
자신이 직접 경험한 것인 양 착각을 느낄 정도로 생생하게 기억한다. 특
히 영화나 광고를 통해 만들어진 이미지는 대단히 강력한 선입견으로
서, 그 문화의 나머지 부분이나 구성원들을 판단하는 잣대로 작용한다.

한 번 형성된 이미지는 살아 있는 것처럼 계속해서 확대되고 재생산
된다. 전통적 삶의 방식을 고수하는 아마존 부족을 다룬 다큐멘터리가
반향을 일으키면 그에 따라 광고, 개그 프로그램 등이 이를 모방함으로
써 실제와는 다른 이미지 자체가 생명력을 갖게 된다. 이때 낯선 타자에
대한 이미지는 보통 진지한 관심이 아니라 단순한 흥밋거리로 희화화
되거나 한순간의 웃음거리로 소비되는 경우가 더 많다. 이런 대중 매체
의 재현과 모방, 재생산이 우리 안에 타자에 대한 이미지를 만들고 소비
하게 한다. 이처럼 대중 매체를 통한 시각적 간접 경험은 우리에게 '경
험 없는 기억'을 만들어 내고 이 경험 없는 기억은 우리 안에서 나와 타
자를 구분하고 타자들을 어떤 위치에 배치해 놓을지 결정하는 기준 역
할을 한다.

　이 과정을 통해 우리는 아무런 책임감 없이 마음대로 그들을 우리 식대로 판단하고 평가한다. 더 나아가서 나도 모르는 사이에 그들을 조롱하고 멸시하게 되는 경우도 흔하다. 대중 매체에 등장하는 아프리카나 아마존 이미지가 결국은 모두 '미개'로 환원되는 것이 그 예다. 타자의 삶의 방식을 부정적 방식으로 조롱하지 않고 오히려 상찬하거나 미화한다고 해서 문제가 달라지는 것은 아니다.

　예를 들어 문명을 거부하는 소수 민족의 생활 방식을 현대인이 잃어버린 순수의 표상으로 미화하는 경우도 있다. 여기서도 여전히 타자의 삶은 실제에서 왜곡되고 그들은 우리가 마음대로 붙여 놓은 이미지에 따라 자신의 의사와는 관계없이 '분류' 된다. 이 분류는 언제나 나 또는 내가 지향하는 삶의 방식을 기준으로 이루어지기 때문에 우리는 분류가 이루어지는 사이 어느새 타자를 나보다 못한 존재로 규정하기 쉽다.

　여기서 우리가 간과하고 있는 것이 있다. 우리가 타자들을 우리 방식으로 이미지화하듯 우리 자신도 다른 이들에 의해 왜곡된 방식으로 비추어진다는 점이다. 과연 한국은 다른 문화권에서 어떻게 비칠까?

　외국인에게 한국에 대해서 떠올려 보라고 하면 세련되고 진취적인 이미지를 떠올리거나 우리가 자랑하고자 하는 모습을 기억해 주는 사람도 있겠지만 그렇지 않은 경우가 더 많지 않을까. 외국인들 중에는 한국 학교 식당에서 개고기를 주는 줄 알았다거나, 모두 전통적인 복장만 입고 다니는 줄 알았다고 말하는 사람들이 더러 있다.

　우리 사회가 타자를 불관용과 몰이해의 태도로 바라보는 만큼 이 불관용과 몰이해는 부메랑이 되어 그대로 우리에게 돌아올 가능성이 높다. 한국의 이미지로 전쟁으로 폐허가 된 국토와 부모를 잃고 울고 있는 전쟁 고아들, 일제 식민지로서의 낙후성과 무능력, 개고기를 먹는 야만성까지 거론되면 이는 우리에게 또 다른 폭력으로 다가온다. 외국인들이 우리와 관계없거나 과거의 이미지를 우리에게 부여할 때 이에 대응할 방법을 찾기 어렵다. 우리를 어떻게 분류할지는 그들의 몫이기 때문이다. 우리가 '개고기를 먹는 야만인'으로 평가받는 것이 부당하듯 아프리카인에게 무지한 부시맨이나 야만적인 식인종 전사의 이미지를 덧씌우는 것 역시 부당하다.

야만성뿐 아니라 순수성으로 포장하는 것도 문제다. 텔레비전에서 가슴을 노출한 아프리카나 동남아시아 소수 민족, 남미 여인의 모습을 쉽게 볼 수 있다. 사람들은 이에 대해 크게 거부감을 갖지 않는다. 이들의 노출이 받아들여질 수 있는 이유는 그들의 몸이 아직 서구 문명의 때가 미치지 않은 순수한 자연의 생명력으로 여겨지기 때문이다. 야만스럽지만 건강하고 순수한 이미지로 받아들여지는 것이다. 그런데 만일 서양인이나 우리나라 여성들의 가슴이 방송에 노출되었다면 어땠을까? 아마도 큰 방송 사고가 되었을 것이다. 이들의 노출은 자연성이 아니라 선정성으로 받아들여졌을 것이기 때문이다. 이 태도의 차이는 이성, 정신으로 대표되는 서양과 육체로서의 자연성, 야만성으로 대표되는 동양이라는 이분법이 작동한 결과로부터 나온 것이다.

여기에는 서양을 기준으로 문화를 이분화하는 논리가 깔려 있다. 서양식 근대화를 이룬 사회는 문명 세계이며, 서양식 근대화의 세례를 받지 못한 사회는 야만적 세계라고 여기는 발상이다. 이런 이분법적 논리가 동양에 대한 서양의 편견, 즉 오리엔탈리즘의 바탕이 된다. 제국주의 시기에 서양인들은 자원을 착취하고 자신들의 상품을 팔 수 있는 시장을 확보하기 위해 바깥 세계로 진출했다. 이 당시에 서양인들은 새로운 정복지로서의 동양을 연구하기 위해 동양에 관한 지식 체계, 즉 동양학을 만들었다. 이를 통해 서양인들은 서양을 문명으로, 동양을 야만으로 규정한 뒤 서양 문화를 진정한 문명의 표준으로 내세웠다. 이 과정에서 동양인들을 열등한 타자로 바라보는 방식, 동양을 지배하고 통제하기 위한 지적 체계가 만들어졌다. 이로부터 형성된 동양에 대한 서양의 왜곡된 태도가 오리엔탈리즘이다.

동양을 비롯한 비서구 세계에 대한 서양의 자기중심적 배치는 과거 제국주의 시대만의 전유물이 아니다. 세계의 자본과 노동력이 얽히고 국경의 구분이 사라진다는 요즘에도 여전히 배치는 계속되고 있다. 잎에서 본 할리우드 영화들이 그런 경향을 자연스러운 것으로 받아들이도록 만드는 중화제 역할을 한다. 그래서 이런 사실이 우리 눈에 잘 포착되지 않는다. 서양인의 시각에서 만들어진 대중문화를 보며 자랐기 때문에 은연중에 우리도 그들의 눈으로 세상을 보고 있기 때문이다.

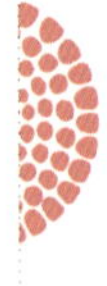 우리 안의 오리엔탈리즘

국내에서 일어난 인종 차별 사건이 언론에 보도된 일이 있었다. 버스에서 한 인도인이 한국인으로부터 아무런 이유도 없이 더럽고 냄새난다며 인종 차별적 모욕을 받고 이를 고소한 일이다. 국내 대학에 연구 교수로 재직 중이었던 이 인도인은 경찰서에서조차 모욕을 당했다고 한다. 한국인과 함께 동행했음에도 불구하고 경찰은 전화 한 통화로 끝날 신원 확인조차 하지 않은 채 신분을 밝히는 인도인의 말을 믿지 않았고 심지어 가해자인 한국인에게는 존대를, 인도인 교수에게는 반말을 사용했다고 한다. 이 사건은 우리 사회에 인종 차별이 어떤 식으로 내면화되어 있는지를 잘 보여 준다.

언론에 노출되지 않고 사람들 입에 오르내리지 않을 뿐 이런 일이 우리 주변에서 특별하지 않다는 것은 누구나 아는 사실이다. 고소당한 남성처럼 입 밖으로 내지는 않더라도 영어를 쓰지 않는, 피부색이 다른 사람들을 우리가 어떤 식으로 바라보고 평가하는지는 굳이 객관화시킬 필요가 없을 만큼 부끄럽게 우리 안에 고정되어 있다.

보통 우리는 '인종 차별'이란 미국이나 유럽 이야기일 것이라고 생각한다. 그러나 우리처럼 오리엔탈리즘이 이중적으로 꼬여 있는 곳일수록 인종 차별이 겉으로 드러나지 않아 더욱 위험하다.

우리 사회에서 왜곡된 오리엔탈리즘의 예를 쉽게 찾을 수 있다. 한국 사회는 이미 상당수의 이주 노동자가 함께 살아가는 다국적 사회가 되어 가고 있다. 그러나 우리가 이주 노동자로 부르는 사람들은 정해져 있다. 우리 눈에 이주 노동자는 필리핀, 베트남, 미얀마 등 동남아시아인들이나 국적에 관계없이 동양인이거나 피부가 검은 사람들뿐이다. 그런 의미에서 우리 사회에서 '외국인 노동자'는 차별적 표현이다. 영어 학원의 원어민 강사를 이주 노동자로 생각하지 않는다는 점이 이를 잘 보여 준다.

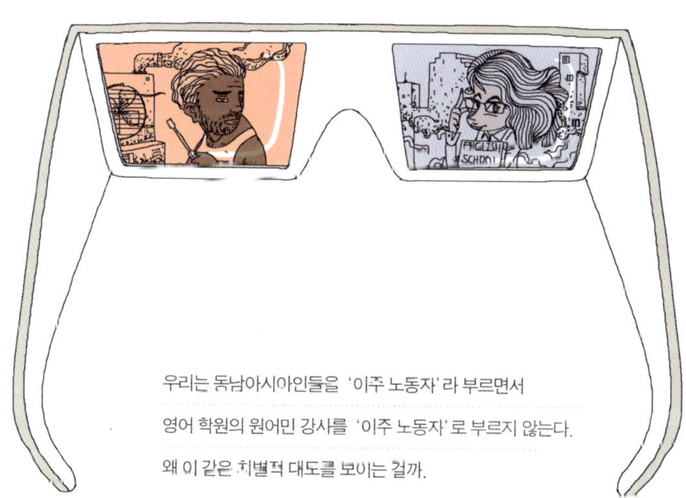

우리는 동남아시아인들을 '이주 노동자'라 부르면서
영어 학원의 원어민 강사를 '이주 노동자'로 부르지 않는다.
왜 이 같은 차별적 태도를 보이는 걸까.

우리와 피부색이 다른 이주 노동자들의 대부분이 인권 유린과 저임금을 경험한다. 욕설과 구타 등 일상적으로 차별적 대우를 받는 이들도 흔하다. 심지어 길거리를 무리지어 지나가기만 해도 한국 사람들은 경계의 눈빛으로 그들을 바라본다. 그들이 우리 사회의 이방인일뿐더러 가난하고 무지해서 어떤 범죄를 저지를지 모른다고 생각하는 경우도 많다. 그들은 오로지 피부가 검고, 우리보다 가난한 나라에서 왔다는 이유로 한국 사회에서 폭력과 차별을 받는다.

우리는 각각의 문화를 그대로 인정하자는 문화 상대성을 주장하면서도 우리보다 열등하다고 생각되는 타자는 오리엔탈리즘적 시선으로 바라보는 이중적 태도를 가지고 있다. 이미 서양의 시선에 의해 배치된 우리가 서양 중심의 오리엔탈리즘을 내면화해 우리 밖의 타자를 우리 방식대로 재배치한 것이다. 이런 식의 이중적 오리엔탈리즘을 쉽게 확인할 수 있는 예가 있다. 한국 사람을 흥분시키는 개고기 논쟁이다.

물론 개고기 논쟁이 시작된 것은 서구인들이 우리 고유의 식문화를 이해하지 못하고 개를 가족의 일원으로 보는 자신들의 문화로 우리를 판단했기 때문이다. 이런 비판을 받을 때 우리는 쉽게 이들이 문화의 상대성을 이해하지 못하는 편협한 자문화 중심주의 또는 서구 문화만을 보편적으로 보고 다른 문화를 열등하게 보는 서구 중심주의에 빠져 있다고 비판한다. 그러나 과연 우리가 이런 비판을 할 자격이 있을까? 우리가 과연 문화의 상대성을 바탕으로 다른 문화에 대한 관용과 이해를 주장할 자격이 있을까? 서양의 시선에 따라 왜곡된 동양의 이미지를 우리가 우리 사회 속 타자에게 그대로 재배치하여 적용하면서 몰이해와 불관용을 보이는 이유는 무엇일까?

우리 자신이 억지로 서구식 근대화의 과정을 겪은 식민지였으면서 동시에 그 서구식 근대화를 통해 다른 나라보다 더 빨리 부를 축적하면서 서구 세계에 가까워진 사회라는 점도 한 이유가 될 것이다. 서양은 극복의 대상이지만 동시에 동경의 대상이었고, 그 극복과 동경 사이를 오고 가는 사이에 우리는 자기에 대해서는 관용을 요구하면서 우리보다 못한 타자에 대해서는 폭력을 저지르는 이중적인 태도를 가지게 된 것이다.

나름의 고유한 역사와 문화를 유지해 온 다른 문화 또는 국가의 이미지를 내 기준으로 배치하는 시선은 당사자들에게 대단히 폭력적이다. 타자를 정복의 대상으로 보건, 보호하고 감싸야 할 연민의 대상으로 보건 결과는 크게 다르지 않다. 그 누군가의 시선에 배치당하는 대상이 되는 한, 이 '타자'들은 누군가의 시선에 의해서만 의미를 갖게 되는 일종의 수동태가 되기 때문이다. '타자'들은 그들의 원래 모습과 관계없이 언제나 '그리해야' 한다. 우리의 시선이 그들의 위치와 의미를 박제하듯 배치했기 때문이다.

동남아시아나 아프리카 등 서구식 근대화의 세례를 덜 받은 곳을 '더럽고 부패하고 위험한 곳'으로 보는 시각은 과거 우리 사회가 일본이나 서양인들에게 받았던 시선과 크게 다르지 않다. 우리에게 향한 타자의 불관용에 대해서는 문화 상대성을 강변하고 목소리를 높이면서도 우리

가 타자에 가하는 폭력적 불관용과 몰이해에 대해서는 눈을 감아 버리
는 것이 우리의 부끄러운 모습일지 모른다.

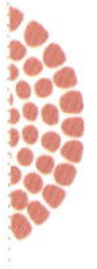 새로운 식별 코드, 다문화 가정

우리와 함께 살게 된 다양한 국적의 이주자들을 포용하고 어울려 살
아야 한다는 사회적 반성이 없는 것은 아니다. 결혼을 통해 국내에 들어
온 결혼 이주자들, 일거리를 찾아 우리나라에 온 이주 노동자들이 인구
의 상당 비율로 올라서자 이들과 어떻게 공존할지는 한국 사회의 과제
가 되었다. 특히 인권 사각지대에 놓인 이주자들이 많기 때문에 대한민
국이 국제적으로 얼굴을 들 수 있는 최소한의 법치 국가, 민주 국가의 반
열에 들기 위해서라도 이주 노동자들의 인권에 대해 간과할 수 없는 상
황에 이르렀다.

우리 사회에서 더 복잡한 문제로 나타나는 것이 결혼 이주자와 그들
의 자녀들이다. 일정 시간이 지나면 본국으로 돌아가는 이주 노동자들
과는 달리 결혼 이주자들은 한국 사회에 뿌리내려야 하는 존재고, 특히
자녀들은 한국인으로서 살아야 하기 때문에 국가적이고 사회적인 지원
이 반드시 필요하다. 초기에 비해 사회적 혜택과 제도가 늘어난 것도 사
실이다. 결혼 이주자가 많은 지자체들은 별도로 다양한 지원책을 마련
하고 있다. 한글을 가르치거나 지역 주민과 자매결연을 맺게 하는 등 우

리 사회의 구성원으로 받아들이려는 노력이 이루어지고 있다. 그러나 역시 우리에게는 그들을 구분하는 철저한 분류표가 존재한다. 우리의 근본적인 인식이 잘 드러난 것이 우리가 사용하는 '이름'이다.

'외국인 며느리'라는 말을 예로 들 수 있다. 일상적으로 사용되고 있는 이 말에 무슨 문제가 있을까? 결혼을 통해 국내에서 살게 된 이주 여성들을 '외국인 며느리'로 부르는 것은 그들에게 한국식 가족 모델을 일방적으로 강요해서 그 여성의 삶을 어느 집안의 며느리로 한정하는 결과를 가져온다. 독립적인 인격체로서의 가족 구성원이 아니라 누군가의 며느리, 아내, 엄마 노릇으로 한정하는 것이다.

유명인의 가족이 아닌 경우 보통 자신을 누군가의 며느리로 소개하는 한국 여성은 없을 것이다. 누군가의 며느리라는 것이 그 여성의 가장 근본적인 정체성을 결정하는 것은 아니기 때문이다. 그러나 유독 결혼 이주자들에게 그것도 영향력이 큰 공중파 방송에서도 여전히 이들을 외국인 며느리로 '분류'한다는 것은 반성의 여지가 있다.

이주 노동자나 결혼 이주자들의 자녀에 대해서도 마찬가지다. 이 아이들 역시 우리에 의해 간단히 분류된다. '다문화 가정'이라는 말이 새로운 식별 코드다. 근래 결혼 이주자의 자녀들을 위한 행사들이 많아지고 있다. 지원과 혜택, 프로그램이 많아진다는 것은 반가운 일이다. 그러나 이런 행사에 참가하는 아이들은 '다문화 가정'이라는 꼬리표를 달게 된다. 어떤 결혼 이주자 여성은 처음에는 이런 변화가 반가웠지만 결국 자신의 아이들에게 '다문화 가정 자녀'라는 꼬리표를 붙이는 게 아닌가 하는 생각이 들어 씁쓸했다고 한다.

　결혼 이주자 가정의 아이들을 다문화 가정으로 분류하면서 '그들'을 위한 행사와 제도를 마련할 때 과연 이것이 궁극적으로 사회 통합에 득이 될지 진지하게 고민해야 한다. 특정한 상황의 사람들을 '분류'하고 혜택을 준다는 발상으로는 결코 '우리'와 '그들'은 하나가 될 수 없다. '그들'은 여전히 우리보다 못한, 우리가 시혜를 내려야 할 존재에 불과하게 되고 그들을 바라보는 우리의 시선 역시 변하지 않을 것이다. 이런 식의 분류에 의해 순혈주의는 반복 재생산되고 우리 안의 오리엔탈리즘은 경제적 능력에 따라 사람을 평가하는 천민자본주의적 사고방식과 결합해서 더욱 집요하고 강력해질 가능성이 있다.

　중요한 것은 '그들'을 돌보는 것이 아니다. '그들'에게 시혜를 베푸는 것은 더더욱 아닐 것이다. 특정한 상황의 사람들을 하나의 코드로 분류해 혜택을 주겠다는 발상으로는 한계가 발생할 수밖에 없다. 여전히 그들을 밖에 세워 두는 것이기 때문이다. 우리의 질문은 이 지점에서 시작된다. 섞여 사는 법, 구분도 분류도 하지 않고 피부색이나 경제력으로 평가하지 않고 타인과 공존하는 법을 어떻게 배울 수 있을까? 어떻게 하면 서로 다른 전통과 문화에서 성장한 사람들이 갈등 없이 투쟁 없이, 누군가를 내 밑으로 내려놓으려는 독선 없이 공존할 수 있을까? 답을 말하기는 어렵지만 적어도 한 가지만은 분명하다. 타자에 대한 관용과 이해는 타자를 위한 것이 아니라 우리 자신을 위한 것이라는 사실이다.

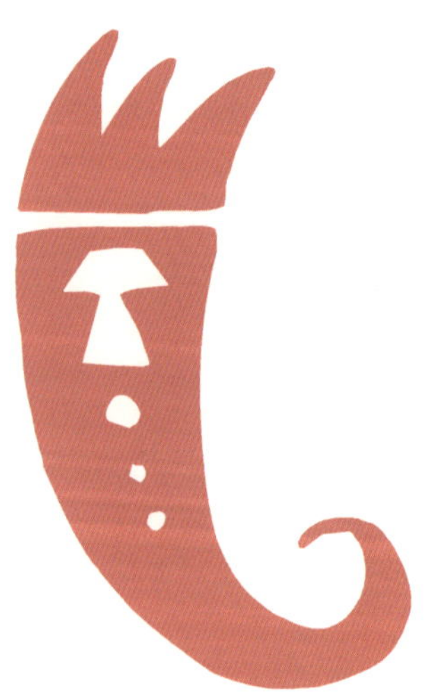

역사 교과서는 아니지만 때때로 전쟁 영화는 인간의 광기와 그 광기에 대한 인간적 대응을 보여 줌으로써 자신의 존재 가치를 증명하기도 한다.

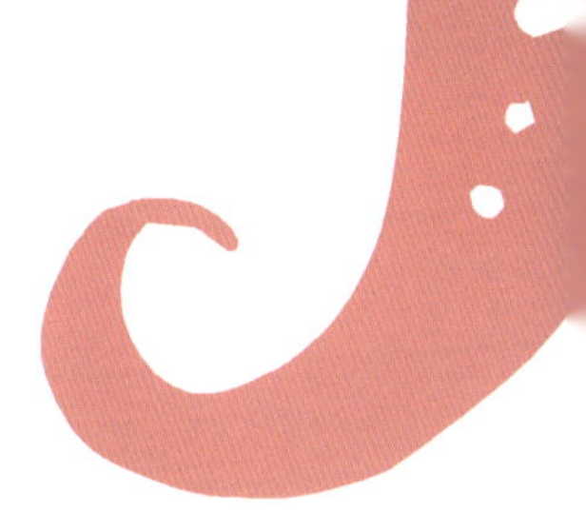

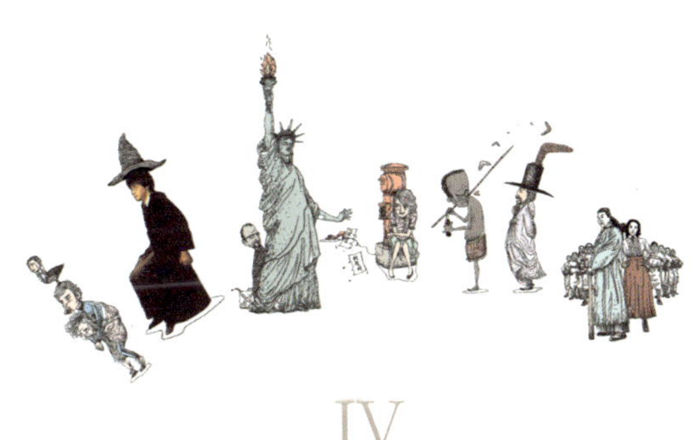

IV

지구 단위로 생각하기

10

근대, 따를 것인가 넘어설 것인가?

근대와 우리 안의 서양

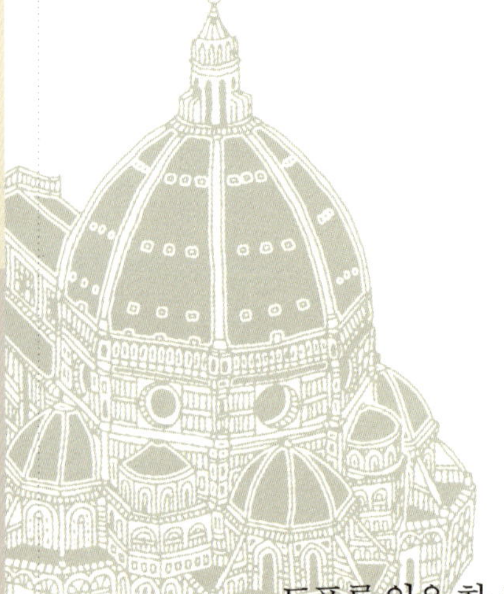

도포를 입은 한 사내가 자전거를 타고 달린다. 야구 시합에 나가기 위해서다. 일본군과 조선인들과의 시합은 이미 시작되었고, 팀의 에이스인 이 사내는 시합에 나가지 않으려던 마음을 바꾸어 고향에서 황성까지 급히 올라가는 중이다. 야구라는 서양 스포츠를 처음으로 접한 조선인들의 이야기를 다룬 영화, 〈YMCA 야구단〉(2002)의 한 장면이다.

영화의 시점은 1905년, 조선이 일본에 의해 굴욕적인 을사조약 체결을 강요당하고, 국권을 상실하기 직전이다. 주인공인 호창은 과거 시험을 준비하던 평범한 선비였지만 어느 날 그는 삶의 목표를 잃고 만다. 갑오개혁으로 인해 과거 제도가 사라졌기 때문이다. 한때는 조정의 관료였지만 개화 세력에 밀려난 호창의 아버지는 코흘리개나 가르치는 훈장 신세가 되어 버렸고, 호창의 형은 의병이 되어 집을 떠난 지 오래다. 암행어사가 꿈이었던 호창 역시 지금은 그저 동네 친구들과 돼지 오줌보나 차는 무료한 백수 신세다. 삶의 방향을 잃고 헤매던 것은 호창의 가족만이 아니었을 것이다. 조선의 20세기는 그렇게 암울하게 시작되고 있었다.

어느 날 호창의 인생을 바꾼 사건이 찾아온다. 우연히 서양 선교사들이 하는 이상한 공놀이를 보게 된 것이다. 신교사들은 자기들이 하는 놀이를 '베쓰볼'이라고 불렀다.

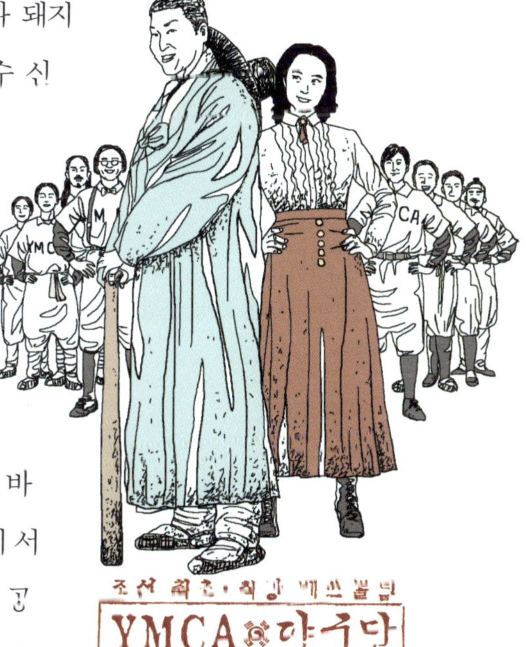

우리나라에서는 1905년 YMCA 미국인 선교사 필립 질레트에 의해 야구가 처음으로 소개되었다.

호창은 이들을 통해 베이스볼, 즉 야구를 처음으로 경험한다. 게다가 공 놀이를 하던 이상한 서양인 무리 중에는 서양식 양장을 입고 선교사들과 나란히 대화를 나누는 이른바 '신여성'이 있었다. 조선인 야구단을 만들겠다며 사람들을 설득하러 다니는 신여성 민정림을 처음 본 순간 호창은 이 낯선 차림의 여성에게 마음을 빼앗겨 버리고 만다.

새로운 서양 운동 '베쓰볼'에 대한 호기심, 신여성 민정림에 대한 관심까지 겹쳐 호창은 낯선 세계에 발을 들인다. 호창뿐 아니라 여기저기서 사람들이 모여든다. 양반 자제는 물론이고, 머슴이었던 시장 상인, 친일파의 아들에 일본 유학파, 그리고 쌍둥이 소년들까지, 한마디로 조선의 '군상'들이 야구라는 낯선 세계로 발을 들인다. 조선인 최초의 야구 클럽 황성 YMCA는 처음에는 오합지졸에 불과했지만 점차 팀으로서의 진용이 갖추어지게 되고 후에는 천부적인 홈런 타자인 호창을 앞세워 일본인 클럽 팀을 연파하는 황성 제일의 야구단이 된다.

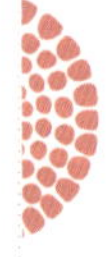 병원, 학교, 교회의 트라이앵글

영화 속에서 호창의 아버지가 전통적인 조선 사회를 상징한다면 서양식 옷을 입고 영어를 구사하는 신여성 민정림은 서양식 근대를 상징한다. 선비로 살기 원하는 아버지의 뜻을 어기고 싶지 않지만 야구도 하고 싶은 호창은 전통과 근대 사이에 낀 갈등의 인물이다. 호창뿐 아니라

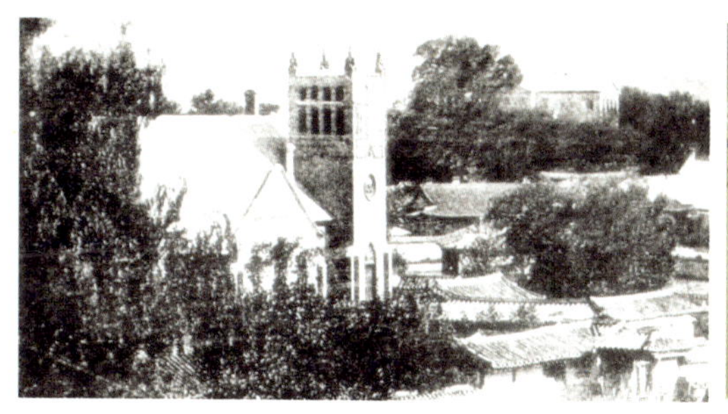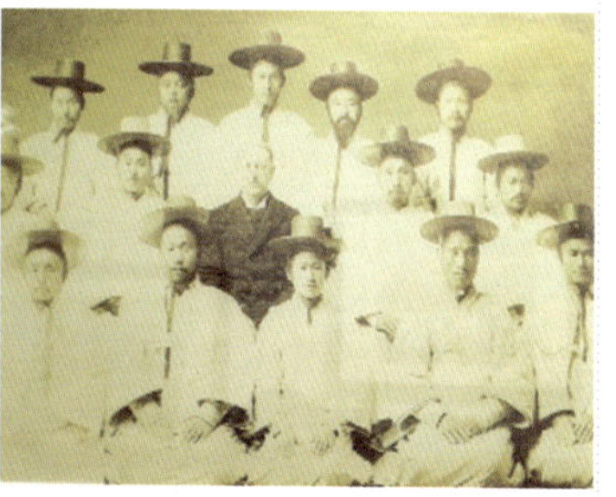

1900년대 서울에 있는 미국 감리 교회 모습(왼쪽)과 인천내리교회 존슨 목사와 신학생들의 사진(1899~1906).

조선인들에게 야구는 단순히 낯설고 신기한 놀 거리가 아니었다. 그것은 발전된 서양 문물, 즉 일종의 근대적 상징이었다. 이처럼 영화 속 조선의 수도 황성은 기존의 가치관과 근대적 가치관, 문물이 충돌하던 곳이었다.

근대 문명은 조선에 없던 것들을 통해 조선인들의 호기심과 인식의 변화를 이끌었다. 일본이 전차, 전화와 같은 신문물을 통해 조선인들에게 자신들의 힘과 능력을 과시하고자 했다면 미국 선교사들은 조선인들의 인식과 태도를 근대화하고자 했다.

선교를 바탕으로 한 강한 사명감으로 조선에 들어온 미국인 선교사들은 서양식 병원과 학교, 그리고 교회를 세우며 조선인들에게 서양의 근대 문물과 사상, 세계관을 소개했니. 이들에게 조선은 무지몽매한 타자였고 신으로부터 부여받은 그들의 사명은 낙후된 조선에 문명의 빛을 전하고 '인간다운 삶'을 살도록 계몽시키는 것이었다. 이 과정은 자신들의 생활 세계를 조선 안에서 재현하는 방법으로 나타났다. 병원과 학교, 서양식 스포츠가 점점 일반화되었다.

조선인들은 병이 났을 때 왜 굿을 하면 안 되는지 이해할 수 없었지만 곧 서구 근대 의학의 능력에 익숙해지기 시작했다. 이후 이른바 ‘문명’이 ‘야만’을 압도해 나가기 시작한다. 낯선 야구에 사람들이 하나둘씩 모여들기 시작하듯 조선인들은 서양적인 것들에 조금씩 익숙해지기 시작했다.

일본이 강제로 조선을 병합한 뒤 근대 세계는 더욱 전폭적으로 조선 위에 덧씌워졌다. 일본이 본격적으로 근대적 문물을 조선에 도입하자 근대 문명이라는 폭류는 조선인의 삶을 바꾸어 나갔다. 서울 한복판을 전차가 다니기 시작했고 일본인 거주지 명동에 백화점이 들어섰으며 전화가 놓이기 시작했다. 자의건 타의건 ‘근대’가 도래한 것이다. 일반적으로 ‘근대’ 또는 ‘근대성’이란 인류 전체가 추구해야 할 보편적인 이념으로 여겨진다. 이 경우 ‘근대’는 유럽이 특정 시대에 이룬 역사적 결과가 아니라 인간 사회 전체가 추구해야 할 보편적 목표라는 의미를 갖게 된다. 이 점이 문제다. 근대화에 먼저 성공한 서구 열강이 자신들의 사회 체제와 방식을 인류 전체가 따라야 할 모범과 표준인 것처럼 다른 문화권에 강요하고 적용했기 때문이다.

한편 새로운 시장에 대한 서구 열강의 야욕 앞에서 조선인들의 위기 의식은 ‘문명개화’라는 방향으로 표출되었다. 문명을 향한 개화는 조선인들에게 미래를 향한 근대 국가의 건설 과정이었고, 근대화된 서구 열강과 경쟁할 수 있는 부국강병의 길로 여겨졌을 것이다. 그러나 우리 자신에 대한 반성과 서구 열강의 야욕에 대한 근본적인 비판이 이루어지지 않은 상태에서 개화라는 이름으로 진행된 서구의 모방은 단순히 근대적 제도나 문물을 지향하는 제국주의와 자본주의의 이식에 지나지 않았다. 게다가 이 과정은 계몽과 진보라는 이름으로 먼저 발전을 이룬 근대적 서구 세계로 낙후된 비서구 세계를 '계몽'한다는 명분으로 이루어졌기 때문에 실질적 위험성을 실감하지 못한 사람들이 많았다.

이처럼 근대와 서양을 동일시해서 추종하는 태도는 당대 동아시아의 많은 지식인들이 빠졌던 지적 오류였다. 그들은 서양이 이룬 근대화가 인류 전체가 추구해야 할 보편타당한 목표라고 믿었기 때문에 서양이 이룩한 발전상들 이른바 '근대적 문명'을 자기 나라가 추구해야 할 궁극적인 지향으로 삼았다. 그러나 이는 결국 아무런 매개 없이 서구를 자신들에게 덮어 쓰는 일방적 과정에 지나지 않았다. 따라서 동아시아인들은 자신들을 지탱해 온 모든 가치와 신념, 제도와 문물을 스스로 반대하고 바꾸려는 자기 부정에 빠지게 된다. 조선인들 역시 전통을 스스로 비하하는 자기 부정으로 움직이는 폭주 기관차에 탑승한 것이나 마찬가지였다.

그렇다면 조선은 서구식 근대화에 반대하고 이른바 '전통'을 유지했어야 할까? 그러나 이런 생각은 일종의 결과론에 불과하다. 세계가 힘의 논리에 따라 서구식 발전 방향에 따르게 된 것이지 그 방향이 더 옳거나 가치 있다는 것은 아니다. 이미 서구화된 세계 속에서 형성된 가치관과 논리로 우리의 과거를 본다면 우리의 과거가 낙후되고 무능력히게 보이는 것은 당연할 것이다.

모든 사회는 나름의 고유한 내적 발전의 구조와 힘을 가지고 있다. 그 내적 발전의 구조와 힘을 우리는 전통이라고 부른다. 어떤 사회에도 고유한 전통이 있고, 모든 변화와 발전은 그 위에서 혁신을 이룬 것이다. 서구 역시 마찬가지다. 그러나 일제의 침략으로 스스로를 모두 부정해야 했던 우리의 입장에서, 전통은 발전의 토대가 아니라 극복해야 할 과거에 불과하게 되었다. 만일 우리가 외부 세계와 대등하게 소통하면서 우리 전통 위에서 나름의 혁신을 이루었다면 지금과는 다르다 할지라도 나름의 의미 있는 발전을 이룰 수 있었을 것이다.

이처럼 전통과 근대를 대립적인 관계로 보는 것은 우리가 빠지기 쉬운 함정이다. 서구의 근대가 비서구 세계의 '전통'과 긴장 관계를 이루었다고 보면 전통은 언제나 근대보다 낮은 단계 또는 열등한 단계에 자리하게 된다. 따라서 서구식 근대화를 통과하지 않았다 해서 우리가 3등 국가가 되었을 거라는 생각은 지나친 자기 비하일 가능성이 높다. 이런 관점에 서면 모든 것이 결과론적으로 보이고, 우리의 선택도 자명한 것으로 보일 뿐이다. 역사를 결과론의 입장에서 재구성하는 것은 경계해야 할 시선 중 하나다.

그렇다면 우리에게 숙제가 남는다. 전통의 편에도 근대의 편에도 쉽게 정착하기 힘든 우리의 복잡한 역사적 경험을 어떻게 바라보아야 할까? 타율적 근대화를 이루었던 20세기 초반의 조선은 우리에게 어떤 의미인가? 전통과 근대가 교차하는 이국적 공간에 살았던 사람들의 다양한 시대 인식과 좌절된 꿈 그리고 새로운 시대에 대한 기대를 어떻게 바라보아야 할까?

강제적인 병합에 이어 일제의 조선 개조가 본격적으로 진행되고 근대 문물의 이식이 엄연한 사실로서 일상화되면 〈YMCA 야구단〉 속 황성은 어느 사이 일본이 지은 새 이름 '경성'으로 바뀌게 되고, 경성은 양복을 입고 전차로 출근하고 명동의 일본 백화점에서 쇼핑을 하는 낯선 듯 일상적인 생활 공간으로 변모하게 된다. 1930년대, 강제 병합 전후에 태어나 식민지 이전의 조선을 경험한 적 없는 새로운 세대, 즉 '모던 보이', '모던 걸'들이 종로와 명동 거리를 채우게 되면 우리의 근대 경험은 더욱 복잡한 성격을 띠게 된다. 조선도 일본도 아닌, 나라가 없는 것도 있는 것도 아닌 낯선 이종의 조합. 무엇이라 규정할 수 없는 정체불명의 1930년대 경성이 우리에게 말하는 것을 들어 보자.

무국적의 이종성(異種性)을 즐겨라, 영화 속의 경성

낙엽 타는 냄새같이 좋은 것이 있을까? 갓 볶아 낸 커피의 냄새가 난다. (중략) 백화점 아래층에서 커피의 알을 찧어 가지고는 그대로 가방 속에 넣어 가지고, 전차 속에서 진한 향기를 맡으면서 집으로 돌아온다. 그러는 내 모양이 어린애답다고 생각하면서, 그 생각을 또 즐기면서 이것이 생활이라 느끼는 것이다.

싸늘한 넓은 방에서 차를 마시면서 그제까지 생각하는 것이 생활의 생각이다. 벌써 쓸모 적어진 침대는 더운 물통을 여러 개 넣을 궁리를 하고 방구석에는 올겨울에도 또 크리스마스트리를 세우고 색 전등도 장식할 것을 생각하고 눈이 오면 스키를 시작해 볼까 하고 계획도 해 보곤 한다. 이런 공연한 생각을 할 때만은 근심과 걱정도 어디론지 사라져 버린다. 책과 씨름하고 원고지 앞에서 궁싯거리던 그 같은 서재에서 개운한 마음으로 이런 생각에 잠기는 것은 참으로 유쾌한 일이다.

낙엽 타는 냄새에서 백화점에서 갓 볶아 온 커피 향을 느끼며, 크리스마스트리를 장식할 생각과 새롭게 스키를 배울 계획을 세우는 이런 삶을 부러워하는 이들이 많을 것이다. 여유 있고 세련된 사람이 블로그에 올린 글의 한 대목처럼 보인다. 그러나 이 글은 일제 시대에 태어나 활동하다 해방이 되기 전에 세상을 떠난 '메밀꽃 필 무렵'의 작가 이효석(1907~1942)이 1930년대에 쓴 수필이다. 도회적이고 세련된 분위기의 이 수필의 작가가 가장 한국적이며 토속적인 소설로 평가받는 〈메밀꽃 필 무렵〉의 작가라는 사실을 알게 되면 재미있기도 하고 어리둥절하기도 하다.

소설가 이효석은 대표작의 이미지와 실제 작가의 삶 사이의 괴리가 큰 소설가 중 한 사람일 것이다. 작가의 고향인 강원도 봉평을 무대로 한 단편 〈메밀꽃 필 무렵〉은 오랫동안 한국을 대표하는 문학 작품으로 사랑받아 왔다. 소박한 시골 장터와 장돌뱅이의 삶, 달빛 아래 소금을 뿌려 놓은 듯 흐드러진 메밀꽃의 묘사가 주는 소박하면서도 정겨운 이미지는 '이런 게 한국적인 것이다.'라고 단언할 수 있을 만큼 자연적이고 토속적이다. 그러나 실제 이효석은 영문학을 전공한 영문학도로서, 누구보다 서양과 일본을 빨리 수용한 모던한 도시인이었다. 그는 갓 구운 빵을 파는 '카레코'라는 일본인 빵집과 18세기 독일 작가 실러(Schiller)의 초상화가 걸려 있던 '동'이라는 찻집의 단골이었으며, 택시를 대절해 재즈 가수의 공연을 보러 가던 음악 마니아였고, 백화점에서 사 온 원두를 직접 갈아 커피를 내려 마시고 월부로 구입한 야마하 피아노로 모차르트와 쇼팽을 연주하던 1930년대 '모던 보이', 즉 근대적 도시인이었던 것이다.

이효석 같은 인텔리 지식인들이 배회하던 1930년대 경성은 조선 왕조의 오랜 수도에 백화점과 커피, 크리스마스트리와 스키가 덧씌워진 기이한 무국적의 공간이었다. 일제의 식민지였다는 어둡고 불온한 그림자와 일본인 유흥가의 네온사인이 겹쳐져 만들어진 기이한 빛이 요사이 새롭게 주목되고 있다. 1930년대 경성은, 과거를 돌아보고 '복고'라는 시간성 자체를 상품으로 팔 정도로 팽창해 있는 한국 대중문화가 21세기에 발견한 문화적 상상력의 신천지다.

확실히 근래 식민지 조선의 풍경에 대한 대중적 재현은 일제 시대에 대한 종래의 묘사와는 확연히 구분된다. 수탈과 억압, 강제 징용과 독립운동으로 대변되던 어두운 자기 반영에서 벗어나 그 시대를 다른 각도에서 보려는 변화가 나타나고 있다. 대중문화가 어둡고 암울한 민족적 고통의 강박에서 벗어나 전차를 타고 백화점에 가서 볶은 커피를 사 오고 겨울에 스키를 타러 갈 계획을 세우던 낯설고 이국적인, 그러나 역시 우리의 과거인 30년대 경성의 풍경을 상업적으로 재현하기 시작한 것이다. 고통의 강 위로 흐르는 매혹적이고도 퇴폐적인 이국풍과 경험하지 못했음에도 어쩐지 추억할 수 있을 듯한 익숙함. 얼마나 재미있고 이야깃거리가 풍부한 배경인가.

사실 우리는 1930년대 서울을 '경성'이라고 부르는 순간 이미 어떤 시선에 포착되어 있는 것이나 마찬가지다. 경성이라는 말 자체가 일제의 식민 정책의 일환으로 개명된 것이기 때문이다. 한강의 북쪽이라는 의미의 '한양', 신라 때부터 유래한 '서울', 나아가 청나라식 표기법인 '한성' 등 서울의 역사와 전통을 지우기 위해 일본은 1910년 조선의 수도를 도읍(京)의 성(城)이라는 의미에서 '경성'이라고 부르기 시작했다. 따라서 소설, 영화, 드라마 등 대중문화가 스토리와 사건의 공간으로 '경성'을 포착한다는 것은 이미 일본이라는 창으로 이 시대, 이 공간을 바라보는 것이라는 암묵적인 전제가 깔리게 된다.

21세기 대중문화에 의해 발견된 공간 '경성'은 그래서 우리에게 복잡한 심경을 일으킨다. 새로운 것에 대한 동경과 파괴되는 것에 대한 두려움이 공존하던 시기, 강자의 자기 과시라는 것을 알면서도 동경할 수밖에 없는 모순 앞에서 사람들은 각기 다른 태도를 취했을 것이다. 어떤 이는 비분강개하며 독립운동에 뛰어들었고 어떤 이는 무기력을 느끼며 무직자로 도시를 배회했을 것이며 또 어떤 이는 현실에 순응해 시대를

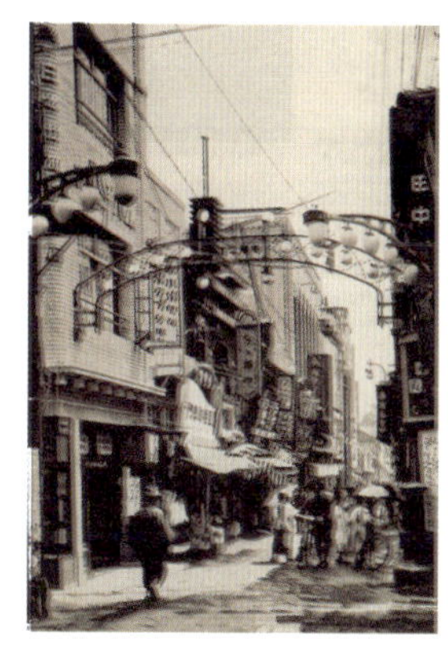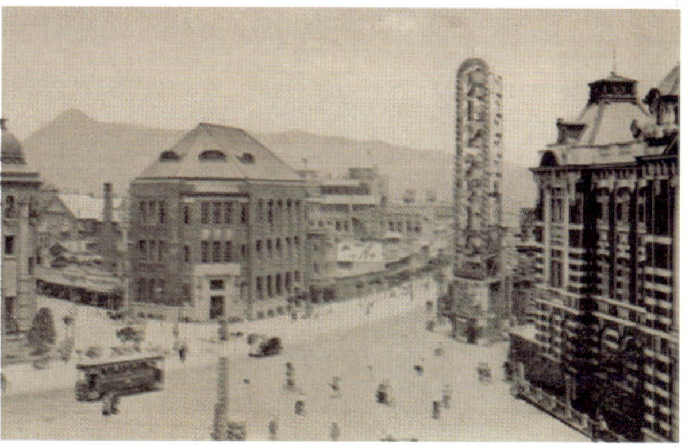

왼쪽부터 1930년대 경성 거리와 조선은행 앞 광장.

누리며 살실을 노색했을 것이다. 이 태노의 '자이'는 영화에서 사사의 독특하고 입체적인 캐릭터를 만들어 낼 수 있는 바탕이 된다. 영화 〈모던 보이〉(2008)의 주인공, 핸섬한 모던 보이 이해명도 그 차이가 형상화된 하나의 예다.

모던 보이 열사가 되다

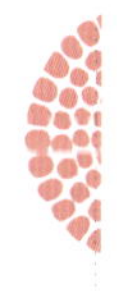

1937년, 친일파의 아들이며 총독부 서기관인 이해명은 멋진 구두와 양복, 그리고 자가용을 가진 모던 보이다. 아침마다 거울을 보며 자신의 외모에 감탄하는 이 핸섬한 모던 보이는 어느 날 클럽을 찾았다가 그곳에서 춤추는 댄서 조난실에게 마음을 빼앗긴다. 처음 본 순간 그녀를 유혹하기로 마음먹은 이해명은 진지한 듯 건들거리며 이렇게 말한다. "내

인생을 걸지." 사랑도 아니고, 댄서에게 수작을 걸어 볼 요량에 인생 전체를 거는 한량의 이 농담은 결국 진담이 되고 만다. 낮에는 양복점에서 재봉틀을 돌리고 밤에는 댄서와 가수로 변신하는 베일에 싸인 신비한 여인 조난실이 사실은 지하에서 활동하던 독립운동가였기 때문이다. 조난실이 싸 준 도시락을 들고 총독부에 들어갔다가 도시락 폭탄이 터지면서 그녀의 정체를 알게 된 이해명의 인생은 그 뒤로 예상치 못한 방향으로 뒤틀어지기 시작한다. 사라진 조난실을 찾는 과정에서 이런저런 우여곡절을 겪은 끝에 급기야 이해명은 사랑인지 질투인지 집착인지 모를 감정에 휩쓸려 결국 자신이 독립운동에 나서게 된다.

영화에서 가장 흥미로운 것은 이해명이라는 주인공의 캐릭터다. 총독부 서기관으로 도시 개발을 담당하는 일본 유학파 출신 해명은 최신 유행하는 양복에 이름이 적힌 맞춤 구두를 신는 멋쟁이다. 조국은 일제의 식민지가 되어 있지만 그는 조선이라는 나라와 조선의 독립에는 아무런 관심이 없다. 소학교 때 자신의 꿈이 '일본인이 되는 것'이라고 말했을 정도로 일본인들의 삶을 동경했고 지금은 일본인보다도 더 일본인스럽게 사는 해명은 자신을 낭만의 화신이라고 소개한다. 조선의 수백 년 도읍지 한양의 흔적을 지우려는 총독부의 계획에 따라 도시를 개발하면서 해명은 '낭만의 화신이 계획하는 도시가 어찌 낭만적이지 않을 수 있겠나.' 라고 하며 자신의 일을 정당화한다. 그가 생각하는 낭만이란 맞춤 양복과 구두, 일본인 주거지였던 명동처럼 밝고 아름답고 화려한 것이었다.

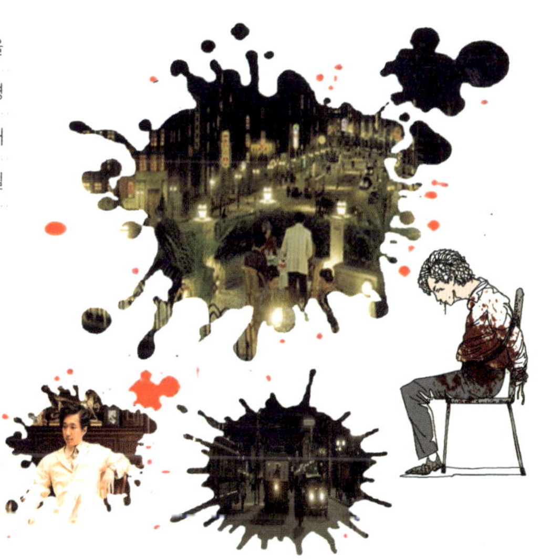

영화는 자동차와 정원이 딸린 서양식 집, 새 양복과 구두로 가득 찬 해명의 옷장 같은 것들로 대표되는 세련되고 풍요로운 그의 거주 공간과 명동의 야경이 내려다보이는 백화점 옥상의 레스토랑, 초가집들 위로 불쑥 솟은 명동 성당의 모습을 비추며 1930년대 경성의 근대화된 모습을 낭만적으로 재현하는 듯하다.

그러나 종국에는 조닌실로 인해 점점 더 독립운동에 연루되어 가며 더러워지는 해명의 옷, 일본 경찰의 고문으로 찢어진 귀 등을 보여 줌으로써 이 영화는 낭만적으로만 보였던 경성의 본질을 드러낸다. 경성의 낭만성은 사실 수많은 조선인의 피와 고통 위에 걸쳐진 화려한 옷이었던 것이다.

나라를 잃은 지식인이이 품는 염세주의적 성향과 퇴폐적인 환락의 뒷면에는 나라를 되찾고자 하는 구국이 의지로 연결될 수 있는 복잡하게 구부러진 길이 있다. 이 시대를 다룬 영화들은 그 좁고 구부러진 길을 어떻게 보여 주는가에 따라 다른 수준으로 읽힐 수 있다. 물론 이 시대를 다룬 영화들이 반드시 이 복잡하고 구부러진 길을 영화적으로 형상화해야 하는 것은 아닐 것이다. 또 일제 시대를 그린다 해서 반드시 민족의 수난과 고통, 독립 투쟁이라는 단색의 그림으로 볼 필요는 없다. 1930년대 경성을 그린다 해서 반드시 나라와 민족의 독립을 위해 희생하는 주인공의 모습이 등장해야 하는 것도 아닐 것이다. 누군가에게 일제는 나라를 빼앗은 원수이고 더할 수 없는 악이었다 해도 누군가에게는 새로운 세계였고 조선이 밟을 교두보였으며 동경의 대상이기도 했을 것이다.

물론 모든 것을 다 수용하고 승인할 수는 없다. 더 옳은 삶도, 그렇지 않은 삶도 있다. 이타적 선택으로 민족과 나라를 위해 헌신한 사람도 있었고 이기적 선택으로 자신과 가족의 안위를 최우선으로 여긴 이도 있었을 것이다. 우리는 더 가치 있는 선택을 한 사람을 상찬하고 덜 가치 있는 선택을 한 사람을 객관적으로 공정하게 평가하면 된다. 상찬할 일에 대해서 상찬하고 비난할 일에 대해 비난하고 반성할 일에 대해 반성하는 것이 우리의 몫이다. 문제는 상찬이 의미 없고 비난에 명분이 약하거나 반성할 이가 반성하지 않을 때다. 더 옳은 삶을 선택한 이들에 대한 공정한 평가가 이루어지지 않고 현실에 타협했던 사람들이 스스로에 대해 반성하지 않을 때 경험 없는 후속 세대들은 복잡한 심경을 갖게 된다. 인상에 근거한 무의미한 일시적 비난이 횡행하고, 반성과 관계없는 자기 합리화와 변명이 힘을 얻을 것이기 때문이다.

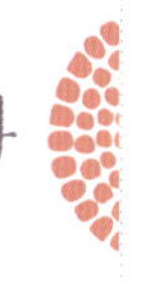

　이런 맥락에서 최근 대중문화의 1930년대 경성 그리기의 태도를 들여다볼 필요가 있다. 대부분의 대중문화에서 1930년대 경성을 다룰 때 독립운동에 관한 에피소드를 빼놓지 않는다. 그러나 화려한 볼거리, 주인공들의 러브 스토리에 비해 어쩐지 독립운동에 관한 내용들은 들러리나 주인공을 엮기 위한 배경처럼 느껴지는 경우가 많다.

　경성에 관련된 소설, 영화, 드라마들은 독립운동을 매개로 독립운동가 집단과 우연히 자의반 타의반으로 이에 합류하는 주인공이 등장한다. 그런데 이때 주인공의 변화 과정은 설득력이 약하고, 진정성을 느끼기가 쉽지 않다. 연출이나 각본의 문제일 수도 있지만 대체로 독립운동이나 주인공의 애국심은 영화나 드라마의 본질적인 관심이 아니라 남녀 주인공의 연애, 캐릭터의 변화를 설득력 있게 해 줄 배경으로 사용되는 듯한 인상을 준다. 더 나아가 과거 일제 시대를 재현할 때 발생했던 조선과 일본의 十도는 거의 나타나지 않는다. 일본과의 관계는 1930년대 경성 보기의 본질이 아니라 들러리처럼 밀려나 있는 듯한 인상을 받는다. 더 나아가 1930, 40년대를 재현하면서 독립운동에 관련된 에피소드조차 나오지 않는 영화들도 있다.

　이 시기를 조명하는 최근의 영화들의 공통된 경향은 무국적 공간으로서의 경성 그 자체를 재현하는 것이다. 전차와 백화점, 양복점과 무희가 춤을 추는 클럽이 공존하는 이국적 공간, 새 양복에 새 구두로 치장한

신사가 맡겨 놓은 양주를 마시며 빅 밴드의 재즈 연주를 감상하러 가는 모습이 낯설지 않은 낭만적 공간의 재현. 이런 장면에서 우리가 보고자 하는 것은 무엇일까? 답하기 쉽지 않지만 적어도 경성을 재현하는 방식, 재현된 경성을 바라보는 방식에 복잡한 심리가 작동한다는 사실은 분명하다. 그 복잡한 심리에 대해 여러 가지 해석이 가능하겠지만 우리가 제국주의와 식민주의를 이중적으로 내면화한 것은 아닐지 생각해 보는 것도 하나의 방법이 될 것이다.

사실상 조선은 일본의 식민지였지 서양의 식민지가 아니었다. 실제로 제국주의는 서양에서 시작된 것이고, 일본이 이를 학습해 조선에 활용한 것이다. 우리가 수탈을 당하고 억압을 당했던 일차적인 원인은 일본의 침략에 있었지만 전 세계가 국권 침탈과 자원 수탈이라는 방식으

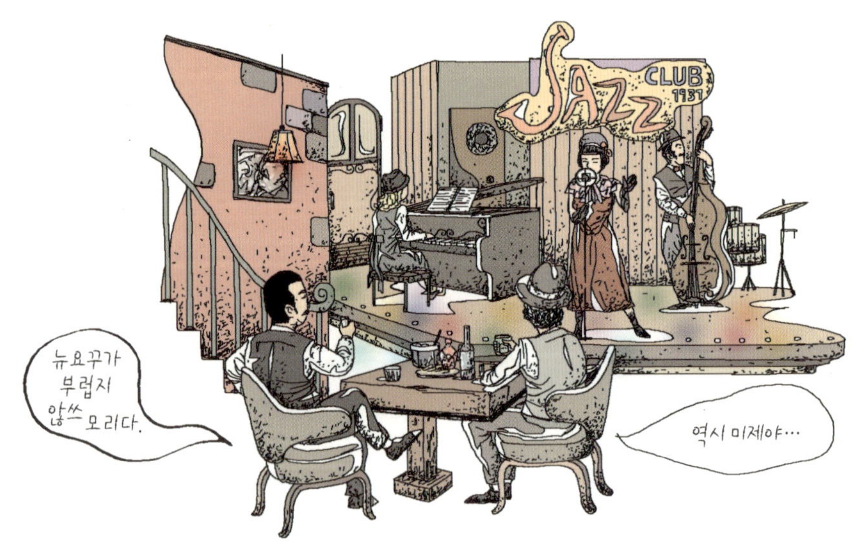

로 팽창하게 된 궁극적인 원인은 서구의 팽창주의와 제국주의에 있었다. 또 좁은 각도에서 보아 조선의 상황을 알리려던 고종의 노력이 실패한 것은 외교력의 한계나 일본의 방해 때문이 아니라 조선을 일본과 같은 방식으로 바라보던 서양 열강의 무관심과 방관 때문이었다. 그러나 우리는 19세기부터 20세기까지의 경험과 역사에서 일본은 보고 거시적 각도에서 서양 제국은 보지 못한다. 피해 의식을 일본에 돌리고 책임을 일본에 묻는 것으로 시야를 닫아 버리는 경우가 많은 것이다. 이런 상황에서 피해 의식은 일본으로 향해지고 서양에 대해서는 갈등 없이 동경하는 이중적 자의식이 발생할 가능성이 있다.

사실 우리에게는 우리의 1930년대는 물론 일본의 1930년대에 대한 아무런 기억이 없다. 따라서 현재 우리가 재현하고자 하는 것은 1930년대 일본에 대한 향수는 아닐 것이다. 그렇다면 이런 의심이 가능하다. 우리는 우리 속의 일본이 아니라 우리 속의 서양을 보고 싶은 것이 아닐까? 일본 그 자체를 재현하거나 일제 시대를 추억할 의도가 없다면 우리 속에서 작동하는 욕망은 일본이 아니라 서양을 향하는 것인지도 모른다.

진보에 대한 기대로 가득 차 모든 것이 화려하게 피어났던 밀레니엄의 유럽, 즉 19세기 말과 20세기 초의 유럽 풍경을 식민지 조선에서 재현하려는 것이다. 우리 영화 안에서 일본풍도, 서양풍도, 조선풍도 아닌 기이한 무국적의 혼합 공간이 재현되는 이유를 여기서 찾을 수 있다.

식민지 시대의 양식, 즉 콜로니얼풍으로 표현된 식민지 인도나 베트남을 그린 서양 영화에서 우리는 그들이 식민지 아시아의 이미지를 어떻게 소비하는지 확인하게 된다. 역사적 책임에서 자유로운 영화 속에서 서양인들은 식민지 아시아를 아름답고 쓸쓸한 과거로 추억하고 향유한다. 이런 책임 없는 향수와 추억, 자신들에 대한 미화는 피식민지의 입장에서 그다지 편치 않다.

문제는 이런 식의 낭만화와 향수가 우리 영화에서도 느껴지는 것이다. 만일 우리가 일제 시대를 통해 화려하고 낭만적인 어떤 시대를 향수한다면 영화 속에서 재현되는 관계는 일본과 조선의 관계가 아니라 서양과 조선의 관계가 될 수도 있다. 그리고 이런 맥락에서는 제국주의 일본의 폭압은 스토리 설정을 위한 배경으로 묻히기 쉽다. 또 한 시대를 앞서 갔던 이효석이나 이해명 같은 1930년대 모던 보이들의 시대 체험은 지나치게 개인적인 문제로 특수화되거나 또는 낭만적으로 다루어질 가능성이 있다. 지나간 시절에 대한 낭만화가 덮어 버리는 복잡한 함수를 풀어 가지 않으면 역사적 현실로서의 '과거'는 그저 하나의 상업적 소비 대상으로 전락해 버릴지 모른다.

물론 영화는 다큐멘터리도, 역사 교재도 아닌 상업적 상품일 뿐이다. 그렇지만 이렇게 일제 시대를 낭만적으로 그리는 시도들 속에서 우리는 우리 자신이 누구의 시선으로, 무엇을 동경하는지를 확인할 수 있다. 다른 세계, 물질화되고 진보한 세계에 대한 열망이 얼마나 깊숙이 우리의 욕망에 뿌리내리고 있는지를 말이다.

기차에서 폭격기까지

11

기술이 만든 산업 사회의 흑점

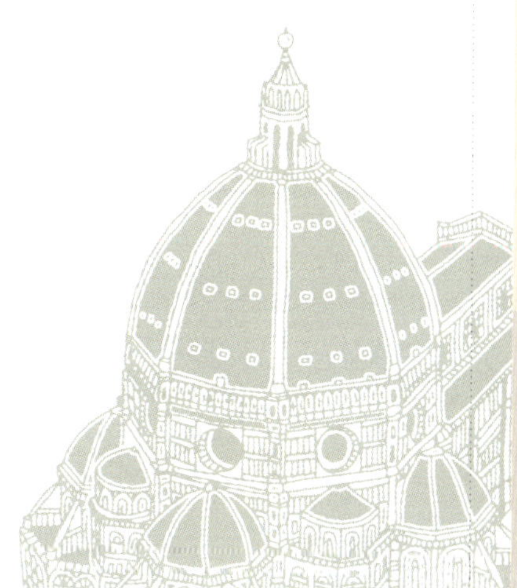

  1851년 영국 템즈 강변 하이드 파크에 낯선 건물이 들어섰다. 이 건물은 당시에 사람들에게 센세이션을 일으켰다. 건물 전체가 유리로 만들어졌기 때문이다. 벽은 물론 지붕까지 유리로 지어진 이 건물을 사람들은 '수정궁(Crystal Palace)'이라 불렀다. 투명하고 아름다운 유리가 만들어 내는 경쾌함과 거대한 크기와 높이가 주는 웅장함은 산업 혁명에 성공한 영국의 자부심 그 자체를 보여 주는 듯했다.

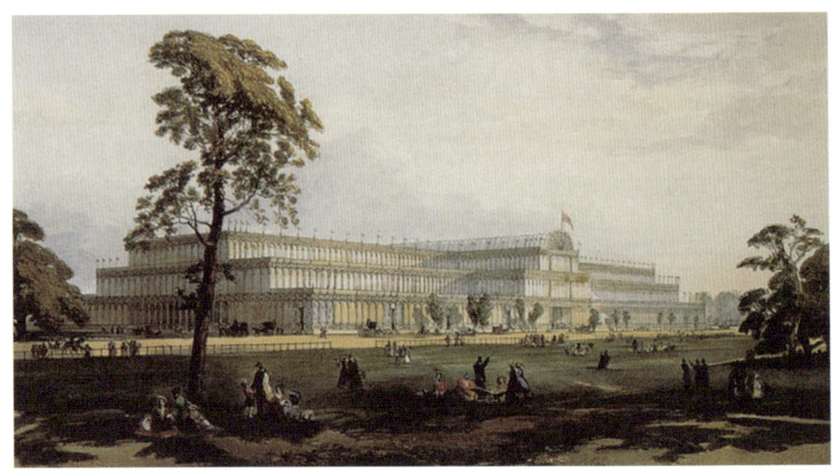

1851년 런던 만국 박람회가 열린 수정궁.

　수정궁은 영국이 발달된 산업과 과학 기술을 선전하기 위해 개최한 런던 만국 박람회의 대회장으로 사용되며 6백만 명 이상의 관람객을 끌어모았다. 사람들은 당시 막 보편화되기 시작한 철도와 기차라는 문명의 이기를 통해 박람회장에 도착해 수정궁과 그 안에 즐비한 첨단의 장비와 기계들을 보며 과학 기술과 산업화가 불러올 미래의 진보에 벌써부터 들떠 있었다.

　기차부터 유리 건물, 박람회에 전시된 각종 산업 기계까지, 런던 만국 박람회는 산업화의 최전선으로 '근대(modern)' 그 자체였다. 특히 19세기 중반 보편화되기 시작한 증기 기관은 산업화를 이끌 새로운 동력이었다. 마차가 다니던 흙길에는 강철로 된 철도가 놓여졌고, 공장에서는 사람 손 대신 거대한 기계가 돌아가기 시작했다. 공장에서 생산된 공산품은 기차에 실려 전국으로, 세계로 뻗어 나갔다. 이 모든 것이 철도에 쓰인 강철과, 강철 기계를 움직일 증기 기관이 있었기에 가능했던 일이었다. 증기 기관은 과학이 모든 것을 해결하리라는 꿈을 꾸던 과학자나 자본가들에게는 요술 방망이와 같았다.

이런 식의 흥분은 영국만의 것이 아니었다. 만국 박람회에서 영국이 유리로 된 수정궁으로 과학 기술을 통한 진보의 기대를 표현했다면 런던 만국 박람회의 성공에 자극을 받아 개최되었던 1867년 파리 만국 박람회 역시 같은 방식으로 기술적 진보와 미래의 희망을 과시하고자 했다. 그 대표저 상징물이 바로 에펠 탑이다. 1889년 프랑스 혁명 100주년 기념 박람회를 위한 기념물로 세워진 에펠 탑은 당시로서는 놀라운 높이의 철골조로 설계되어 당시 진보된 건축 기술의 상징으로 여겨졌다.

수정궁이건 에펠 탑이건 이것들이 보여 주는 새로운 소재와 건축 방법, 규모의 거대함은 제국주의 시대, 유럽인들이 스스로 상상한 유럽의

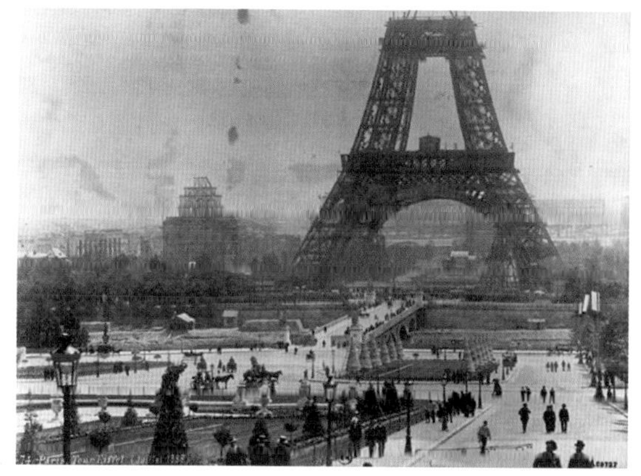

1888년 7월, 공사 중이 에펠 탑

이미지를 표현하는 시대적 상징물이라고 할 수 있다. 그리고 이 힘, 즉 영국과 프랑스가 보여 주고자 했던 발전된 기술력과 자본력은 타자를 압도하는 권위가 되어 주변국들이나 약소국을 통제하는 데 정당성을 부여하고 그들의 복종을 끌어내는 원리로 이용되었다.

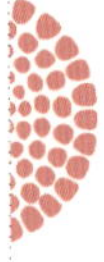 증기 기관과 강철로 만든 길

1866년 영국 맨체스터의 공장에서 일하던 소년 레이는 어느 날 과학자인 할아버지 로이드 박사로부터 소포를 받는다. 그 속에는 '누구에게도 건네지 말라.'는 메모와 함께 정체 모를 금속 볼 하나가 들어 있었다. 소포를 받은 순간부터 레이는 누군가로부터 이유도 모른 채 쫓기기 시작한다. 금속 볼을 빼앗기 위해 레이를 쫓는 일당은 아버지 에드워드 박사와 손을 잡은 세계적 무기 회사 오하라 재단이었다. 이 금속 볼은 구체(球體)에 초고압의 증기를 고밀도로 봉인한 이른바 '스팀볼'이었고, 엄청난 파괴력과 무한한 응용 가능성을 가진 이 신기술을 차지하기 위해 할아버지와 아버지, 그리고 오하라 재단과 심지어 영국군까지 끼어들면서 소동과 싸움은 점점 커지게 된다.

〈아키라〉(Akira, 1988)로 유명한 일본의 오토모 가츠히로 감독이 2004년에 만든 〈스팀보이〉(Steamboy)의 줄거리다.

이 애니메이션은 증기 기관과 기차, 군사용 무기 등으로 대표되는 19

세기 산업 사회 영국의 모습을 충실히 재현하고 있다. 영화에서 인류의 미래를 바꿀 혁명적인 발명품으로 소개되는 스팀볼은 증기 기관이 불러온 사회적 변화를 압축적으로 보여 준다. 18세기 중반에 개발된 증기 기관은 점차 개량되면서 동력 방직기, 증기 기관차, 증기선과 발전기 등으로 진화했고 점차 사람들의 생활을 바꾸어 놓았다. 대량 생산

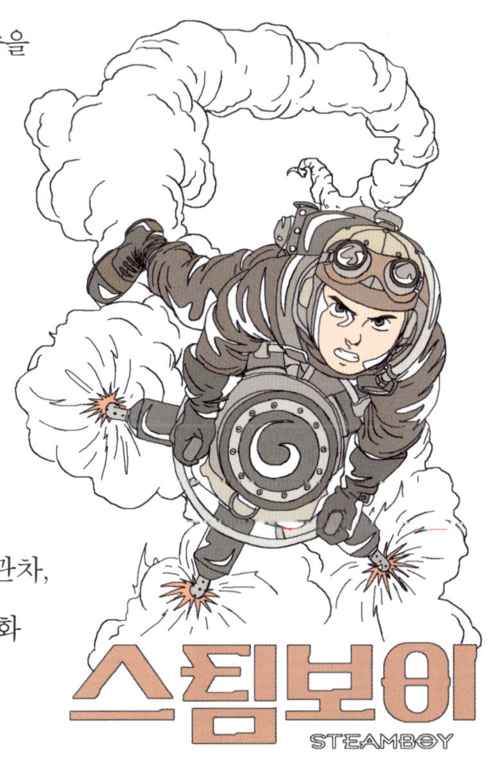

이 가능한 산업 사회로 진입하게 된 것이다. 스팀볼은 이 증기 기관 관련 기술과 그에 따른 사회적 변화를 상징하는 장치라고 할 수 있다.

스팀볼에는 가공할 만한 기술적 진보가 담겨 있지만 사람들은 이를 어떻게 사용할 것인지에 대해 의견을 달리했다. 주인공 레이의 아버지 에드워드 바사는 이 발명품에서 전쟁 무기의 가능성을 발견한다. 그는 스팀볼을 무기를 만드는 회사인 오하라 재단에 넘기고자 한다. 에드워드 박사에게 전쟁 무기로서의 스팀볼은 나라를 부강하게 하고 결과적으로 세계를 진보로 이끌 최첨단의 기술이었다.

이에 맞서는 레이의 할아버지 로이드 박사는 스팀볼이 가져올 파국의 가능성을 간파하고 이것이 전쟁 무기가 되는 것을 막고자 했다. 스팀볼이 산업화되고 또 군사적 용도로 사용된다면 세계는 곧 전쟁의 화염 속에 휩싸일 것이다. 로이드 박사는 전쟁과 과학 기술의 관계와, 그로 인한 비극을 예측한 것이다. 이런 맥락에서 스팀볼을 둘러싼 갈등은 과학을 앞세운 산업화가 인류에게 어떤 결과를 가져올지에 대한 비관론과 낙관론의 대결이라고 할 수 있다.

당시 대다수의 영국인들은 스팀볼과 같은 신기술에서 비관보다는 낙관적인 미래를 보았을 것이다. 증기 기관 기술을 바탕으로 한 공업화는 풍요와 진보를 약속하는 듯 보였고, 커져 가는 도시는 점차 예전에 없는 상업적 활력을 만들어 냈으며, 경제적 부와 정치적 자유에 대한 사람들의 요구 또한 커져만 갔다. 19세기 중반, 만국 박람회를 앞둔 영국은 경제적 풍요와 시민적 권리, 개인적 자유에 대한 기대가 정점에 달했던 시기였던 것이다.

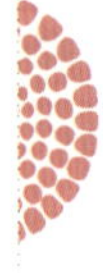

기차와 무기가 바꾼 세계

진보에 대한 기대는 높았지만 당시 사람들이 실제로 얻은 것은 부와 자유가 아니라 자본주의적인 삶의 방식이었다. 철도와 기차는 철도가 지나는 지역의 생활 방식 자체를 변화시켜 갔기 때문이다. 산업화가 이루어지고 철도가 늘어나자 각각의 지역은 그 고유성을 잃고 도시의 시장으로 전락하게 된다. 철도를 통해 상품이 곳곳에 전달되자 각 지역은 전통적인 생활 방식을 벗어나 자본주의적인 생산과 소비의 공간으로 바뀌어 갔던 것이다.

근대를 연구한 많은 학자들이 증기 기관이 공간과 시간에 관한 관념을 바꾸어 놓았음을 지적한다. 일단 철도는 마이더스의 손처럼 지나는 곳을 모두 도시와 시장으로 만들어 버렸다. 그 결과 철도는 공간에 대한 사람들의 경험을 균질화시켜 버렸다. 각기 다른 풍경, 각기 다른 이동 속도를 가진 불균질한 자연적 공간들, 즉 언덕과 산, 호수와 숲, 전통적 시장과 초원 등은 철로가 지나면서 직선으로 바뀌었다.

기차의 이동 방식, 즉 직선의 거리를 균일한 시간에 통과하는 경험은 결국 공간 그 자체를 말살해 버렸다고 할 수 있다. 모든 풍경이 똑같아지기 때문이다. 공간이 소멸되면 시간 역시 소멸된다. 모든 시간은 시계와 철도가 보여 주는 단일한 리듬에 따라 규칙성을 띠게 된다. 도시와 철도의 리듬에 의해 포착될 수 없는 모든 불규칙한 것들이 배제되어 갔다. 기차역의 가장 높은 곳에는 종 대신 시계가 걸리게 되고 지역과 지역, 도시와 도시의 관계는 기차의 시간표로만 규정되었다. 도시가 철도와 철도로 연결되어 감에 따라 도시의 고유성, 지역의 특색 등은 사라져 갔다. 사람들은 전통적인 삶의 속도를 잃고 타율적인 시간에 맞추어 살게 되었다.

더 문제가 되는 것은 도시 주변의 마을들이 모두 일종의 자본주의적 상업 공간으로 변해 갔다는 점이다. 도시가 연결되고 문화와 상업이 발달한 중심 도시로의 여행은 주변 도시들을 모두 중심 도시와 유사한 소비 중심지로 만들었다. 자급자족의 형태로 유지되던 지역 경제는 보다 큰 영역으로 흡수되어 버렸고 도시적 삶의 양식이 급속도로 주변에 확산되었다. 상품은 더욱 효과적으로 유통되기 시작했고 중심 도시의 패션과 문화는 급속도로 주변 사람들을 불러 모았다. 그래서 철도는 '근대 유럽인들의 삶의 색채와 형태를 바꾸어 놓은 숙명적 사건'이라는 평가를 받는다.

철도라는 숙명적 사건을 통해 사람들이 도시로 흘러들어 오자 도시는 점차 괴물처럼 성장하기 시작한다. 그러나 도시로 이주한 사람들에게 약속되어 있던 것은 화려한 기계 문명의 발전상이 아니었다. 당시 수많은 사람들이 도시로 몰려들었지만 이들이 마주친 현실은 저임금 노동자나 도시 빈민이 되는 것이었다. 먹고 살기 위해서는 아주 어린 아이들

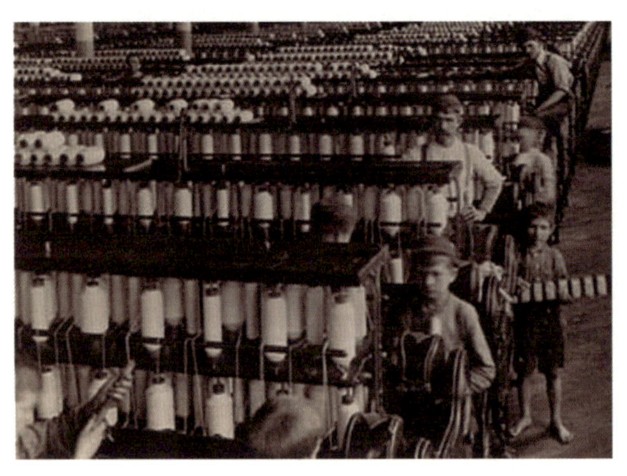

영국 방적 공장에서 일하는 어린이들의 모습으로 19세기 산업 사회의 어두운 이면을 보여 준다. 당시 먹고 살기 위해 열 살도 안 된 아이들이 하루에 20여 시간씩 일했다는 기록도 있다.

까지 일해야 했다. 열 살도 안 된 아이들이 하루에 20여 시간씩 일했다는 기록도 있다.

이런 상황은 비슷한 시대의 영국 런던을 배경으로 한 찰스 디킨스의 소설을 바탕으로 한 뮤지컬 영화 〈올리버!〉(Oliver!, 1968)에 잘 드러난다.

원작인 소설 《올리버 트위스트》는 산업 혁명기 영국의 사회적 모순을 보여 주는 사회 비판 소설이다. 영화는 이런 현실을 영상으로 형상화해 보여 준다. 고아 소년 올리버의 삶은 비참한 19세기 산업 사회의 어두운 이면을 보여 주는 창이다. 19세기 런던은 어둡고 더럽고 위태로워 보인다. 거리에는 고아들이 넘쳐 난다. 당시 급격한 도시화로 인구가 유입되면서 사회적 문제가 나타나기 시작했다. 도시로 흘러들어 온 사람들이 빈민으로 전락하면서 사회적으로 가장 약한 여성과 어린이들이 그 피해를 고스란히 떠안게 된 것이다. 올리버의 엄마도 빈민 구제소에서 올리버를 낳은 뒤 죽고 만다. 올리버처럼 버려진 아이들은 거리를 무리지어 떠돌며 소매치기를 하거나 열악한 빈민 구제소에서 생활해야만 한다.

영화의 첫 장면은 빈민 구제소의 식당이다. 냄새만으로도 끔찍한 죽이 끓고 있는 식당에 아이들이 줄 지어 등장하며 노래한다. 84살까지 살아도 인생이 바뀌지 않을 것이며, 아무리 기도해도 결국 죽만 먹게 될 것이라고. 더 이상 참을 수 없게 된 아이들은 제비를 뽑아 원장에게 죽을 조금만 더 달라고 부탁하기로 한다. 제비뽑기에서 진 올리버는 용기를 내서 원장에게 말해 보았지만 결과는 참담했다. 원장의 미움을 산 올리버는 결국 장의사에게 팔아 넘겨진다. 이곳에서 올리버는 고된 노동을 강요받으며 학대받다가 결국 소매치기 집단에까지 흘러들어 가게 된다.

뮤지컬 영화의 특성상 전체적인 분위기는 밝고 경쾌하지만 영화 속에서 아이들이 구걸을 하고 소매치기를 하고 물건을 훔치는 배경에는 언제나 호화롭고 사치스런 부자들의 식사, 화려한 여성들의 의상이 비추어진다. 호화로운 사치품과 새로운 문물들이 넘쳐 나는 런던 거리를, 더러운 옷과 주린 배로 배회하며 물건을 훔치고 소매치기를 하지 않을 수 없는 거리의 아이들은 산업 사회가 사람들의 삶을 어떻게 바꾸었으며 특히 특정 계층의 사람들에게 어떤 영향을 끼쳤는지를 정확히 보여 준다.

〈스팀보이〉의 주인공 레이 역시 아직 어린 소년이지만 공장에서 기계를 다루는 노동자로 설정되어 있다. 구걸을 강요받는 올리버 트위스트에 비해 공장에서 일하는 레이는 특유의 능력을 인정받는 밝고 긍정적인 모습으로 그려져 있다. 밝고 긍정적이라 하더라도 레이의 노동 역시 현재는 금지되어 있는 명백한 아동 노동에 속한다. 또한 당시 공장에서 일하던 아이들의 상황은 레이보다는 올리버에 더 가까웠을 것이다.

영국의 19세기는 산업 사회로 접어들어 감과 동시에 사회적으로 빈부 격차가 점차 확대되어 가던 시기였다. 자본가들은 아시아와 아프리카 등 새롭게 개척된 식민지에 진출하면서 원료와 천연자원을 독점하고 이곳을 생산물의 시장으로 삼아 엄청난 돈을 벌어들였고 식민지 노동자에 대한 착취 역시 점차 강화되어 갔다. 이 결과는 빈부 격차라는 부메랑이 되어 제국주의 국가 내부의 사회 불안으로 나타났다.

경쟁 속에 내던져진 사람들은 쉽게 범죄의 길로 빠져들게 된다. 전통적인 공동체는 파괴되고, 도시는 살기 위해 다른 사람의 물건을 훔치거나 목숨을 빼앗는 범죄의 천국으로 변해 갔다. 영화나 뮤지컬로 재현되는 19세기 영국의 연쇄 살인범 잭 더 리퍼, 즉 면도날 잭 사건 역시 산업 혁명기 영국의 불안정한 사회상이 반영되어 있다고 할 수 있다. 사건의 무대가 된 1880년대 영국 런던 동부 지역은 처절하도록 낙후된 곳이었다. 대부분은 걸인이었고 여자들은 살기 위해 매춘을 하지 않을 수 없었으며 아이들은 앓다가 굶어 죽어 갔다고 한다. 촛불 하나 켜는 집이 없을 정도로 어두웠던 비참한 거리에 살인을 즐기는 연쇄 살인범이 나타나 경찰과 런던 시민을 조롱했던 것이다. 1880년대 런던의 불안과 공포는 산업 사회, 근대 사회로 진입하는 영국의 어두운 초상과도 같다.

산업 사회가 키운 흑점은 영국 외부에도 나타났다. 산업화는 영국 국내 산업을 활성화시키고 자본주의를 확산시키는 결정적 역할을 했을 뿐더러, 영국이 전 세계로 팽창하는 토대 역할을 했다. 강력한 군사력을 바탕으로 네덜란드, 프랑스와의 전쟁에서 승리하며 해상권을 장악한 영국은 산업 혁명을 발판으로 얻은 기술적, 군사적 우위를 해외 식민지 획득에 활용했다.

제국주의 영국에게 식민지는 원료 공급처이자 상품 소비지로서, 그들을 부유하게 만드는 보물 창고였다. 그러나 모두 알다시피 영국이 팽창하는 동안 피식민지 사람들은 주권과 자원을 착취당한 채 부당한 대우를 받아야 했다. 발전된 기술과 총으로 영국이 식민지화했던 아시아와 아프리카 사람들의 고통은 산업화의 팽창주의가 낳은 어두운 그림자라 할 수 있다.

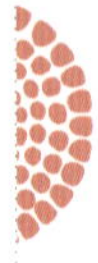

파괴와 생성의 변주

〈스팀보이〉에는 과학이 기술이 되고, 기술이 산업이 되어 가는 19세기 영국의 모습이 다양하게 묘사되어 있다. 거대한 기계 설비로 움직이는 공장, 촘촘히 놓인 철로, 전쟁 무기로 가득 찬 창고, 그리고 새로운 무기와 기계를 전시하기 위한 만국 박람회까지, 영화 속 대부분의 장면은 산업화가 피운 기계라는 꽃으로 채워져 있다. 에드워드 박사와 로이드 박사는 그 기계 꽃들이 어디서 누군가를 위해 피어나야 하는지에 대해 갈등하는 것이다.

레이의 아버지 에드워드 박사는 과학이 기술을 넘어 산업이 될 때 인간은 긴 노동에서 벗어나고 자연재해와도 맞설 수 있다고 믿는다. 그는 거대한 과학의 힘을 세계에 전하는 것이 과학자의 임무라고 말한다. 이에 비해 할아버지 로이드 박사는 스팀볼을 악마의 발명품이라고 단정짓는다. 로이드 박사의 눈에 스팀볼을 이용해 사람들을 대량으로 살육하는 전쟁 무기를 만들려는 아들은 자본가에게 영혼을 판 가짜 과학자에 불과하다. 그리고 과학은 사람들의 행복을 위해 필요한 것이라고 강변한다. 과학 자체의 가능성과 힘은 믿지만 그 힘이 파괴와 폭력의 수단으로 사용되어서는 안 된다는 것이다.

로이드 박사의 주장은 감독의 생각과 겹치는 것으로 보인다. 감독은 전쟁 무기로 가득 찬 만국 박람회장을 보여 주면서 산업화의 다음 단계가 전쟁이라는 사실을 암시하는 듯하다. 자막이 올라가는 사이 화면에 공습경보가 울리는 파리, 낙하산을 타고 내려오는 군인들, 폭파되는 비행선 등의 모습이 비치기 때문이다. 세계 대전을 연상시키는 이 장면들은 제국주의와 연결된 산업화가 결국 인류를 전쟁으로 이끌어 갔다는 메시지를 전하고 있다.

실제로 두 번의 세계 대전은 산업 혁명이 불을 붙인 산업화된 과학이 만든 지옥이었다. 그러나 그 파괴의 지옥 때문에 현재와 같은 발전이 이루어졌다고 보는 사람들도 있다. 전쟁이 새로운 기술 개발의 촉매가 되듯 모든 발전과 새로운 생성은 파괴로부터 비롯된다고 생각하는 것이다. 파괴에서 출발한 생성이 수많은 사람들에게 다양한 편리함과 풍요를 가져다준 것은 사실이나. 그러나 파괴를 바탕으로 한 생성이 정말 우리를 행복하게 했는지에 대해서는 다시 묻지 않을 수 없다.

산업 혁명 이후 도래한 산업 사회는 기계 문명 사회로, 대량 생산 체제를 바탕으로 물질적 진보를 이룬 시대라고 할 수 있다. 20세기 이후 보편화된 분업을 통한 획일적인 대량 생산 체제는 모든 것을 표준화하고 자동회함으로써 사람들에게 최고의 효율과 합리성을 제공했다. 그러나 이와 동시에 거대한 기계 앞에서 인간은 그 자신이 기계의 일부가 되어

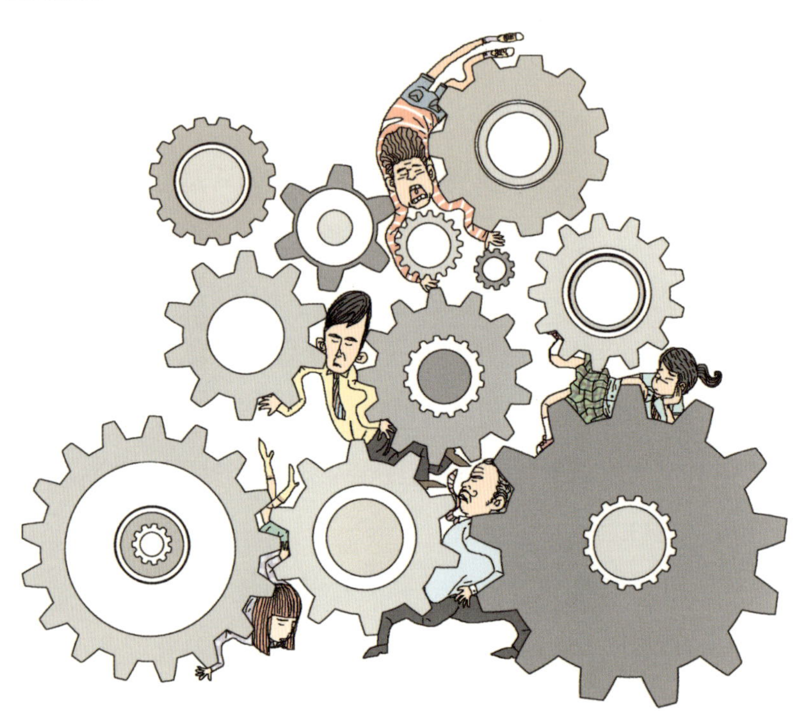

거대화된 기계 앞에서 인간은 기계의 일부가 되어 버렸다.

버렸고 분업화된 작업 과정은 창의적인 노동을 불가능하게 만들었다.

또한 대량 생산 시스템을 유지하기 위해 자연에서 더 많은 원료를 취하고, 화석 연료를 태우며, 공산품의 쓰레기로 자연을 뒤덮는 재앙을 가져오기도 했다. 그래서 많은 사람들이 산업화의 과정을 인간 내부와 외부의 자연을 파괴하는 과정이라고 여긴다. 인간은 합리성과 효율이라는 명분으로 자기 안의 자연적인 것들을 지워 갔으며 또한 경제 발전과 진보라는 명분으로 인간 밖의 자연을 파괴해 갔기 때문이다.

과학 기술의 발전과 산업화가 급속하게 사람들의 삶을 바꾸자 이에 저항하는 사람들도 생겨나기 시작했다. 19세기 영국에서는 기술에 대한 강력한 반대 운동이 생겨나기 시작했다. 가장 대표적인 것이 '러다이트 운동(Luddite movement)' 이다. 러다이트 운동이란 1811년에 영국의 중부와 북부의 섬유 공업 지대 노동자들이 일으킨 반(反)자본주의 운동을 말한다. 당시 영국 노동자들이 산업 혁명으로 일자리를 잃고 생활고에 시달리고 있었다. 이들은 실업의 원인이 산업 혁명 이후 급속도로 확산되던 기계 때문이라고 생각했다. 그들은 산업 사회의 상징인 공장의 기계를 부수며 산업화에 저항했다. 이 때문에 러다이트 운동을 기계 파괴 운동이라고도 부른다.

기술에 대한 거부는 비단 산업화 초기의 문제만이 아니다. 현대의 '뉴 러다이트 운동'은 컴퓨터로 대변되는 첨단 기계 문명을 거부하며 기계를 사용하지 않을 자유를 주장한다. 첨단 과학 기술을 거부하는 사람들은 일종의 기술 비관론의 입장에서 기술이 가져올 진보보다 기술에 의해 파괴될 자연과 인간적인 삶의 방식을 지키는 것이 더 중요하다고 말한다. 이들은 묻는다. 과학 기술은 우리에게 무엇인가? 과학의 진보는 인간의 존엄성과 자율성을 보장하며 인류를 행복하게 해 줄 것인가?

이런 질문은 도덕 교과서에만 나오는 것이 아니다. 이 질문을 세상에 묻기 위해 직접 행동에 나선 사람들도 있다. 그중 제일 유명한 사람은 일명 '유나바머(Unabomber)'로 불리는 21세기 최고의 지적 테러리스트 디어도어 카진스키(Theodore John Kaczynski, 1942~)다. '미친 천재(mad genius)'로 불리는 카진스키는 25세에 최연소로 버클리 대학의 수학 교수로 임용된 천재였지만 1995년까지 약 20여 년간 폭탄이 든 소포를 대학 연구소와 과학자들, 그리고 항공사에 보내 그중 3명을 숨지게 하고 23명을 다치게 한 테러리스트이기도 하다.

유나바머는 'university and airline bomber', 즉 대학과 항공사 폭파범을 줄인 말이다. 카진스키는 범행의 동기를 파괴적인 과학 기술에 대한 저항이라고 주장했다. 그는 17년간 외부에 담을 쌓고 숲 속 오두막에서 지냈는데 살고 있는 곳 주위에 큰 도로가 뚫리면서 자연이 파괴되기 시작하자 이를 견딜 수 없었다. 그래서 과학 기술에 대한 선전 포고로서 과학 기술 연구자들을 향해 복수의 총을 겨누었던 것이다. 과학 기술에 대한 그의 반감과 선전 포고는 미국의 유력 일간지에 실린 그의 글 〈산업 사회와 그 미래〉에 잘 담겨 있다. 그는 이 장문의 편지를 통해 "숲과 나무, 그리고 자연을 파괴하는 것은 개발이다. 그리고 그 개발은 산업 사회의 과학과 기술에서 나온다. 이제는 그들과 싸움을 할 수밖에 없다."고 밝혔다.

유나바머 사건은 한 과격한 극단주의자의 테러라고 치부하기에는 간과할 수 없는 중요한 메시지를 담고 있다. 그가 대결하고자 했던 과학 기술이 자연을 파괴하고 있으며 그래서 인류의 삶의 기반을, 자유를 제한하고 있다는 것은 분명한 사실이기 때문이다. 그는 산업 사회가 주는 풍요가 결국은 자연과 인간성을 갉아먹는 독약에 불과하다는 신념으로 세상 전체와 싸웠다고 할 수 있다.

물론 그는 어떤 주장으로 자신을 강변한다 해도 궁극적으로는 사람의 목숨을 빼앗은 테러리스트이며 극단적인 삶의 방식을 추구했다는 사실은 변치 않는다. 산업화가, 과학 기술이 자연을 파괴하고 인간성을 파괴했다 해서 사람들이 모두 산속에 들어가 살 수는 없다. 그러나 그렇다고 해서 우리에게 반성의 의무가 사라지는 것은 아니다. 우리는 질문 앞에 놓여 있다. 우리의 풍요가 누군가의 희생에서 비롯된 것은 아닌지, 기술적 발전이 부른 진보가 결국 자멸을 향한 과정은 아닌지 물어야 할 것이다. 그리고 과거의 산업화를 객관적으로 바라볼 수 있게 된 지금, '현재의 방법이 유일한 것인가?', '느려도 함께 가며, 더뎌도 덜 파괴하는 방법이 있지 않을까?'와 같은 반성적 질문도 질문 목록에 포함시켜야 할 것 같다.

12

진보의 속도,
파멸의 속도

에코와 그린, 숨겨진 함수를 찾아

진화된 원숭이 모습의 외계인이 지배하는 낯선 혹성에 불
시착한 주인공은 우여곡절 끝에 원숭이 외계인들을 피해 탈출할 수 있
는 지점에 도착한다. 그곳에서 주인공은 눈앞에 펼쳐진 장면에 망연자
실하게 된다. 땅속에 파묻힌 자유의 여신상을 발견했기 때문이다. 외계
혹성이라고 생각했던 그곳이 사실은 자신이 그토록 돌아가려고 했던 지
구였다는 사실을 알려 주는 자유의 여신상은 주인공에게뿐 아니라 관객

에게도 충격과 절망을 안겨 준다. 영화 〈혹성 탈출〉(Planet of the Apes, 1968) 속 자유의 여신상은 마지막에 단 한 장면 등장하지만 그 충격은 영화 전체를 관통한다.

혜성이 지구에 충돌해서 인류가 위기를 맞는다는 내용의 영화 〈딥 임팩트〉(Deep Impact, 1998)에서 거대한 해일에 제일 먼저 쓰러지는 것도 자유의 여신상이다. 공식 명칭이 '세계를 밝히는 자유(Liberty Enlightening the World)'인 자유의 여신상(여신과는 아무런 상관도 없지만 일본인들이 자유의 여신상으로 옮긴 것을 우리가 그대로 따른 것이다)은 자유와 진보를 상징한다는 점에서 단순한 뉴욕의 상징을 넘어 미국인들이 생각하는 인류 문명 전체의 이미지에 가깝다고 할 수 있다. 그래서 영화 속에 자주 등장하는 자유의 여신상의 수난은 단지 미국의 수난이 아니라 세계의 합리적 진보와 발전을 믿는 서구 문명의 수난이라는 의미를 갖는다. 그래서 영화 속에 등장하는 자유의 여신상은 인간이 얼마나 자기 파괴적일 수 있는지를 보여 주는 지표와 같다.

자유의 여신상이 수난을 당하는 영화가 또 있다. 지구 온난화로 인해 새로운 빙하기가 북반구를 덮치는 재난 영화 〈투모로우〉(The Day after Tomorrow, 2004)다. 이 영화는 아예 쓰러지고 얼어붙은 자유의 여신상을 포스터 전면에 내세움으로써 자유의 여신상의 상징성을 영화 전체로 연결하고 있다.

기후 학자인 잭 홀 박사는 지구 곳곳의 이상 징후를 감지하고 곧 지구에 엄청난 재앙을 가져올 새로운 빙하 시대가 시작될 것이라고 예측한다. 물론 보통의 재난 영화의 문법대로 다른 과학자들이나 정부 관리들은 그의 말을 무시한다. 그렇지만 그가 예측한 지구의 변화는, 예상을 뛰어넘어 지나치게 거대하고 갑작스럽게 시작된다. 잭 홀 박사의 말을 무시한 사람들이 그의 말이 맞았다는 사실을 깨닫기도 전에 북반구는 순식간에 엄청난 자연재해와 맞닥뜨린다. 북반구 대부분의 도시처럼 뉴욕에도 거대한 지진 해일이 밀어닥쳐 사람들은 조금이라도 높은 곳을 향해 달리고 또 달려야 했다. 도시는 아수라장이 되고 사람들은 패닉 상태에 빠졌다. 그러나 곧 더 큰 시련이 시작된다. 도시에 물이 빠지는가 싶더니 곧 급속도로 얼어붙기 시작한다. 북반구 전체에 빙하기가 시작된 것이다.

이 기상 이변을 극복하기 위해 잭 홀 박사는 미국 대통령을 설득시켜야 한다. 북부는 포기하더라고 중부 이남의 사람들을 한시라도 빨리 남쪽으로 대피시켜야 한다는 것이다. 그가 구해야 하는 사람 중에는 퀴즈 대회에 참가하기 위해 뉴욕에 간 자신의 고등학생 아들 샘도 포함되어 있었다. 잭 홀 박사의 주장을 묵살하던 관료들이 순식간에 밀어닥친 재앙 앞에서 확실한 결정을 내리지 못하는 사이, 잭 홀 박사는 아들을 구하기 위해 급속히 얼어붙고 있는 뉴욕을 향해 떠난다.

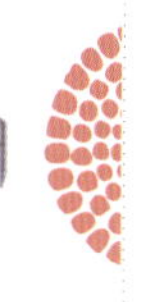

투모로우와 교토 의정서

환경적 재앙은 할리우드의 단골 메뉴 중 하나다. 환경 재앙은 전지구적 문제인데다, 스펙터클한 장면을 좋아하는 할리우드의 영화적 관습도 한몫 거든다. 게다가 사람들에게 일종의 도덕적 각성을 요구한다는 점에서 '좋은 영화' 편에 설 수도 있다는 장점도 있다. 영화적으로 재현된 '환경'은 이제 인간의 오만과 그로 인한 재앙, 그리고 이를 극복하기 위한 인간의 노력이라는 상징적 의미를 갖게 되었다.

환경적 재앙을 바탕으로 한 재난 영화 〈투모로우〉는 지구 온난화의 재앙이 얼마나 빨리, 그리고 광범위하게 지구 전체를 위협할 수 있는가에 대한 묵시론적 예언이다. 쓰나미에 쓸려가는 뉴욕과, 토네이도로 폐허가 되는 LA, 축구공만 한 우박에 초토화되는 노쿄와 눈 속에 파묻힌 뉴델리의 참혹한 혼란은 환경적 재앙이 얼마나 쉽게 인류의 기반을 초토화시킬 수 있는지를 시각적으로 보여 준다. 빙하기는 너무도 쉽게, 너무도 빨리 지구를 집어삼킨다.

영화 속에서 북반구는 그 혼란의 핵에 위치하며, 아직 빙하기의 영향이 미치지 않는 남반구만이 희망이다. 미국의 대통령은 결국 자국민을 난민으로 선언하며, 모든 부채의 탕감을 조건으로 멕시코에 난민 신청을 한다. 환경 재앙을 경고하는 과학자들의 목소리를 무시하는 무능한 관료들의 패배 선언과, 결국 멕시코에 굴욕적인 난민 신청을 하는 미국 대통령의 모습은 오만한 미국의 이미지를 통렬하게 깨는 역할을 한다.

영화의 줄거리는 영화 밖 국제적 시나리오를 떠올리게 한다. 영화 안에서는 분명하지 않지만 영화 밖 세계에서는 이 비판이 저격하는 대상을 쉽게 집어낼 수 있다. 온실가스 감축에 대한 국제 협약, 즉 교토 의정서의 비준을 거부했던 미국 정부가 바로 그 주인공이다. 교토 의정서는 한마디로 말하자면 오염 물질 배출을 줄여 가자는 국제적 약속이다. 나라마다 대기 오염을 유발하는 온실가스의 배출량을 미리 정해 놓고 그 이상 배출할 경우 초과된 온실가스의 양만큼 돈을 지불하고, 반대로 감축할 경우 그 분량만큼 다른 나라에 배출권을 판매함으로써 이익을 얻게 하자는 것이다. 결국 이 협약은 화석 연료를 대체할 친환경 에너지의 개발을 장려하고 지구 온난화의 원인이 되는 오염 물질 배출을 줄여 가려는 국제적 노력이라고 할 수 있다.

그러나 교토 의정서는 미국의 비준 거부로 난관에 봉착한다. 2001년 당시, 미국은 자국 산업의 보호를 명분으로 교토 의정서 협약에서 탈퇴해 버린다. 세계 최대의 화석 연료 사용국이면서 온실가스 배출의 30%를 차지하는 미국이 교토 협약을 탈퇴하자 교토 의정서는 유명무실한 종이 뭉치가 되어 버릴 상황에 처하게 된다.

당연히 다른 나라들은 교토 의정서를 탈퇴한 미국을 비판했다. 미국이 교토 협약을 탈퇴한 것은 세계 최대 석유 회사와 미국에 기반을 둔 다국적 기업의 눈치를 보고 있기 때문이라는 것이었다. 그러나 이런 국제적 비난에도 불구하고 미국 행정부는 기술 개발을 통해 환경 문제를 해결할 것이라고 강조했다.

과학 기술을 통한 발전을 낙관하는 사람들은 과학 기술 발전에 의한 경제 성장이 인류의 진정한 지향점이라고 여긴다. 물론 낙관론자들도 과학 기술이 현재의 환경 문제를 낳았다는 사실을 부정하지 않는다. 그러나 이들은 환경 문제의 해결 역시 과학 기술을 통해야 한다고 강조한다. 환경 오염을 막기 위해 과학 기술을 포기할 것이 아니라 더 적극적인 기술 개발을 통해 환경 문제를 해결해야 한다는 것이다.

과학 기술에 대한 낙관에는 과학 기술이 합리적 이성에 기초한 가치 중립적인 발전의 도구라는 신념이 깔려 있다. 과학 기술이 다른 신념 체계와는 달리 합리성(rationality)이라는 엄격한 기준에 의해 검증된 초사회적(asocial) 지식 체계라고 여기는 것이다. 이들은 또한 인간이 합리적인 이성을 갖추고 있기 때문에 자신의 목적에 따라 자연을 적절히 조절할 수 있고, 결과적으로 과학 기술을 통해 현재와 미래의 문제들을 해결할 수 있다고 본다. 이런 입장에서는 환경 오염 역시 단순히 경제적인 문제에 불과하다. 적절한 관리와 통제로 최대의 효율성을 끌어내고 조절할 수 있으면 환경 문제도 자연히 해결할 수 있다고 믿는다.

당면한 환경 문제의 숙제를 미래로 떠넘기면서 현재의 산업 구조와 경제 발전 방식으로 유지하려는 입장의 한계는 나름 분명하다. 그러나 환경을 지키기 위해 과학 기술을 통제하고 제한해야 한다는 주장 역시 비현실적이다. 현재의 기술 발전을 모두 포기하고 과거로 회귀할 수는 없기 때문이다. 이런 상황에서 많은 사람들이 일종의 절충주의로 흐르기 쉽다. 충분한 검토를 거쳐 환경적으로 안전하다고 밝혀진 기술만 개발하고, 기업의 친환경적 기술 개발을 장려하거나 오염 물질 배출을 규제하는 정책을 통해 지속 가능한 발전을 이루자는 입장이다. 틀린 말은 아닌데 어쩐지 근본적인 대안이 되기는 어려워 보인다.

더 많은 것을 소비하게 만드는 현재의 자본주의적 경제 구조를 통해서는 결국 환경 오염이 지속될 수밖에 없기 때문이다. 어느 쪽이 답인지는 각자의 몫이다. 그러나 중요한 것은 문제가 어떤 맥락에, 어떤 배후에서 작동하는가이다. 석유 사업에 의존하는 현재의 산업 구조와, 다국적 기업이 지배하는 국제 경제는 환경 문제가 결국 국제적 경쟁과 힘의 문제라는 사실을 환기시킨다.

그런 맥락에서 우리가 이 영화에서 보아야 할 것은 '환경을 보존해야
한다.'는 추상적이고 당위적인 명분이 아니다. 환경 문제 배후에 존재하
는 과학 기술을 둘러싼 분열과 이해관계의 충돌을 보아야 한다. 사실 이
분열과 충돌은 우리 개개인의 환경적 실천을 넘어서는 국제적 관계와 경
제적 구조의 문제에서 비롯된 것이다. 물론 분리수거를 하고 일회용품
을 덜 쓰는 개인의 노력이 중요하지 않은 것은 아니다. 그러나 문제를 개
인의 환경적 실천으로 돌려 버리면 환경 문제의 원인이 선진국의 산업
구조와 소비 패턴 그리고 다국적 기업들의 경영 원칙에서 시작된다는 사
실이 묻히기 쉽다. 자본주의적 생산 방식과 소비 방식이 환경적 재앙의
원인이며, 우리 자신이 실질적 피해자라는 사실이 분명하게 드러나지 않
는 것이다.

그러나 환경을 주제로 다루고 있는 영화들은 이런 사실들에 큰 관심
이 없다. 환경적 재앙 자체를 스펙터클하게 보여 주고 그를 극복하려는
인간들의 의지와 숭고한 희생정신, 서로에 대한 인도주의에 초점을 맞출
뿐이다. 환경적 상황에는 비관하지만 인간 자체에 대해서는 낙관하는
것이 환경을 다룬 할리우드 영화의 일반적 문법처럼 보인다. 물론 영화
는 상업적 상품이지 환경 교과서가 아니다. 원인을 규명할 필요도, 어떻
게 해야 하는가의 답변을 제출할 필요도 없다. 그러나 그렇다고 해서 아
무런 책임이 없다고도 말할 수 없을 것이다.

오염을 가속화시킨 과학 기술의 최대 수혜자들이 존재하고, 또 환경
오염에 아무런 책임이 없는 가난한 나라들이 그 피해를 받고 있다는 점

을 생각한다면 환경 오염을 단순히 가치 중립적인 사실로 받아들이는 태도가 왜 문제인지 알 수 있다. 죄를 물을 수 없는, 표면화되지 않은 가해자들에 의해 누군가 아무런 죄도 없이 심각할 정도로 고통받고 있는 전 지구적 이슈를 상업적으로 활용했다면 그만큼의 책임은 져야 하지 않을까.

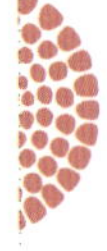

저 푸른 초원 위에 그림 같은 집을 짓고

'희망 경주'라고 쓰인 버스가 푸른 초원 위 흙길을 달린다. 정류장에 도착하자 아이와 할아버지, 할머니, 출근하는 젊은이, 여고생 등 사람들이 차례차례 올라타며 서로 반갑게 인사한다. 버스가 달리는 사이 햇살은 몹시도 밝고, 버스가 달리는 흙길 주변의 초원은 눈부시도록 푸르다. 버스 속에서 사람들은 행복한 듯 웃고 떠든다. 사람들의 웃음 뒤로 다음과 같은 문구가 흐른다.

모두의 희망을 모아 새롭게 출발합니다.
이제 중저준위 방폐장 공사를 시작합니다.
희망 경주를 향하여.

2012년 완공을 목표로 경주에 짓고 있는 방사성 폐기물 처분장, 즉 방폐장의 2007년도 홍보 광고다. 광고의 전략은 단순하고 명확하다. 방폐장 사업이 안전하며, 지역 경제에 도움이 될 것임을 설득하려는 것이다. 약간은 긴장한 얼굴로 버스에 앉아 있는 양복 입은 젊은 남자는 방폐장이 지역의 일자리를 만들고 경제를 활성화시킬 수 있다는 메시지를, 밝게 웃는 사람들의 행복한 모습은 방폐장이 지역을 활성화시킬 것이라는 암시를 준다. 그러나 여기서 가장 중요한 주인공은 사람들이 아니다. 푸른 초원이다.

탁 트인 푸른 초원, 포장되지 않은 흙길은 말 그대로 '자연' 또는 '환경'을 의미한다. 방폐장이 안전하고도 친환경적이라는 사실을 부각시키기 위해 이 광고는 실제 경주 이미지와도 아무런 상관이 없고, 방폐장의 기능이나 기술적 안전성과는 아무런 관계도 없는 푸른 초원을 보여 주고 있다. 탁 트인 푸른 초원, 정겨운 흙길은 사람들을 정서적으로 안심시키면서 방폐장이 가진 문제점을 가리고 덮는 연막 구실을 한다.

이보다 전에 만들어진 원전 수거물 관리 센터의 홍보 광고 역시 동일한 전략을 취한다. '네모난 병원'을 주제로 내건 이 홍보 광고에는 어린 여자 아이가 주인공으로 등장한다. 푸른 초원 위에 밝게 웃고 있는 아이가 서 있다. 하얀 분필로 초원 위에 네모난 상자를 그리면 그 속에 옷과 신발, 비커, 주사기 등 도구들이 놓이면서 다음과 같은 내레이션이 흐른다.

네모 안에 들어가면, 네모 안에 들이기면 우리를 위해

이 홍보 영상은 '자연 상태'로 돌아간다는 표현을 사용함으로써 방사성 폐기물들이 안전하게 관리되고 있음을 강조한다. 여기서도 마찬가지로 푸른 초원이 배경이자 주인공이다. 실제로 옷이나 신발, 각종 도구 등 폐기물 이외에도 무시하지 못할 독성과 오염성을 가진 물질들이 생성되지만 광고 영상은 푸른 초원, 밝게 웃은 아이, 희망적인 음악, 수채화 같은 화면 처리 등을 통해 철저히 '감성'에 호소하며 사람들을 안심시키는 데 주력하고 있다. 바로 여기에 문제가 있다. 이런 홍보 광고들이 환경이라는 민감한 문제를 '감성적'으로 환원시켜 냉정하고 이성적인 판단을 하게 하기보다는 직관적이고 감상적인 인상을 남긴다는 것이다.

환경 문제가 대두되면서 한동안 '친환경'은 마케팅 전략에 적극 활용되기도 했다. 경제 위기에 묻혀 아파트 광고나 가전제품 광고에 따라붙던 '친환경'이니 '에코'니 '그린'이니 하는 말들은 이제 낡은 구호가 되어 버렸지만 여전히 '환경'이 우리 사회의 중요한 이슈라는 점은 분명하다. 이 문제적 상황에서 '환경'을 중요한 배경으로 적극적으로 이용했던 것이 바로 국가 정책이나 국책 사업에 관련된 홍보 광고들이었다.

핵 폐기장 시설을 두고 전라북도 부안에서 벌어진 충돌을 많은 사람들이 기억할 것이다. 중앙 정부, 지자체, 시민 단체, 시민들까지 얽혀 상당한 인적·물적 손실을 가져온 사회적 갈등으로 결국 건설 계획이 무산되었던 사실은 원자력 발전과 그에 따른 후속 처리 문제에 대한 우리 사회의 인식과 뿌리 깊은 반목을 그대로 보여 준다. 폭력 사태까지 번진 부안의 교훈은 사업 주체들로 하여금 대국민 홍보의 중요성을 다시 한 번 확인시켜 준 계기가 되었을 것이다. 그러나 이런 홍보 광고들의 전략을 반성 없이 따라가는 것은 문제가 있다.

냉정하게 생각해 보자. 원자력 발전은 석유 석탄과 같은 화석 연료 고갈이라는 심각한 전 지구적 위기에 대처하는 국가적 차원의 에너지 정책이다. 풍력, 조력 등의 신재생 에너지 발전이 현재보다는 미래를 위한 기술로 여겨지는 상황에서 원자력 발전은 적은 비용으로 많은 에너지를 확보하며 화석 연료에 의한 환경 오염을 막고 에너지 의존율을 낮춤으로써 에너지 안보에 기여할 수 있다는 점에서 정치적·경제적·환경적 대안으로 여겨지고 있다.

많은 사람들이 원자력 발전이 이산화탄소 발생량이 거의 없는 청정 에너지원이며 화석 연료를 태울 때 발생하는 이산화탄소에 의한 온실 효과를 줄일 수 있다는 점에서 지구 온난화 문제에 대처할 효과적 방법이라고 생각한다. 과학에 깊은 지식이 없다 하더라도 이 정도 사실은 쉽게 동의할 수 있을 것이다. 원자력 발전이 완벽한 대안은 될 수 없다 하더라도 차선책 정도의 의미는 있다는 것이다. 또 현재로서는 그 차선이 최선일 수밖에 없다고 생각하는 사람들도 많다.

그러나 원자력 발전이 정말 친환경적 대안인지에 대해서 많은 사람들이 의문을 가지고 있다. 예를 들어 이산화탄소 문제만 해도 원자력 발전의 원료인 우라늄 채취 과정과 방사성 폐기물 처리 과정에서 이산화탄소가 발생하지 않을 수 없다. 또 원전을 가동할 때 발생하는 수증기를 식히는 과정에서 생긴 뜨거운 물 역시 생태계를 파괴할 가능성이 높다. 원자로 가동 과정에서 생긴 열 폐수를 배출할 경우 바닷물의 온도가 올라가기 때문에 당연히 생태계가 파괴될 수 있다. 폐기물도 문제다. 석탄을 사용하는 화력 발전에서 재가 발생하듯 원자력 발전 역시 폐기물을 남긴다. 원자력 발전에서 생기는 재는 거의 영구적으로 식지 않을 뿐더러 엄청난 방사능을 가지고 있는 이른바 '죽음의 재' 다. 방사성 폐기물 처리 시설 문제가 국가적 사안으로 떠오르는 것도 이 때문이다.

원자력 발전을 해야 하는가 말아야 하는가는 이 자리에서 논할 바가 아니다. 여기서의 관심은 원자력 발전의 이미지가 우리 사회에서 어떻게 만들어지고 유통되고 있는지다. 사실 원자력 발전 문제는 과학적, 경제적, 안보와 관련한 정치적 측면까지 고려해야 하기 때문에 지역 주민과 국민들의 인식 전환과 사회적 동의가 반드시 필요하다. 문제는 이 인식 전환과 동의를 위한 설득의 과정이 올바르고 타당한가 하는 점이다.

환경에 문제가 될 사회적·국가적 이슈들을 이성적 설득 과정 없이 '친환경'이라는 이미지로 감성적, 직관적으로 받아들이게 하는 방식이 과연 타당한지 생각해 보아야 한다는 것이다.

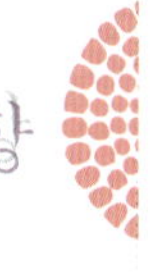

희망에 태한 쳐향

　몇 년 전 한 일본인 시민 운동가가 한국을 방문한 일이 있었다. 그는 방사성 폐기물 처리 시설 홍보를 위해 우리나라에서 만든 홍보 책자에 문제가 많다고 지적했다. 홍보 책자에서 모범적인 방사성 폐기장 유치 사례로 든 로까쇼무라 출신인 이 시민 운동가는 한국에서 로까쇼무라의 상황이 의도적으로 왜곡되어 있다고 비판했다. 처리 방식이나 지역의 경제 성장 등에 대한 부분은 서로 논란의 여지가 있지만 적어도 관련 기관이 내놓은 신문 광고만큼은 의도적 왜곡이 분명한 것으로 보인다.

　신문에 나온 방사성 폐기장 광고는 훤히게 웃는 농부와 넓게 펼쳐진 밭 뒤에 건물 사진이 사용되었다. 밭 뒤쪽에 보이는 건물은 네모로 강조되어 있고 그 아래 다음과 같은 문구가 적혀 있다.

일본에서도 최고로 치는 히사코상의 참마밭 너머에
원전 수거물 관리 센터가 있습니다.

　그러나 현지 출신 시민 운동가는 이 건물이 원전 수거물 관리 센터가 아닌 방사성 폐기장의 홍보관이라고 한다. 결국 시설이 안전하다는 내용을 전달하기 위해 홍보관에 불과한 건물을 밭에 이어진 원전수거물 관리 센터라고 왜곡한 것이다. 이외에도 몇 가지 오류와 왜곡을 지적한 시민 운동가는 "홍보 책자나 광고에서 로까쇼무라가 모범적인 방사성 폐기장 유치 사례인 것처럼 말하는 것을 보고 깜짝 놀랐다."며 "일본에서는 그런 광고가 통하지 않을 것"이라는 뼈 있는 말을 남겼다.

　원자력 발전에 대한 국민적 인식을 전환하고 안전성과 경제성 등을 국민에게 설득시키는 것은 분명 정부나 관련 기관의 책임이다. 밝고 희망적인 메시지를 전달함으로써 사람들의 동의를 얻고자 하는 것이 잘못된 것도 아닐 것이다. 그러나 이런 식의 왜곡이나 친환경 이미지 덧씌우

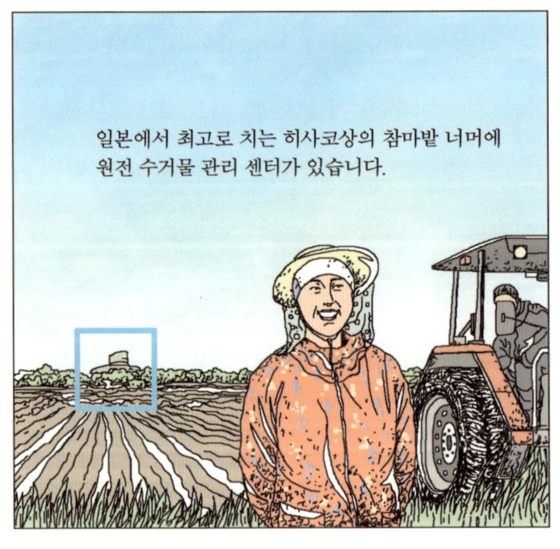

광고지에 네모로 강조된 건물은 원전 수거물 관리 센터가 아닌 방사성 폐기장의 홍보관이라는 사실이 밝혀져 왜곡된 광고임이 드러났다.

기는 문제의 본질을 흐리게 만든다는 점에서 생각해 볼 필요가 있다.

아무리 원자력이 현재로서 최선의 대안이라 할지라도 그 자체로 환경에 '유익한' 수단이 아니라는 점은 분명하다. 또한 아무리 기술 수준이 높아지고 있다 해도 여전히 한계와 문제를 가지고 있으며, 아무도 완벽하게 안전을 장담할 수 없다는 사실이 공개되고 토론되어야 한다.

더 나아가 원자력 발전을 늘릴 수밖에 없는 이유는 원자력 발전이 더 친환경적이기 때문이 아니라 더 많은 에너지를 사용할 수밖에 없는 현재의 산업 구조, 소비 패턴 때문이라는 사실이 동의되어야 한다.

그러나 이 문제에 관한 우리 사회의 소통 방식은 한계가 명확하다. 사실에 근거한 냉정한 판단력보다는 감성과 직관, 이미지에 호소하는 이런 식의 홍보는 전 지구적 문제에 대한 근거 없는 낙관을 만들고 반대의 목소리를 무력하게 할 가능성이 있다. 짧은 순간에 감성적 직관에 호소하여 판단이 아닌 선택을 의도하는 광고의 특성상, 우리는 문제를 객관적으로 판단하기보다는 내부의 논리에 동조한다. 더 나아가 '공익' 이라는 이름으로 활용되는 광고들은 대개 국가가 주도하는 계몽적 선전 도구의 역할을 하는 경우가 많다. 이때 문제의 핵심적 갈등은 희망적인 미래에 대한 기대와 낭만적인 감상으로 치환되어 감추어지기 쉽다. 문제의 본질은 가려지고 표피적인 이미지만 전달되다면 문제는 단순화되고 정당한 비판 역시 반대를 위한 반대로 비추어지기 쉽다.

환경 관련 문제에 관한 우리의 생각에 가장 큰 영향을 끼치는 것 중 하나가 정부가 발표하는 일종의 표어 또는 구호다. 정부는 환경 정책 내

지는 산업 정책을 펴면서 이를 일종의 구호로 바꿔 시민들에게 전달한
다. 구호는 단순하고 명쾌하며 대체로 일종의 비전이나 희망을 제시하
는 역할을 하기 때문에 사람들을 독려하고 사회적 동의와 합의를 끌어
내는 효과가 있다. 그러나 이런 식의 구호는 문제를 단순화시켜 버리고
본질에 접근하지 못하게 하며 반대의 목소리들을 묵살하는 권력을 가
지게 된다는 점도 명심해야 한다. 정부나 거대 집단이 구호와는 관계없
는 사업을 추진하면서 억지로 관계를 설명하면 비판의 자리에 서기가
어렵다.

　지속 가능한 발전이라는 전 지구적 과제는 한 나라, 특정 정권의 문
제가 아닐 것이다. 누가 정책을 끌고 나간다 하더라도 발전과 성장, 그
리고 환경 보호라는 양립할 수 없을 듯한 목표를 조화시켜야 한다는 숙
제를 안고 있다. 그러나 구호를 만들고 사회적으로 유통시키는 방식이
과연 어떤 의미가 있을지 생각해 보아야 한다. 현재의 정책 홍보들이 문
제 상황을 펼쳐 놓고 각계각층의 목소리를 듣고 사회적 토론을 통해 합
의를 찾아가는 과정 대신, 선언적이고 희망적인 구호 하나로 문제에 대
한 사람들의 태도를 감성적으로 바꾸려는 것은 아닐까? 성장의 색깔을
'녹색'이라고 선언하는 것이 우리에게 어떤 의미일까? 에너지의 색깔을
'그린'으로 명명하는 것이 우리의 삶을 어떻게 바꿀 것인가? 구호는 선
명한데 답이 모호하다면 이미 우리는 판단의 중심을 잃은 것인지도 모
른다.

소비되는 전쟁, 소모되는 고통

13

전쟁 중계의 시선과 적의 식별법

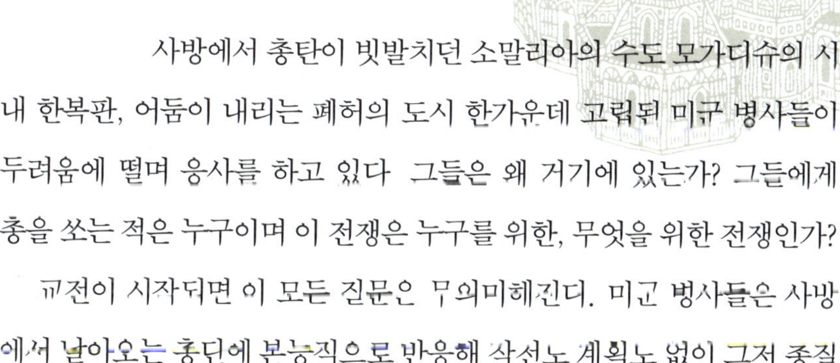

사방에서 총탄이 빗발치던 소말리아의 수도 모가디슈의 시내 한복판, 어둠이 내리는 폐허의 도시 한가운데 고립된 미군 병사들이 두려움에 떨며 응사를 하고 있다. 그들은 왜 거기에 있는가? 그들에게 총을 쏘는 적은 누구이며 이 전쟁은 누구를 위한, 무엇을 위한 전쟁인가?

교전이 시작되면 이 모든 질문은 무의미해진다. 미군 병사들은 사방에서 날아오는 총탄에 본능적으로 반응해 작선도 계획도 없이 그저 총질을 해 댈 뿐이다. 그들에게 총을 쏘고 있는 것이 소말리아 반군이 아니라 그 누구여도, 심지어 외계인이어도 아무 상관없었을 것이다. 여기서는 누구나 말 그대로 공황 상태가 된다. 모든 판단은 중지되고 오로지 본능에 의한 응사만 있을 뿐이다. 누구도 자신이 왜 여기 있는지, 무엇을 하고 있는가를 반성해서는 안 된다. 생각이 시작되는 순간, 곧 응사가 멈추는 순간 적의 총탄에 목숨을 잃을 수도 있기 때문이다.

소말리아 내전에서 작전 수행 중이던 미군이 겪은 지옥 같은 하루를 다룬 영화 〈블랙호크 다운〉(Black Hawk Down, 2001)은 끝없이 반복되는 총성을 통해 관객을 시가전 한가운데로 인도한다.

영화를 보는 내내 관객은 마치 자신이 중무장한 군인들 사이에 던져져 있는 듯한 느낌을 받는다. 이 참혹한 상황이 게임이 아니라 전투임을 알려 주는 것은 미군의 군복 위로 분수처럼 뿜어져 나오는 붉은 피와 위생병을 부르는 처절한 목소리뿐이다.

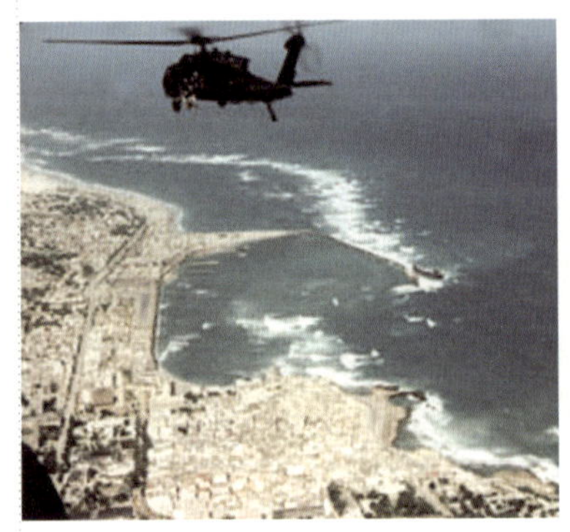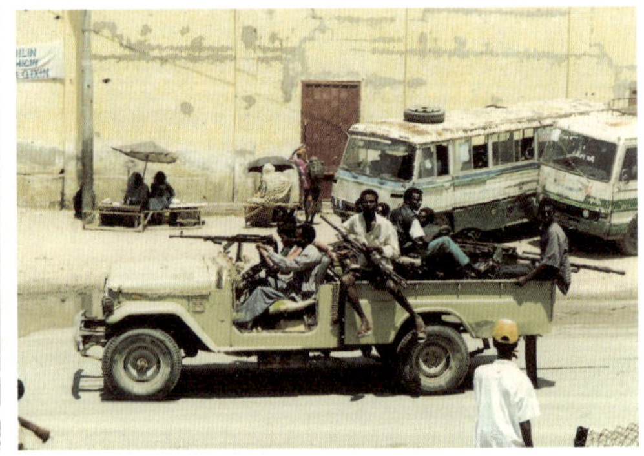

1991년 소말리아 내전 당시 미 육군이 소말리아 수도인 모가디슈 상공을 비행하고 있는 모습.

오른쪽은 모가디슈 시내의 반군 모습.

현실과 가상을 구분할 수 없다는 말은 가상이 현실처럼 생생하다는 감탄이지 그 반대는 아니었다. 그러나 2001년 9월 11일 미국 뉴욕을 공포와 충격으로 몰아넣었던 엄청난 테러는 현실이 가상을 압도할 수 있음을 증명

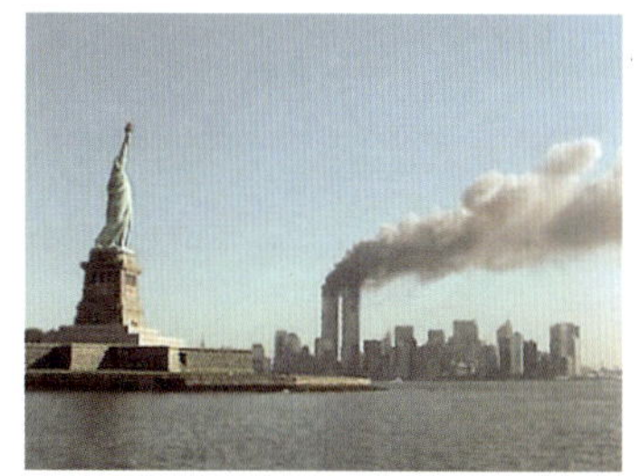

9.11 테러 장면.

했다. 그 어떤 영화보다도, 어떤 게임보다도 생생하고 충격적인 이 '사실'은 현실과 가상에 대한 우리의 생각을 역전시켜 버렸다.

이 역전은 사실 엄청난 것이었다. 전 세계를 경악하게 한 이 테러의 결과는 우리에게 새로운 사실을 알려 주었다. 우리가 TV를 통해 다른 나라의 전쟁, 테러 등 온갖 무력 충돌의 잔혹한 참상을 마치 영화처럼 '구경'해 왔다는 사실이다. 전 세계 사람들이 영화보다 더 리얼하고 더 스펙터클한, 그러나 더 고통스러운 9.11 테러 장면을 바라보면서 이를 평소처럼 무심히 지나칠 수 없음을 직감했을 것이다. 그렇다. 우리는 TV를 통해 남의 전쟁을, 누군가를 희생시킨 테러를, 그저 남의 일처럼 구경해 왔다.

생각해 보자. 전쟁의 장면이 낯선가? 테러와 폭력의 장면이 새로운가? 그럴 리 없다. 우리는 거의 매일 TV가 중계하는 수많은 전쟁과 테러를 구경해 왔다. 그럼에도 세계 무역 센터에 저박힌 비행기가, 녹아내리

듯 무너지는 무역 센터가, 먼지를 뒤집어쓴 채 울부짖는 뉴욕 시민이 낯설었다면 그것은 이 장면이 믿을 수 없지만 피할 수도 없는 '현실'이었기 때문이다. 전쟁이나 테러 상황을 부담 없는 자리에서 구경하던 우리였지만, 적이 아니라 세계를 호령하는 '미국'이 그 정도로 엄청난 공격을 당할 수 있다는 사실은 우리를 경악시켰다.

우리는 꽤 오래전부터 전쟁 중계에 길들여지고 있었다. 1990년대 초반 이라크를 상대로 한 미국의 걸프 전쟁은 전쟁도 스포츠처럼 뉴스를 통해 중계될 수 있음을 알려 준 신호탄이었다. 이후로 전쟁과 테러는 영화가 아닌 뉴스를 통해 우리에게 일상화되었다. 또 서로 상대를 반영하는 현실과 영화의 특성상 영화가 전쟁 상황을 반영하고 다시 전쟁이 영화적 장면을 복제하는 방식으로 전쟁과 폭력은 그렇게 우리 일상에 스며들기도 했다. 이 일상화는 전쟁과 테러가 분명한 현재의 사건이고 누군가는 그 한복판에 있었다는 사실을 잊게 한다. 텔레비전이 중계하고 영화가 재현한 전쟁과 테러는 생생하면 생생할수록 남의 이야기처럼 보인다. 사실적으로 중계된 폭력과 무력이 도리어 우리의 현실 감각을 마비시켰기 때문이다. 한마디로 우리는 남의 땅에서 벌어지는 전쟁과 테러를 액션 영화나 전쟁 게임보다 낮은 수준으로 받아들이도록 훈련해 왔다고 할 수 있다.

이 훈련의 정점에 서 있는 것이 바로 21세기의 전쟁, 이라크전이다. 2003년, 미국은 이른바 악의 축, 이라크와의 전쟁을 시작했다. 대량 살상 무기를 명분으로 시작한 보복 전쟁에서 당시 미국 대통령이었던 조지 W. 부시는 전쟁 시작 40여 일 만인 4월 15일 "이라크전에서 미·영 연합군이 명백한 승리를 거두었다."고 선언했다. 그는 백악관 연설에서 "불과 1개월 전만 하더라도 이라크는 자국민에게는 감옥, 테러분자들에게는 천국이었으며, 세계 평화를 위협하는 대량 파괴 무기의 창고나 다름없었다."고 강조하면서 "지금 세계는 더욱 안전해졌으며 테러 국가들은 이제 동맹국을 잃었다."며 자신들의 공적을 치하했다. 그리고 2010년 8월 31일, '이라크의 자유 작전(Operation Iraqi Freedom)'은 공식적으로 종료되었다. 오바마 미국 대통령

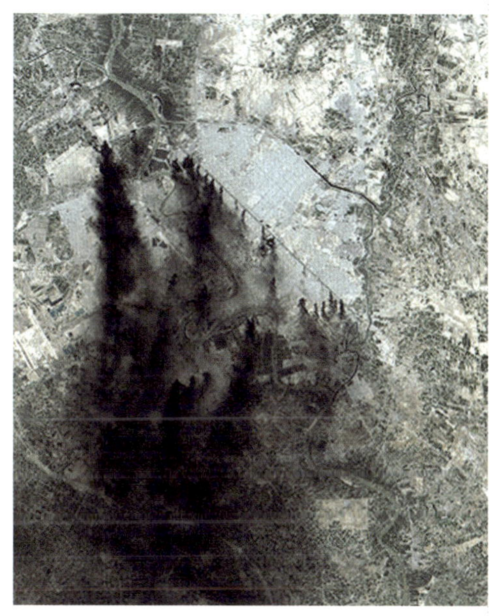

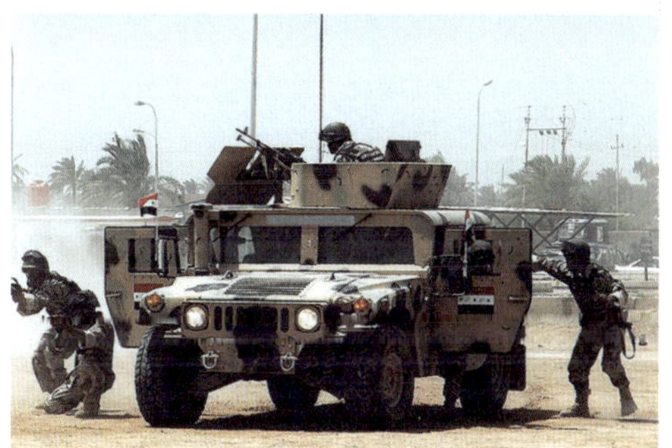

이라크전의 항공사진과 아래는 미군에 의해
훈련되어 창설된 이라크 제6군의 모습.

은 "이제는 페이지를 넘길 때"라는 말로 이라크전의 종전을 선언했다. 투입 병력 17만 명, 전사자 4,416명, 그리고 십만 명 이상의 민간인 사상자기 리스트에 자신의 이름을 올렸다. 전쟁을 시작한 지 7년 5개월 만의

일이었다.

끝내 이라크에서 대량 살상 무기가 발견되지 않음으로써 이것이 이라크 침공을 위한 미국의 침략 명분에 불과했음이 드러났지만 이 사실이 밝혀진 후에도 전쟁은 끝나지 않았다. 7년 5개월이라는 시간 동안의 인적·물적 손실은 엄청났다. 그렇다면 미국이 내세운 또 다른 명분인 '이라크인의 자유'는 획득되었는가? 물론 후세인은 제거되었고 이라크에서는 총선까지 치루어졌다. 그러나 이런 과정으로 이라크인들이 민주주의를 이루었고 또 자유를 획득했다고 말할 수 있는 사람은 없을 것이다.

미국이 나빴다는 평가를 하려는 것도, 또 전쟁이 나쁘다는 원론적인 말을 하려는 것도 아니다. 미국에 대한 평가는 미루어 둔다 하더라도 전쟁에 대해서는 논란이 있을 수 없다. 물론 전쟁이 필요악 수준을 넘어 인류 발전에 이바지한 효과적인 진보의 방법이라고 주장하는 사람들도 더러 있다. 그러나 전쟁을 통해 발생한 무고한 희생을 생각하면 제정신으로 전쟁을 찬양하기는 어려울 것이다. 그러니 전쟁이 나쁘다거나 평화가 좋다는 진부한 얘기를 할 필요가 없다. 지금 일상화된 전쟁에 대해서 말해야 한다면 그것은 전쟁 자체가 아니라 전쟁을 재현하고 그것을 수용하는 태도에 관해서일 것이다.

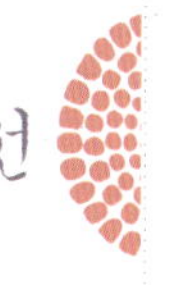

미국의 비판적 지성 노암 촘스키(Avram Noam Chomsky)는 〈로스앤젤레스 타임즈〉, 〈뉴욕 타임즈〉, 〈워싱턴 포스트〉 등 미국 언론에 등장한 '대량 학살(genocide)'이라는 단어의 빈도를 추적한 적이 있다. 미국 언론이 미국이 자행한 공격에 대해서는 '대량 학살'이라는 단어 사용을 자제하지만 자신들의 적대국이 저지른 공격에 대해서는 '대량 학살'이라는 극단적인 표현을 자주 사용한다는 것이다. 촘스키가 제시한 기록에 따르면 세르비아의 코소보 공격, 이라크의 쿠르드족 공격에 대해서는 대량 학살이라는 표현이 높은 빈도로 사용되었지만 미국의 이라크 공격에 대해서는 거의 사용되지 않았다.

이런 상황은 전쟁이 누구의 시선에 포착되는가가 왜 중요한지를 잘 보여 준다. 전쟁을 바라보는 시선은 표현의 차이뿐 아니라 전쟁의 평가를 사회적으로 정착시키고 권력을 만들어 낸다. 정당한 전쟁과 대량 학살은 단순한 단어의 차이가 아니라 도덕적 평가의 길을 나눈다. 뉴스만이 아니다. 영화 역시 보통 사람들에게 전쟁을 어떤 태도로 보고 어떻게 평가해야 하는지 알려 주는 역할을 한다. 아니 영화 쪽이 뉴스보다 더 대중적으로 더 구체적으로 알려 준다고 할 수 있다. 스토리와 스펙터클을 통해 관객을 상황 속에 몰입시키기 때문이다.

물론 영화는 뉴스와는 다르다. 상업적인 영화에 중립적이고 객관적인 시선을 요구하기는 어려울 것이다. 그러니 특정 국가의 영화가 자신

들의 적을 악으로, 자국 군인을 영웅으로 묘사했다는 사실 자체는 문제
되지 않는다. 다큐멘터리가 아닌 바에야 영화가 양쪽의 모든 정보를 객
관적으로 주어야 한다고 주장하는 것도 아니다. 그러니 시선을 중립에
두어야 하는 것은 만드는 쪽이 아닐 것이다. 이런 숙제가 주어지는 쪽은
차라리 영화를 보는 쪽이다. 우리는 누구의 눈으로 영화를 보고 있는가?
이것이 전쟁 영화를 보기 전 최초의 질문이다.

영화는 그 특성상 보는 사람들을 영화 내부의 논리와 상황에 몰입시
키고 그 안에 동조하게 만든다. 영화에 몰입하는 순간 관객은 영화가 드
러내는 논리와 메시지에 전염되게 된다. 영화가 만들어 내는 논리와 주
장임에도 불구하고 관객은 마치 나의 판단으로 그렇게 생각한다고 착각
하기 쉽다. 그래서 관객에게는 전쟁의 맥락을 이해하는 눈이 필요하다.
전쟁이 누구의 시선으로 포착되는지를 판단하는 눈, 옳고 그름이 보다
복잡한 함수에 의해 조정되는 게임이라는 사실을 아는 눈이 필요하다.
우리에게는 일방적인 미국의 시선으로 바라보아서는 안 되는 최소한의
의무가 있다. 이 최소한의 의무를 지키기 위해서는 할리우드 전쟁 영화
의 일반적인 문법에 대해 따져 볼 필요가 있다.

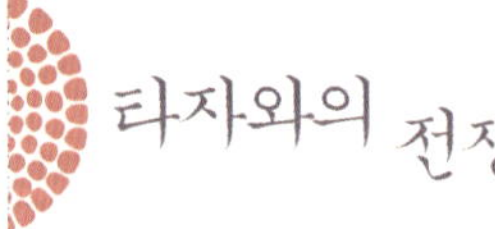

타자와의 전쟁

전쟁이나 테러 관련 영화들을 보다 보면 몇 가지 공통적인 특성들을

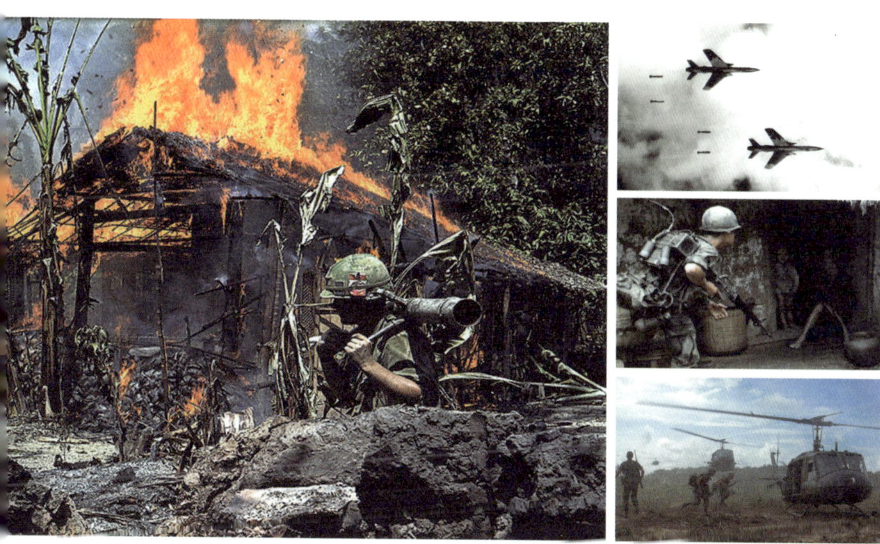

미군 병사가 베트콩을 찾아 가택을 수색하고 있는 모습 등 베트남전 당시 사진.

찾을 수 있다. 그중 하나는 제3세계에서 일어난 전쟁을 다룰 때 이를 국가 간의 전쟁으로 묘사하는 경우가 거의 없다는 것이다. 대표적인 예가 베트남전이다. 한국군 32만 명이나 파견되었던 베트남 전쟁은 이미 40여 년이나 지난 지금 우리에게 일종이 신체 없는 기억이다. 수많은 사람들이 직접 경험이 아니라 영화나 텔레비전 프로그램을 통한 간접 기억만을 가지고 있기 때문이다.

베트남 전쟁이 어떤 전쟁이었는지 되짚어 보자. 1955년부터 1975년까지 지금의 베트남, 캄보디아, 라오스 등 인도차이나 반도에서 계속되었던 이 전쟁은 처음에 민족주의적 성격이 강했던 베트남 민주 공화국 이른바 북베트남과 남쪽의 베트남 공화국, 즉 남베트남 사이의 내전에서 시작되었다. 전쟁의 배후에는 오랫동안 인도차이나를 식민 지배했던 프랑스와 반공을 명분으로 남베트남에 개입했던 미국 등 외세의 복합적인 갈등이 놓여 있다.

호치민이 이끄는 공산 세력이 베트남을 장악할 것을 두려워했던 미국은 북베트남군에게 공격받았다고 날조했던 이른바 '통킹 만 사건'을 명분으로 당시의 미군은 게릴라전에 돌입한 북베트남군을 섬멸하기 위해 고엽제와 제초제, 화염 방사기로 베트남 밀림을 황폐화시켰다. 이후 전쟁은 인도차이나 반도 전체에서 300만 명에 가까운 민간인, 6만 명의 미국인이 사망하는 최악의 결과를 내면서 결국 미군의 철수로 종전되었다.

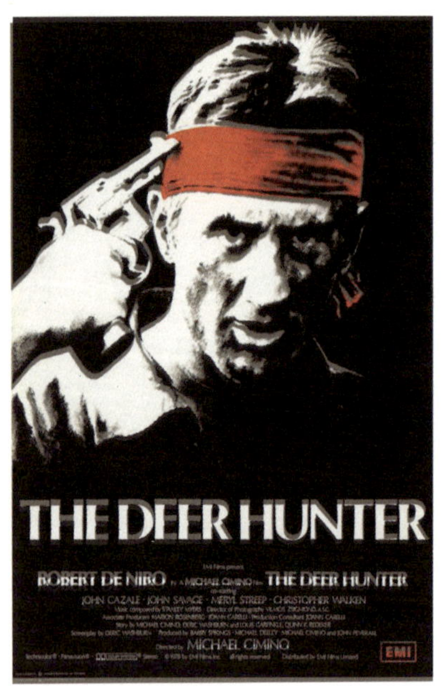

전쟁이 끝난 후 할리우드는 다양한 각도에서 베트남전을 조명했고 반추했고 소비해 왔다. 80년대 미국에서는 〈디어 헌터〉(The Deer Hunter, 1978), 〈람보〉(First Blood, 1982), 〈플래툰〉(Platoon, 1986) 등 세계적으로 흥행에 성공한 메이저급 영화들 외에도 수많은 B급 영화들과 TV용 영화까지, 베트남전을 소재로 한 영화들이 봇물처럼 쏟아져 나왔다. 사실적으로 베트남전의 실상을 묘사하거나 전쟁에 내던져진 개인의 실존적인 고민을 다루는 등 전쟁에 대한 고민과 반성이 담긴 영화들도 상당수 있었지만 람보의 아류로서 근육질 마초들의 액션 영화로 흐르는 경우도 많았다.

단정해서 말하기는 어렵지만 상당수의 베트남전 영화는 적을 더욱 야만적이고 잔인하게 그림으로써 미군의 용맹함과 영웅성을 부각시키는 전략을 쓴다. '베트콩' 들의 야만성과 잔인성은 미군이 수행한 전쟁을 정당화시키는 역할을 한다. 미국 영화의 시선에서 미군의 폭력은 불의에 대한 정당한 응징이며 복수로 선언된다. 물론 대부분의 전쟁 영화에서 적은 산인하고 악한 존재로 그려지기 쉽다. 그러나 다른 전쟁 영화보다 유독 베트남전 영화에서 적이 필요 이상으로 잔인하고 야만적인 존재로 그려지고 반대로 미군의 영웅주의와 애국심, 휴머니즘이 부각된다면 거기에는 어떤 이유가 있을 것이다.

수많은 베트남전 영화들에서 베트남 군인들은 미군의 대등한 적이 아니라 미군이 섬멸해야 할 모종의 존재로 그려지는 경우가 많다. 카메라는 밀림에서 끝없이 튀어 나오는 이 작은 동양인들을 클로즈업 한 번 없이 카메라 밖으로 밀어 버린다. 이런 설정이 가능한 것은 애초에 이 전쟁 자체가 국가 대 국가 간의 대등한 전쟁이 아니라 정상적 국가와 비정부 게릴라들의 전투라는 전제가 작동하기 때문일 가능성이 높다. 상대가 낯선 말을 하는 동양인, 즉 서양인의 '타자' 라는 사실과, 전쟁의 공간이 문명 세계가 아니라 밀림이라는 비문명적 공간이라는 사실도 이런 판단에 영향을 끼칠 수 있다.

많은 수의 할리우드 전쟁 영화는 미국 내부가 아니라 외부의 공간을 무대로 한다. 이런 공간적 구도의 배후에는 공간과 그 구성원들에 대한 서양의 원형적 이분법이 놓여 있다. 전쟁의 공간은 타자의 공간이며, 정복되어야 할 공간이다. 전쟁은 그런 곳에서 수행된다. 전쟁터는 정복되어야 할 비이성적 공간에 지나지 않을 수 있다. 그렇다면 베트남전은 하나의 표준이 될 것이다.

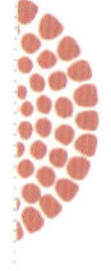 인간과 전쟁 기계의 대결

역사 교과서는 아니지만 때때로 전쟁 영화는 인간의 광기와 그 광기에 대한 인간적 대응을 보여 줌으로써 자신의 존재 가치를 증명하기도 한다. 전쟁 영화는 인간의 탐욕과 파괴적 본능에 저항하는 것이 인류 전체의 사명이며 책임이라는 사실을 폭력이라는 반어적 방법으로 역설한다. 이 경계와 극복을 보여 주는 것이 바로 비이성적이고 폭압적인 힘의 덩어리에 대한 이성적 개인의 고뇌다. 문제는 할리우드 전쟁 영화에 나오는 '개인'이 오로지 자국의 군인들뿐이라는 점이다.

〈블랙호크 다운〉이 이를 잘 보여 준다. 영화 속에서 수없이 많은 소말리아 반군 역시 총에 맞아 죽어 가지만 대부분의 장면에서 그들은 총소리와 함께 쓰러질 뿐이다. 미군들은 피를 흘리며 고통스럽게 죽어 가지만 소말리아 반군의 '피'는 화면에 거의 등장하지 않는다. 영화의 종

반부에 고립된 채 교전하던 미군 중 한 명이 대퇴부에 총탄을 맞아 과다 출혈로 사경을 헤매는 장면이 나온다. 이 장면에서 영화는 잠시 교전에 대한 중계를 멈추고 의료병이 총에 맞아 피투성이가 된 동료의 대퇴부에 손을 넣어 끊어진 동맥을 찾는 처참한 상황을 중계한다. 이 장면에서 전쟁은 모가디슈 거리가 아니라 총에 맞은 병사의 몸과 그를 지키려는 동료들의 마음으로 옮겨진다. 이 장면은 관객들에게 병사들이 전쟁 기계가 아니라 피와 살을 가진 '인간'이며, 내 가족이고 친구고 동료이며 형제임을 각인시킨다.

비슷한 장면은 반복된다. 적의 로켓포 공격으로 하반신을 거의 잃고 죽어 가면서 한 병사가 상관의 팔에 안겨 말한다. "딸들에게 괜찮다고 전해 줘요." 그 순간 관객은 눈물을 흘리지 않을 수 없다. 그리고 그가 누군가의 아버지, 누군가의 남편, 누군가의 아들이라는 사실을 다시 확인하고 그 비극성에 처참해진다. 그러나 여기서 우리가 잊고 있는 것은 그들이 쏜 소말리아 반군 역시 피와 살을 가진 인간이며, 누군가의 남편, 아버지, 아들이라는 사실이다. 미군들이 '피'를 흘리며 안타깝게 죽어 가는 동안, 이들과 마찬가지로, 피와 살을 가진 인간이며, 누군가의 가족이고 친구였을 '적'은 인간성을 박탈당한 채 전쟁 기계로 그려진다는 사실을 우리는 쉽게 잊는다. 여기, 이 지점이 우리가 누구의 눈으로 영화를 보고 있는지 반성이 필요한 곳이다.

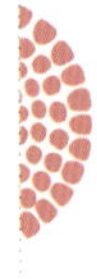

영웅을 바라보는 냉정한 자세

전쟁은 거시적인 차원, 정치적 차원의 문제다. 그러나 전쟁이 수행되는 영역은 가장 미시적인 차원인 개인의 신체다. 피가 분수처럼 터지고 팔다리가 떨어져 나가는 가장 원초적이고 가장 개별적인 사건이 진짜 전쟁의 시간일 수도 있다. 이 미시적 사건을 가장 극적으로 포착한 영화가 있다. 스티븐 스필버그가 1998년에 만든 영화 〈라이언 일병 구하기〉(Saving Private Ryan)다.

이 영화는 뮤직비디오 같은 화려한 영상을 선보임으로써 전쟁 영화의 새로운 기원을 열었다는 평가를 받는다. 노르망디 상륙 작전을 그린 초반부의 극사실적 묘사는 21세기의 전쟁 영화가 전 시대의 영화와 어떻게 구별되는지를 여실하게 증명해 주었다. 영화는 제2차 세계 대전 막바지, 연합군의 노르망디 상륙 작전이 펼쳐진 1944년 6월 6일을 특별하게 묘사한다. 이 날은 영화 속에서 떨어져 나가는 팔, 총탄이 관통하는 머리, 심장에 파고드는 칼로 묘사된다. 이런 묘사들 앞에서 관객은 관객의 자리가 아니라 병사의 자리로 옮겨 앉는다. 날아오는 총탄을 피해 어딘가 숨어야 할 듯한 충격과 공포 앞에서 관객은 추상적인 전쟁의 인식을 '전장'의 체험으로 구체화한다. 그리고 전쟁이 국가 수뇌의 책상이 아니라 무고한 땅, 전쟁 기계가 된 병사들의 몸에서 시작되고 끝난다는 사실을 배운다.

같은 사건을 다룬 40여 년 전의 영화 〈지상 최대의 작전〉(The Longest

Day, 1962)을 주말의 명화 시간에 시청한 사람들이라면 두 영화의 차이를 명확하게 알 수 있다.

〈지상 최대의 작전〉이 승자의 전쟁을 영웅담으로 미화하는 전형적인 전쟁 영화라면 〈라이언 일병 구하기〉는 승자와 패자 모두 살덩이를 가진 인간으로서 전쟁이란 결국 피와 살이 찢기는 신체를 향한 폭력임을 여실하게 보여 줌으로써 승자의 자아도취와 영웅심의 기를 죽인다.

그러나 그렇다고 해서 이 영화가 기존의 할리우드 전쟁 영화와 다른 결론에 도달한다고는 볼 수 없다. 전쟁은 신체로, 거시적 차원이 아니라 미시적 차원으로 전장을 교체했지만 여전히 성조기는 펄럭인다. 그리고 관객은 한 명의 미국의 '아들'을 구하기 위해 여덟 명을 희생하는, 누가 들어도 비효율적이고 비인도적인 방법– 죽은 이들도 누군가의 아들이고 미국의 아들일 테니– 을 보고도 눈물을 흘린다. 미국인들은 여전히 정말 여전히도 영웅주의와 휴머니즘에 목말라 있는 듯하다. 이 영웅주의와 전우애는 미국 전쟁 영화를 떠받치는 가장 두꺼운 기둥이라 할 만하다.

베트남에서 벌어진 미국의 첫 전투를 그린 영화 〈위워 솔저스〉(We Were Soldiers, 2002)의 주인공 무어 중령은 전투가 시작되려는 마지막 순간에 다양한 인종으로 구성된 자신의 부하들에게 다음과 같은 연설을 한다. "전우가 어떤 피부색을 가졌든, 어떤 종교를 가졌든 이제는 잊어라…. (중략) 우리는 곧 적진에 들어간다. 귀관들을 무사히 데려온다는 약속은 해 줄 수 없다. 그러나 이것만은 맹세한다. 전투가 시작되면 내가 제일 먼저 적진을 밟을 것이며, 떠날 때는 가장 마지막에 떠날 것이다.

여러분들 중 단 한 명도 내 뒤에 남겨 두지 않는다. 죽어서든 살아서든 우리는 함께 고향에 돌아간다."

'단 한 명도 뒤에 남겨 두지 않는다(leave no man behind).'는 미군의 원칙은 전쟁 영화뿐 아니라 남성 중심 영화의 중요한 모티브 역할을 한다. 그 어떤 상황에도 적진에 아군을 남겨 두지 않겠다는 약속은 영화 속 군인들뿐 아니라 관객들도 울린다. 이처럼 할리우드 영화 속에서 미군의 전우애와 영웅주의는 놀랍도록 아름답고 강하게 그려진다. 물론 영웅주의와 애국주의 자체를 문제 삼을 수는 없다. 교과서가 아닌 상업적 영화에 정치적 공정성을 요구하기는 어려울 것이다. 그럼에도 불구하고 그들의 인도주의와 전우애를 받치고 있는 영웅주의를 그대로 내면화하는 것은 위험할 수 있다.

일단 영화 속의 전우애와 영웅주의 그리고 애국주의는 시대의 해법으로 강력한 남성 영웅을 요청하는 경우가 많다. 문제를 해결하고 이끄는 아버지의 복권을 제안하는 경우도 있다. 미국 영화 속의 백인 남성 영웅은 주로 남편과 아버지의 역할을 함으로써 나머지 사회 구성원들을 지켜 주는 강력하고 믿음직한 존재로 그려진다. 이런 가부장적 영웅의 귀환은 다른 사회 구성원들의 발언권과 능동성을 힘의 논리로 막는다는 점에서 시대착오적이다.

그러나 진짜 문제가 되는 것은 악을 제거한다는 명분으로 더 강력한 힘을 쓸 것을 정당화하는 영웅 논리가 자기편은 선하고 상대는 악하다는 단선적 도덕감을 만들어 낼 수 있다는 점이다. 또 이런 맥락에서는 힘과 능력에 비례한 권력과 책임이 주어져야 한다는 약육강식의 논리가 정당화될 수도 있다. 우리가 냉정하게 밖에서 바라보는 거리감을 잃고 쉽게 '안'으로 들어가 버려서는 안 되는 이유가 여기 있다.

고대 중국의 철학자 노자는 어떤 가치가 주창되고 반복적으로 선언되는 것은 그것이 현재 결여되어 있기 때문이라고 통찰한 바 있다. 사람들이 인의와 효를 강조하는 것은 그만큼 그런 가치들이 사라졌기 때문이라는 것이다. 그렇게 본다면 미국 영화들이 그토록 영웅주의와 휴머니즘을 부르짖고 형상화하는 것은 그 사회에 그만큼 모종의 결여가 심각하다는 것을 역설하는 것인지도 모른다. 그런데 진심으로 묻고 싶다. 왜 그 결여를 그토록 안타까워하는 것일까? 영웅 없이도, 숭고하건 아니건 정당하건 아니건 결국은 누군가의 희생을 부르는 과도한 휴머니즘 없이도 세상은 굴러갈 수 있지 않을까? 아니 도리어 그런 가치들에 집착하지 않아야 배후에 묻혀 있는 무고한 희생과 과도한 폭력이 줄어드는 것이 아닐까?

전쟁을 만드는 궁극적 원인 중 하나는 각 국가들이 서로 보편적인 정의라고 생각하는 내용이 다르기 때문이다. 그들 모두 정의, 도덕을 말하지만 그 진정한 의미나 실현 방법의 차이에 대해서는 얼마든지 스스로를 정당화할 수 있기 때문에 서로 충돌이 불가피하다. 전쟁은 보편적 도덕률이 얼마나 상대적인 것인지를 보여 주는 결정적 증거 역할을 한다. 그럼에도 불구하고 인간으로 태어난 이상 지켜야 할 최소한의 기준은 있을 것이다. 내가 나인만큼 그리고 꼭 그만큼 그도 그라는 것이다. 그 어떤 경우에도 쉽게 상대화할 수 없는 인간으로서의 존엄성, 자신과 타인의 생명과 인격에 대한 최소한의 책임, 그런 것들 말이다. 전쟁 영화를 보기 위한 자리는 바로 이런 지점이어야 하지 않을까? 힘 있는 자, 세상을 가르칠 권력을 가진 이들의 눈이 아니라, 자신이 어디에 서 있는지를 반성할 수 있는 그런 눈이 있다면 말이다.

스피드에
딴지를 걸다

금서를 다룬 책을 보다가 사소한 문장 하나에 크게 웃어 버렸다. 철학자 스피노자를 소개한 문장에서 '안경알을 닦았다.'고 되어 있었기 때문이다. 단어 하나 때문에 전문적 기술이 필요한 장인의 일이 안경알을 '닦는' 단순 노동으로 떨어져 버리고만 것이다. 사실 현미경이나 망원경 등에 들어갈 렌즈를 연마하는 일은 당시로서는 정밀한 테크닉이 요구되는 고급 기술이었다.

유대교 교리와 다른 독자적인 철학을 세웠던 스피노자는 젊은 나이에 자신이 속해 있던 유대 공동체로부터 파문당했고 그 후 자신의 다락방에서 당시로서는 최첨단 기술인 렌즈 연마로 생활을 꾸렸다. 렌즈 연마는, 사유하고 책을 쓰기 위해 다른 일을 전업으로 가질 수 없었던 스피노자에게는 꼭 맞는 일이었을 것이다. 그렇지만 그에게 억지로 불순이나 불행의 꼬리표를 붙일 필요는 없을 것이다. 한 가지, 다른 철학자들과는 달리 책 먼지 외에 렌즈 가루도 들이마셨다는 것을 제외한다면 말이다. 그는 아마도 비껴 선 사람으로서, 남들과 같은 길을 걷지 않았기 때문에 지금까지도 새롭게 읽히고 토론되는 위대한 철학자의 반열에 올랐을 것이다.

사실 비껴 서서 삐딱하게 본다는 것은 원래 철학자뿐 아니라 모두에게 다 요구되는 기본적인 태도다. 중국 철학자 주희 역시 '크게 의심하면 크게 진보할 수 있다(大疑則可大進).'고 말한다. 물론 의심과 진보의 과정은 꼭 복잡하고 어려운 이론이 아니어도 가능하다. 일상의 삶과 경험들이 충분히 도전적이기 때문이다. 더 나아가 이 책이 시도하고 있는 것처럼 영화, 광고, 인터넷처럼 생각과 태도를 요구하는 도전적인 것들이 잔뜩 있을 때는 더더욱 그렇다. 의심은 철학자의 전유물이 아니다.

그렇지만 비껴 서고 삐딱하게 본다는 게 말처럼 쉬운 건 아니다. 적어도 남들의 속도를 따르지 않고 자꾸만 멈춰 서야 하고 조금 느려도 납득이 될 때까지 생각을 멈추지 않아야 한다. 자꾸 딴지를 걸면 미워하는 사람이 생길지 모른다. 나는 아마 눈앞에서 미움을 받는 게 싫어서 책으로 만들어 던져 놓고 살짝 빠지고 싶은지도 모르겠다.

그래도 어쩐지 속도를 맞추기도, 생각을 정렬하기도 싫을 때가 있다. 나의 경우 특히 속도가 너무 빠를 땐 일단 의심부터 하고 본다. 속도는

· · · · ·

당의정과 같아서 그 속에 무엇이 담겨 있는지 못 보게 한다고 생각하기 때문이다. 사실 속도로 따지자면 지구만큼 빠른 것도 없다. 지구는 초속 30km로 달린다고 한다. 10초 만에 서울에서 대구까지 갈 거리다. 엄청난 속도다. 가끔 울렁거리는 것은 술을 마셔서가 아니라 몸이 지구의 속도를 감지하기 때문일지도 모른다.

그렇지만 진짜로 레이더를 켜 놓고 감지해야 할 것은 비자연적인 속도들이라고 생각한다. 지구는 제 할 일을 하는 중이지만 세상의 속도들에는 뭔가 음모가 있을지 모르기 때문이다. 그러므로 나의 입장에서 이런 글을 쓴다는 것은 결국 앞서 지나간 어떤 흔적과 징후들에 대한 소시민적 응전이자 대항 같은 것이다. 공소 시효를 넘겼을지도 모르고 괜한 트집일지도 모르지만 세상을 바꿀 힘이 없는 한 개인으로서 자본주의 한국 사회라는 기차에서 뛰어내릴 수도 없으니 포기할 일도 아니다. 언제나 한발 늦은 트집에 '미네르바의 부엉이는 황혼에야 날갯짓을 시작한다.'며 지혜는 원래 늦게 도착하는 법이라고 했던 철학자 헤겔의 말이 위로가 될까. 게으른데다 삐딱한 사람의 변명을 헤겔이 대신해 줄 이유는 없겠지만 말이다.

마지막으로 게으름의 변명과 강퍅한 성격을 참아 주신 분들에게 감사를 전한다. 제일 큰 빚을 진 것은 역시 본성을 해쳐 가면서까지 곳곳에 쌓인 책들을 감당해 주신 임사바 님과, 그냥 그 자리에 계신 것만으로도

• • • •

감사한 아버지와 어머니다. 책을 만들어 주신 풀빛의 유남경 님께도 감사드린다. 지금까지 감사의 인사를 하지 않았던 것 그리고 지금 다른 이들의 이름을 생략하는 것은 마음이 없어서가 아니라 이름을 호명하는 것을 부끄러워하는 이상한 성격 때문이라는 점을 알아주시기 바란다.